我国体育事业发展的公共财政保障研究

李丽　著

WUHAN UNIVERSITY PRESS
武汉大学出版社

图书在版编目(CIP)数据

我国体育事业发展的公共财政保障研究/李丽著. —武汉：武汉大学出版社,2015.6
ISBN 978-7-307-15811-5

Ⅰ.我… Ⅱ.李… Ⅲ.体育事业—公共财政—财政制度—研究—中国 Ⅳ.G812

中国版本图书馆 CIP 数据核字(2015)第 103332 号

责任编辑:顾素萍　　责任校对:李孟潇　　版式设计:马　佳

出版发行：**武汉大学出版社**　(430072　武昌　珞珈山)
(电子邮件：cbs22@whu.edu.cn　网址：www.wdp.com.cn)
印刷:湖北民政印刷厂
开本：720×1000　1/16　印张:21.5　字数:306 千字　插页:1
版次:2015 年 6 月第 1 版　2015 年 6 月第 1 次印刷
ISBN 978-7-307-15811-5　定价:42.00 元

前　言

新中国成立以来体育事业所取得的辉煌成就离不开我国稳定的财政支持，财政为我国体育事业的发展提供了稳定的外部环境保障。但在社会主义市场经济背景下，在国家行政管理体制改革不断深化的进程中，体育公共服务职能的范畴和定位还有很多模糊之处，影响了体育公共财政等方面的决策，使得体育事业的公共财政职能未能充分地发挥。而目前我国学术界对体育事业公共财政保障问题缺乏系统研究，影响了我国体育事业的全面协调可持续发展。为合理界定体育事业公共财政保障的范围及优先顺序，提高体育事业公共财政支出的效率，解决我国体育事业发展所需经费瓶颈的问题，本研究以规范分析与实证分析相结合、定性分析和定量分析相结合、宏观分析和微观分析相结合、比较与逻辑推理相结合的研究方法，对我国体育事业发展的公共财政保障问题进行了全面、系统的探讨。

研究的主要结论如下：

第一，国外经济发达国家日趋重视并不断加大对体育事业的公共财政保障，保障的内容主要包括竞技体育、大众健身、体育场地设施、反兴奋剂、体育科学研究等方面。国外经济发达国家体育事业财政投入的方向主要是大众体育，保障的重点是体育场地设施；这些国家体育经费来源多元化，重视对体育事业财政资金的审计监督。

第二，我国体育事业经费收入以年均 18.8%的速度保持增长，与 GDP 的增长存在高度正线性相关。体育事业的收入结构包括财政收入和非财政性收入。国家对体育事业的财政投入逐年增加，体育事业的财政投入与政府财政支出之间具有很强的相关性。体育事业非财政收入曲折上升，体育事业收入是体育事业非财政收入的主要来源，其总体趋势保持不断增长。体育彩票公益金持续增长，是我国体育事业经费的重要来源。然而我国体育事业经费收入总量偏少，体育事业经费收入主要依赖于财政拨款，体育彩票销售尚有较大的拓宽空间，体育彩票公益金使用的民生性仍显不足。

第三，体育事业经费支出以年均20.1%的速度保持增长。体育事业经费支出的重点是事业支出，其支出规模和水平反映着体育事业发展的速度和规模。体育事业费是体育事业经费支出的主体，是政府体育事业公共财政保障的重点。体育事业费主要用于竞技体育，群众体育活动经费支出较少。体育事业经费支出的科目不合理、越位和缺位并存、支出的结构不均衡，中央和地方政府的体育事权和财权不相匹配。

第四，针对我国现阶段体育事业公共财政保障现状构建出体育事业公共财政保障的内容体系。体育事业公共财政保障内容体系涉及四个方面，分别是群众体育、竞技体育、体育产业和其他。群众体育方面的保障内容包括群众体育场地设施、群众体育组织、群众体育活动和竞赛；竞技体育方面的保障内容包括运动训练、运动竞赛、运动场馆设施和运动员社会保障体系；体育产业方面的保障内容包括体育产业结构优化、体育产业基地、体育产业品牌建设和服务平台的建设；其他类的保障内容包括体育法制建设、体育标准与认证、体育文化建设、体育人才培养、体育公共信息平台建设、体育科技与教育、反兴奋剂和体育对外交往与宣传。

第五，根据体育事业公共财政保障的内容范围，确定了体育事业公共财政保障的优先顺序，依次为群众体育、竞技体育、其他和体育产业。体育事业公共财政保障内容体系中4个一级指标的权重系数相差较大，其中群众体育的权重系数最高（0.5780），其次是竞技体育（0.2439）、其他（0.1047），排在最后的是体育产业（0.0734）。群众体育的权重系数远远高于竞技体育、其他及体育产业，说明我国体育事业公共财政要重点保障群众体育的发展。

目　　录

1 绪　　论

本章主要从新中国体育事业的发展离不开我国稳定的财政支持角度论述了本书的研究背景，从体育事业在中华民族伟大复兴的征程中所承担的富国强民的历史使命及体育事业公共财政保障所存在问题的角度分析了本书的研究目的与意义。此外，本章还对研究方法、研究的基本思路、框架结构及主要内容进行了阐述。

1.1 研究的背景

体育在我国作为一种比较成熟的文化活动有悠久的历史，近代西方体育传入中国亦有100多年的历史，但体育作为一项事业在中国仅有短短60年的春秋。新中国成立以来，历代党和国家领导人高度重视体育事业，并把体育事业作为社会主义现代化建设事业的重要组成部分。新中国成立初期毛泽东就亲笔题词“发展体育运动，增强人民体质”，邓小平指出：“体育是社会主义精神文明建设的重要方面，是一个国家经济、文明的表现①”。江泽民发出了“发展体育，振兴中华”的号召[①]，胡锦涛主席在北京奥运会、残奥会总结表彰大会上指出“体育是人民的事业”。在党的四代领导集体关心和重视下，我国体育从过去的“东亚病夫”发展为成就显著、举世瞩目的体育大国。改革开放30多年以来，我国体育的各项事业取得突破性的发展：群众体育蓬勃发展，国民的身体素质普遍增强，体育逐步成为居民日常生活中的一个重要组成部分；竞

① 何萌.建国以来党的体育事业的发展及其在现代化进程中的作用[D].长春：东北师范大学，2008：15.

技体育水平不断提高，中国体育健儿在国际赛场上取得一系列优异成绩，为祖国赢得了巨大的荣誉；体育产业逐步兴起，为体育事业的发展注入了巨大的动力，并逐渐成为国民经济的新增长点。

新中国体育事业所取得的辉煌成就离不开我国稳定的财政支持，财政为中国体育事业的发展提供了稳定的外部环境保障。新中国体育事业的发展过程也是体育事业财政保障的改革过程。政府的体育事业财政保障主要取决于两个关键的因素：政府的财力和体育事业的财政制度安排。政府的财力主要取决于我国的经济发展水平。一般来说，经济发展水平越高，政府给予体育事业的财政支持也越多。不同的经济发展阶段，由于政府财力来源不同，政府财政收入及财政对体育事业所提供的保障水平也不同。计划经济时期，政府的财政收入主要是企业上交的利润，企业生产按计划进行，企业利润仅仅是计划的结果，企业效率低下，政府财力有限，政府财政来源单一，这阶段体育的保障水平也很低。随着社会主义市场经济体制的逐步建立，政府财政收入中企业收入和税收收入出现了此消彼长的现象，1994 年以后，企业收入取消，税收收入成为财政收入最主要的形式。由于政府财政收入主要来源于各种所有制企业和广大居民依法交纳的税收，这就要求政府在财政支出方面用之于民，提供公共产品，以满足广大纳税人的公共服务需求。体育消费属于享受和发展型消费，随着人们生活水平的逐步提高，人们对体育的消费需求也必然随之增加，体育消费已发展成为居民公共消费的重要内容，因此政府应当承担起相应的职能，在我国财力水平还不高的基础上，通过提供基本的体育公共产品来满足广大人民群众日益增长的体育公共服务需求。

体育事业的财政制度是在一定时期内，政府为发展本国、本地区的体育事业，对其所需要的财力进行筹集、分配、管理和监督等一系列有秩序的活动所作出的种种规定。体育事业的财政制度是我国财政制度的一个重要组成部分，因此体育事业财政制度的变迁，总随着国家财政制度的演变而改变。计划经济条件下，我国财政制度基本上是一种统收统支的高度集中的财政制度，国家财政是政府履行职能的唯一资金来源，体育作为国家的一项福利事业，由政府统包统管，体育事业发展所需要的费用全部由国家财政筹集和分配。1978年改革开放以后，我国的财政预算管理体制经历了财政包干制、分税制到公共财政体制的构建，体育事业的财政制度也经历了相应的变迁，为体育事业的发展注入了新的活力，提供了财政制度的保障，体育事业由纯福利性事业转为福利性和经营性相结合的事业，在促进我国现代化建设事业发展中发挥着越来越大的作用。纵观体育事业的财政保障变迁史，没有体育事业的财政改革，就不会有体育事业的社会化、产业化。体育事业财政保障制度的变迁使体育资源配置效率得到了提高，体育公平得到了改进，体育产业发展的财政政策机制也初步形成。然而，我国体育事业财政保障制度的改革采取的是渐进式的方式，难以“一步到位”，因而存在着不少问题，如体育事业财政收入来源的渠道单一，体育事业财政支出的结构、效率问题，体育事业的财政透明度问题，财政转移支付制度等的进一步完善都是当前亟待解决的难题。而要解决这些问题，进一步规范我国的体育事业财政保障制度，就必须进行相应的理论研究，以期为我国体育事业财政保障制度的改革提供相应的实践参考。

1.2 研究的目的与意义

在中华民族伟大复兴的征程中，体育事业同样也承担着富国强民的历史使命，肩负着发展群众体育、竞技体育、体育产业等重要的工作任务。为更快、更好地发展我国体育事业，更好地履行国家和社会赋予体育的各项职能，落实以人为本的体育发展观，实现由体育大国向体育强国的迈进，就离不开稳定的公共财政支持与保障。

但在社会主义市场经济背景下，在国家行政管理体制改革不断深化的进程中，我国体育公共服务职能的范畴和定位还有很多模糊之处，影响了体育公共财政等方面的决策，使得体育事业的公共财政职能未能有效地发挥。这些问题主要表现在：一是政府的行为不规范，导致了其在履行体育事业公共服务财政职能上的缺失。公共财政要求政府的活动范围限定在市场失灵的领域，政府的支出应优先确保居民所需要的最基本的公共服务，而我国政府仍承担了许多不应该由其承担的事项，挤占了本该应用于像建设全民健身路径等这类最基本的体育公共服务的资金；二是政府间事权与财权划分不清晰，财权及财政收入向上集中而支出责任下移，使得地方政府尤其是财政困难县所负担的体育事业事权与财权能力不相匹配；三是体育事业资金使用效率低下，未建立相应的体育事业投入产出绩效评价及监督体系。

随着我国财政规模的崛起和中国经济社会的转型，政府的财政活动在社会经济生活中发挥着越来越重要的作用，公共财政已经成为中国各级政府施政的主要工具。体育为什么应当以及如何纳入国家公共财政支出从而获得稳定的财政保障，如何进一步完善我国现行的体育事业财政保障制度以发挥公共财政的最大效益，已成为关系到体育事业今后发展的、迫切需要研究的重大现实问题。

本研究的目的就是以我国体育事业发展的公共财政保障作为研究对象，以政府干预体育事业的理论分析为切入口，结合改革开放前后我国体育事业财政保障取得的成功经验及存在问题，以及国际上体育事业财政保障值得吸取的经验，主要通过对1998—2008年我国体育事业财政保障现状的解析，提出重构我国体育事业财政保障的基本思路，以期为政府部门进行相应的体育事业财政保障制度改革提供理论依据和实践的参考，进而丰富我国体育事业财政保障制度改革的理论内容，同时对于我国公共财政保障制度的改革也具有一定的借鉴价值。

1.3 相关研究综述

1.3.1 关于政府体育职能的研究

体育事业财政保障制度的变迁过程是政府体育职能转变的过程，而政府体育职能是政府职能的一项重要内容。改革开放以来，我国政府职能转变的理论研究是围绕改革开放的进程和经济发展展开的。改革开放初期，政府职能转变的实践和理论研究重点是将政治型政府转为经济型政府，20世纪90年代的研究重点是政府由直接管理经济转向间接管理经济，21世纪初的政府职能转变的实践和理论研究重点是将经济型政府转向服务型政府、将“全能性”政府转向“有限型”政府。相比之下，有关政府体育职能转变的理论研究比较滞后，研究成果主要出现于21世纪。

刘青（2003）从新时期政府在体育事业的角色定位出发，认为：政府应转变职能，实现政府自身的变革，持续增加对体育事业的财政投入，确保政府对体育的投入随着财政收入的增长而增加，政府的财政投入应主要限定在三个重要领域：一是体育事业基本物质条件的投入，重点用于建设经济、适用的社区体育设施；二是保证国家任务完成的投入，重点资助承担奥运会、亚运会等重大国际比赛任务的组织和个人；三是对体育事业欠发达地区的转移支持和对弱势群体的补助性投入。另外，政府要通过制定和完善支持体育事业发展的经济政策，包括体育彩票的发行政策、非国有资本投资兴办体育企业的减税政策以及公共体育场馆等公益性项目和公共服务设施的税费减免政策等，以体现政府财政投入的公益性和引导性，满足大众对公共体育产品和服务的需要，而不作为商业性投资①。马志和（2003）从市场经济对政府职能转变的要求出发，提出政府应当进行制度创新，从权力无限政府转变为权力有限政府，从具有竞争性的私人体育物品生产领域退出，加强公共体育物品的供给；加强政策引导、信息咨询等为体育发展创设良好的制度环境与政策平台；行政治体转向依法治体，从无所不为转向有所为、有所不为②。白晋湘（2006）认为：在市场经济条件下，政府体育职能重点转移到提供公共体育物品和服务上来，包括全民健身以及相

① 刘青．新时期政府在体育事业发展中的角色［J］．成都体育学院学报，2003（1）：12-15.

② 马志和，戴健．论政府体育管理职能的转变与制度创新［J］．上海体育学院学报，2003（3）：14-17.

应的公共体育设施的提供和保障。建立公共体育服务型政府是我国政府体育职能转变的主要目标，而实现公共体育服务的社会化是实现这一目标的有效途径。政府应把精力致力于制定体育政策、法规的制定和监督执行层面上来，加强行政法制建设，强化对行政权的制约，对行政执法的监督，遏止对权力的滥用①。苗治文等（2007）认为政府职能转变应以满足公共体育服务为导向，重视公共服务的效率、效果和质量；管理职能转向掌舵，形成以社会为主体、以政府为主导、共同兴办群众体育的政府管理体制，而我国未来竞技体育的发展应该形成由中国奥委会、运动协会、体育俱乐部等方面共同兴办的格局②。

总体来说，我国学者对政府体育职能的研究主要是围绕着新时期政府体育职能的转变进行研究，把政府体育职能转变与公共财政保障结合起来进行研究的比较少，已有的关于这方面的研究也只是泛泛而谈，对于公共财政如何保障政府的体育职能还缺乏深入的研究。

1.3.2 关于体育公共服务的研究

提供公共服务是现代社会政府的一项基本职能，是政府职能转变的一个重要方面，政府提供体育公共服务同样离不开财政的支持。现代政府体育公共财政的目标是保障体育职能部门提供体育公共服务，满足居民体育公共服务需求。随着我国从“经济建设型政府”向“公共服务型政府”的逐步转变，体育公共服务成为体育学术界研究的热点之一，通过期刊网的文献搜索，发现学者们主要从体育公共服务的改革、体育公共服务的供给、体育公共服务的绩效、农村体育公共服务展开研究。

---

① 白晋湘．从全能政府到有限政府——市场经济条件下政府体育职能转变的思考［J］．体育科学，2006（5）：7-11.

② 苗治文，秦椿林，等．新时期我国体育政府管理职能的界定及其转变［J］．北京体育大学学报，2007（10）：1303-1305.

1. 关于体育公共服务改革的研究

郭惠平、唐宏贵等（2007）从公共体育服务化改革的角度出发，认为公共体育服务应实行政府与社会结合的管理体制，凡属于事业部分应采用政府管理型，主要由政府通过宏观政策进行调控，向社会提供公益服务，实现社会效益；而属于服务盈利（或产业）部分，则进入市场，采取社会管理型，由社会向人们提供私人服务，进行有偿服务，实现经济效益。政府职能管办分离，在社会公共体育服务领域，政府的职能主要是制定公共体育政策法规、确保公益性体育事业足额投入和实施公共体育管理，保证人民群众能得到数量、质量和成本都很合意的公共体育服务。引入市场机制和运作手段，赋予非政府的兴办主体以独立的利益主体地位，政府应尽快出台扶持民间组织和个人兴办公共体育服务的稳定而优惠的政策；借鉴西方国家普遍采用的做法，有选择运用服务委托或购买方式，对非营利组织进行资金资助和支持①。

2. 关于体育公共服务供给的研究

肖林鹏（2008）提出我国公共体育服务供给面临的三个基本问题是谁来供给、供给什么、如何供给②。尹维增、张德利（2009）认为随着全民健身热潮的到来和“健身路径”为标志的“全民健身工程”建设力度的不断加大，政府在公共体育服务中的主体地位体现于制定公共体育服务政策、监管公共体育服务的生产与提供、直接生产和提供某些公共体育服务；建立多元化的治理结构，实现重点突破，公共体育服务体制建设应该以农村公共体育服务体制建设为突破口；提高公共体育服务的供给水平，按照公共财政的思路，调整财政支出结构，坚持民主财政的原则，提高财政透

① 郭惠平，唐宏贵．对我国公共体育服务社会化改革的再思考［J］．武汉体育学院学报，2007（11）：1-6.

② 肖林鹏．论我国公共体育服务供给的基本问题［J］．体育文化导刊，2008（1）：10-12.

明度，完善财政转移支付制度①。

3. 关于体育公共服务的均等化及绩效研究

冯国有（2007）认为体育公共服务均等化是政府公共服务均等化政策在体育领域的体现，指在某一行政区域内区县、省市乃至全国，无论身处何地、无论何种社会阶层的公众，都能享有大体相同的公共体育资源和公共体育服务。从政治视角看，体育公共服务均等化是保障公民基本权利实现的重要途径，是构建和谐社会的重要条件，是政府执政为民施政理念的重要体现；从经济视角看，体育公共服务均等化可以提高政府体育财政支出的效用，是体育产业健康发展的重要基础②。郇昌店、肖林鹏（2008）认为公共体育服务均等化主要集中在有形的基础性公共体育服务领域，即包括均等化的国民体质监测、公共体育场地设施服务、公共体育教育服务等。为保障公民均等化地享受公共体育服务，应建立与公共体育服务优先次序相适应的公共财政预算机制，秉承“公民偏好最大化原则”，以确保公共财政可以为公共体育服务均等化贡献力量。在当前，公民公共体育场地设施的需求是公共财政首先要保障的对象，专项补贴应该成为我国地区间公共体育服务均等化的重要工具③。

4. 关于农村体育公共服务的研究

李萍美（2008）认为当前农村公共体育服务均等化所存在的问题是基层资金短缺；供给主体单一，权责不清、职责不明；供给决策体制不合理，落实定位不明；需求选择性差，服务结果不均；法律、法规保障不力。提出树立公共服务型财政观，稳步增加政府

① 尹维增，张德利．对构建和谐社会环境下公共体育服务的基本责任研究［J］．体育与科学，2009（1）：45-47.

② 冯国有．体育公共服务均等化及其财政政策选择［J］．上海体育学院学报，2007（6）：26-31.

③ 郇昌店，肖林鹏．公共体育服务均等化初探［J］．体育文化导刊，2008（2）：29-31.

对农村公共体育服务的支出；发展农村公共体育服务供给的多元主体，形成畅通的需求表达机制；落实村落体育，培养农民体育技能等推进农村公共体育服务均等化①。李艳（2008）认为当前农村公共体育服务存在的主要问题是农村基础性公共体育服务严重滞后、农村公益性公共体育服务严重缺位、农村信息性公共体育服务渠道不畅，提出结合新农村建设实践，加强农村公共体育场地设施等基础性公共体育服务体系的建设；加大公益性投入力度，通过逐步完善农村基本社会保障体系、大力发展农民健身路径和积极吸纳社会公益基金构建农村公益性公共体育服务体系；建立新农村体育信息服务平台和体育专家下农村开展咨询服务制度，拓展农村信息性公共体育服务渠道②。王海宏、杨建国等（2008）以社会主义新农村建设为背景，认为农村体育要长久、持续、健康地发展，必须发展与新农村建设相匹配的农村公共体育服务体系。农村公共体育服务体系结构包括目标体系、社会保障体系、运行机制体系和绩效评价体系③。

体育公共服务的研究起步较晚，研究成果多集中于近几年，但学者们对有关体育公共服务的概念、供给、农村体育公共服务等方面的初步探索为本研究提供了有益的参考，可这些研究多侧重于理论方面，实证研究少，而将体育公共服务与公共财政保障结合起来进行研究的则更少。

5. 国外关于体育公共服务的研究

国外关于体育公共服务的研究主要集中在公共休闲服务领域，Brademas D. J.（1988）在《希腊公共休闲服务提供系统》中介绍了希腊体育秘书处主要对全民健身、职业人群体育、竞技体育项

① 李萍美．新农村体育服务模式建构［J］．体育文化导刊，2008（10）：17-20.

② 李艳．农村公共体育服务存在的问题与思考［J］．成都体育学院学报，2008（10）：30-32.

③ 王海宏，杨建国，等．农村公共体育服务的现状调查与对策研究［J］．武汉体育学院学报，2008（11）：73-77.

目、特殊需要儿童的体育活动项目以及对体育俱乐部的活动进行资助①。Clemow、Brian（1992）思考了美国公共服务私有化的内涵，认为20世纪美国政府提供的服务在规模和范围上都有了极大的扩张。许多服务传统上只能由私营部门提供，而现在从医疗保健到交通，已越来越多地由地方、州和联邦政府提供。在一些极端的情况下，整个社区的服务都由政府开发或经营，如田纳西流域管理局，而最近这种趋势发生了重要的逆转，那些由政府部门履行的功能逐渐转移给私人部门②。Berrett T.、Slack T. 等（1993）认为体育休闲设施和服务具有社会公益性和正外部性，因此，它们由市场定价是不恰当的③。Nakao K.、Yatsushiro T. 等（1994）提出体育服务部虽不具备对社区体育作出公共政策决策的资格，但体育服务部如能直接满足社区成员的体育需求，就应有权力去发展社区体育④。Glover T. D.（1999）认为20世纪70年代以来，美国许多城市已选择“私有化”以提高服务的效率。但是，私有化及其效率、效果和公平的内涵并没有在北美休闲研究中实际解决。从效果方面来说，私有化将改善服务质量，但政府满足其社会目标的能力也将减弱。此外，私有化被批评继续鼓励被动消费，也许私有化最有争议的方面是影响公平，公共服务的私有化也使边缘群体的休闲需要无法得到充分满足⑤。Williams、Christine 等（2007）以三个个案研究对公共产品的各方面、公共公园的商业化和逐步私有化进行了讨

① Brademas D J. Public leisure service delivery systems in Greece. *World Leisure & Recreation Summer*, 1988, 30（2）: 11-15.

② Clemow Brian. Privatization and the Public Good. *Labor Law Journal*, 1992, 43（6）: 344.

③ Berrett T, Slack T, et al. Economics and the pricing of sport and leisure. *Journal of Sport Management*, 1993, 7（3）: 199-215.

④ Nakao K, Yatsushiro T, et al. A study on the source of political influence of the sport policy in the local government. *Bulletin of Institute of Health & Sport Sciences*, University of Tsukuba, 1994, 17: 97-106.

⑤ Glover T D. Propositions addressing the privatization of public leisure services: implications for efficiency, effectiveness, and equity. *Journal of Park & Recreation Administration* 1999, 17（2）: 1-27.

论。认为21世纪城市公园的管理者不仅要承担各种不同的活动，而且需要持续的资金来源恢复公园工作，并不断进行维修。三个个案研究所涉及的一系列问题强调的是关于寻求额外收入的问题①。

从国外关于体育公共服务的研究可以发现，国外的公共服务已逐步转移给私人部门提供，但公共服务私有化仍存在争议，争议的焦点是公平的问题。公共财政在体育公共服务的供给中发挥着重要作用，资金不足也是国外公共服务供给中面临的问题。

1.3.3 关于体育产品的研究

政府的体育公共服务职能主要是提供体育公共产品，以弥补市场失灵。只有市场不能提供或不能有效提供的产品才由政府提供，得到相应的政府财政的支持，因此政府对体育事业的财政保障是基于体育产品属性分析的基础之上的，体育产品的相关研究是体育事业财政保障研究的重要内容之一。

1. 关于体育产品的属性、特征等一般理论性研究

陈林祥（2005）对竞技体育产品和大众体育产品的属性进行了分析，认为竞技体育产品的公共物品所占成分较大，而私人产品所占的成分较少；大众体育产品中私人产品所占的成分较大，而公共物品如大众体育设施、大众体育传播、大众体育组织与管理所占的成分有限，因此政府在竞技体育发展过程中要起到直接的、主导性的作用，而对大众体育的发展更多的是间接的、指导性的作用②。赵丽光、杨吉春（2009）从农村公共体育产品的属性入手，分析了新农村建设中农村体育公共产品投入政策的积极影响与存在的问题，强调在农村公共体育产品投入上应明确农村体育公共产品投入主体的投入职责，尽快构筑农村体育公共产品投入新机制，统

---

① Williams Christine, et al. Public parks: A service perspective from the northwest of England. *Managing Leisure*, 2007, 12 (1): 58-74.

② 陈林祥．试论体育产品的公益性与产业性［J］．武汉体育学院学报，2005（2）：22-24.

筹城乡体育公共产品投入，缩小城乡投入差距；建立、健全相关的法律、法规，切实保障我国农民的切身利益①。

2. 关于体育产品的供给研究

张洪武、陈元欣等（2007）在分析我国农村公共体育产品供给现状的基础上，提出应统筹城乡公共体育产品供给，加大对农村公共体育产品供给的投入力度，建立中央、省、地方、农民四位一体的农村公共体育产品供给体制，建立多元化筹资机制，实施多主体供给方式，加快农村公共体育产品供给②。谢力蓉（2008）从社区体育公共产品角度出发，通过社区体育公共产品提供的个案分析，认为社区体育公共产品的供给要体现“以人为本”的原则，改革公共体育设施产权与经营权，实现社区居民共享模式；建立以居民需求为出发点的社区体育公共产品的供给方式；体现社区管理特点，优化社区体育公共产品管理机制，社区体育公共产品供给中的政府应承担一定责任，转型期政府要把体育公共产品供给的重点放在中低档、能基本满足居民需求的项目上，适当开发高档体育项目和产品③。

综上所述，研究者认为体育产品具有公共产品及正外部性的属性，政府在不同种类的公共产品供给中承担的责任应不同，这些研究为本书的研究提供了一些思路，但这些研究还较宏观，对体育公共产品的界定和分类大多浅尝辄止，而从政府体育职能的角度对体育公共产品进行分类的研究还较少见。

3. 国外关于体育产品的研究

国外对体育产品的研究集中于体育的公共产品性质研究。

---

① 赵丽光，杨吉春．农村公共体育产品投入的行为缺失与对策［J］．东北师大学报（哲学社会科学版），2009（1）：149-152.

② 张洪武，陈元欣，等．建设社会主义新农村与我国农村公共体育产品供给研究［J］．北京体育大学学报，2007（5）：602-604.

③ 谢力蓉．基于社区居民需求的体育公共产品供给模式研究［D］．上海：复旦大学，2008.

Sells、Jane（1991）认为提供公共产品是一个社会难题，因为个人必须决定其贡献是否有助于本集团，或个人没有作出贡献而产生免费搭车。假定个人都了解其他组的成员如何作出贡献，相对于他们如果没有掌握这方面的资料、信息，发生免费搭车的频率会减少；如果个人知道其他人的贡献，他们能够运用更完善的战略克服免费①。Johnson B. K.、Groothuis P. A. 等（2001）运用条件价值评估法（CVM）评估职业运动队—匹兹堡企鹅的国家冰球队所产生的公共产品价值。数据和分析表明，大联盟球队能产生大量可消费的公共产品，如公民自豪感和社区精神，这些公共产品的价值是巨大的。然而就企鹅自身来说，公共产品的价值远远低于建造一个新场馆的成本。尽管不同城市不同运动队产生的公共产品的分析结果可能不同，但他们质疑政府资助体育场馆的普遍做法，因为这种普遍做法显示出纳税人承担的费用超过其得到的收益②。O'Roark J. B.（2001）认为体育大联盟成功的产出越来越依赖于体育场馆。虽然体育场馆没有显示出公共产品的特性，但它们日益成为政府资助的项目。迷失在体育场馆资助的政治争论是关于剩余索取权对球队效用的辩论。如果这种说法成立，得到政府资助的体育场馆会减少鼓励业主去生产有竞争力的产品。证据表明，公有制体育场馆对球队取胜产生了不利的影响③。Kovac M.、Kolar E. 等（2003）提出体育是一个重要的社会类别和活动，由于其对整个社会有积极影响，也是一种公益事业和公共利益，这就是为什么它的经费来源于公共资金的原因。公共资金通过中央预算、地方预算和博彩来筹集。国家体育联合会的大部分资金来自国家预算和博彩，其一部分

① Sells Jane. Levels of Information and Contributions to Public Goods. *Social Forces*, 1991, 70（1）: 107-125.

② Johnson B K, Groothuis P A, et al. The value of public goods generated by a major league sports team: the CVM approach. *Journal of Sports Economics*, 2001, 2（1）: 6-21.

③ O'Roark J B. Capital structure and team performance in professional baseball. *Journal of Sports Economics*, 2001, 2（2）: 168-180.

资金致力于所有年龄组的国家选拔①。Preuss、Holger 等（2006）认为地方和国家的居民在申办过程中发挥着重要作用，因为他们的意见将影响该国政治制度是否支持申办，财政是否愿意支持申办。许多赛事影响具有公共产品和外部性的特征，这是公共部门财政支持它们的一个潜在的福利经济原因。来自 117 个已主办或已申办赛事城市和国家居民的投票实证数据表明：四分之三的居民支持举办赛事。统计分析表明最强有力的支持是在低收入国家，这使人们怀疑赛事是否应被视为奢侈品，这是体育产品的一个典型特征。对此的主要原因人们可能都知道，即这些活动将会影响社会中其他商品和服务的生产，特别是投票前多年已有财政赤字国家的人们比其他国家的人更持怀疑态度。这种格局不会出现在人口稠密的国家，在那里与赛事有关的费用在宏观经济层面只是“沧海一粟”。调查还表明，经济增长导致了人们更加积极赞成举办赛事②。Johnson、Bruce K. 等（2007）运用条件价值评估法（CVM），评估佛罗里达州全国橄榄球联盟美洲虎对佛罗里达州的杰克逊维尔市所产生的公共产品的价值，其中包括提升杰克逊维尔“大联盟”地位和改善种族关系的价值评估。目前由美洲虎所产生的公共产品的价值是 3650 万美元或更少，远远低于杰克逊维尔为吸引美洲虎而提供的补贴。这些结果使越来越多的学者利用条件价值评估法（CVM）对此展开研究，研究文献表明体育公共产品并不能证明大量公共财政用于体育场馆是合理的③。Solberg、Harry Arne 等（2007）认为举办大型体育赛事对旅游业的长期需求会产生积极的影响，但是增加的收入可能并不能补偿举办赛事所需要的投资成本。特大型赛事需要投入巨额资金用于体育设施，也包括与体育无关的城市基础设

① Kovac M, Kolar E, et al. The model of publicly financing sport in the Republic of Slovenia. *Acta Universitatis Carolinae*, 2003, 39 (1): 85-97.

② Preuss Holger, et al. Attracting Major Sporting Events: The Role of Local Residents. *European Sport Management Quarterly*, 2006, 6 (4): 391-412.

③ Johnson Bruce K, et al. The Value of Public Goods Generated by a National Football League Team. *Journal of Sport Management*, 2007, 21 (1): 123-137.

施，这些投资必须符合城市的长远规划以使赛事在经济上获得成功。体育赛事的许多益处属于公共产品的种类，这就是政府资助公共产品的理由，然而政府有关财政投入赛事的前景夸大了赛事的社会经济价值，这就使政府决定投入哪些赛事、投资多少的工作复杂化①。

由上可见，国外学者主要从体育具有公共产品属性的角度出发对政府资助职业体育场馆、体育赛事进行研究。职业体育虽会产生公共产品的价值，但越来越多的学者质疑政府资助职业体育场馆的普遍做法，并运用条件价值评估法对此做法进行评估。研究认为政府资助体育赛事是因为其具有公共产品和正外部性的属性，但政府要根据举办体育赛事所产生的社会经济价值的大小来确定是否资助及如何资助。国外有关这方面的研究为我国政府是否资助职业体育及体育赛事提供了有益的借鉴和启示。

1.3.4 关于体育财政的研究

1. 国内关于体育财政的研究

由于竞技体育的政治功能，它能使一国在经济落后的情况下迅速提升在国际上的威望和地位，因此新中国成立初期以来，为迅速提高我国在国际上的知名度，我国优先发展竞技体育，实行竞技体育的“举国体制”，把国家有限的财力主要投向竞技体育，竞技体育取得了辉煌的战绩，竞技体育的政治功能充分彰显。但随着经济的转型，竞技体育逐渐呈现出发展后劲不足，经费匮乏，因此市场经济体制下，为实现竞技体育的可持续发展，有关竞技体育投资问题成为我国体育财政投入的研究重点。陈林祥（1999）在分析我国不同历史时期竞技体育投资的基础上，对 2010 年我国竞技体育投资目标、重点、结构和投资策略进行系统的研究，认为 2010 年我国竞技体育投资应在不断完善政府财政投入的同时，依托市场，

---

① Solberg Harry Arne，et al. Major Sport Events and Long-Term Tourism Impacts. *Journal of Sport Management*，2007，21（1）：213-235.

开发体育产业①。张林（2002）提到，在传统计划经济体制下各级政府的财政拨款是竞技体育最主要的或唯一的经费来源，但是，政府一元化的竞技体育投资体系使竞技体育各项活动非经济化，失去自我生存、自我发展的能力，在社会主义市场经济体制下，我国竞技体育投资体系应由社会自治、产业经营、财政拨款、政府与社会结合等4种模式构成②。张春合、翟奕轩（2009）以经济学理论为基础，以第29届奥运会取得金牌前10名的国家为研究对象，认为国家的综合国力是影响竞技体育的关键因素，我国竞技体育的投入与国民人均生产总值之间的不协调，高于最富裕的发达国家对竞技体育的投入，因此后奥运时期，国家应调整竞技体育的投入方式和投入力度，并坚持以条件定发展的协调发展策略③。

近年来，有关体育投融资及体育投资的效率与公平问题也是学者研究的一大热点。陈慧敏、陈喜珍、于丽莉（2002）通过对我国竞技体育、社会体育、学校体育投入产出效益分析，提出合理配置体育资源，提高利用率，建立科学的体育投资选择的优先次序④。王爱莉、姜勇等（2003）提出社会转型期加快我国体育的投资发展应大力完善有利于体育投融资机制，积极建立多元化的体育投资撤出通道，进一步加速体育投资中介服务组织建设，努力营造体育投资发展的良好环境⑤。冯国有（2007）以政府公共服务均等化和公共财政职能为背景，提出推进我国体育公共服务均等化的财政政策建议。首先要求政府加大对公共体育的投入，政府间通过均

① 陈林祥．2010年我国竞技体育效益投资体系的研究［J］．体育科学，1999（4）：45-48.

② 张林．社会转型期我国竞技体育投资体系的研究［J］．上海体育学院学报，2002（2）：4-7.

③ 张春合，翟奕轩．对我国竞技体育投入现状的反思［J］．武汉体育学院学报，2009（3）：34-39.

④ 陈慧敏，陈喜珍，于丽莉．对我国体育事业投入产出效益的现状分析与对策研究［J］．中国体育科技，2002（11）：10-12.

⑤ 王爱莉，姜勇，等．论社会转型期我国体育投资的相关问题［J］．体育与科学，2003（2）：26-28.

等化财政转移支付均衡不同区域、不同层级政府间财政能力。其次要充分尊重公众体育公共服务均等化的选择权，准确把握体育公共服务均等化进程的财政着力点，要适应体育公共服务均等化的不同发展阶段的财政需求，重点倾斜农村和社会弱势群体财政投入。第三，政府应积极发挥体育财政政策的激励作用，采取财政补贴政策，降低社会公共体育场馆收费标准；采取财政奖励政策，激励企事业单位、大中小学对社会开放体育场馆，提高公共体育资源的使用率。第四，不断加大体育财政对体育公共服务体系支撑力度①。刘玉兰、张明（2008）从公共投入的内涵入手，提出社区体育服务体系应建立体育投入—产出—需求新的均衡系统和新型的社区体育投入产出方式，合理配置体育资源；确立社区体育在社会公共投入中应有的地位，使其真正被纳入到国民经济和社会规划之中，从而为构建符合我国实情的社区体育服务体系和运行机制服务②。樊道明、王子朴（2008）结合国外已有定量研究分析及与我国体育财政特点和国情，对中外体育财政问题进行比较研究，发现国外体育财政的特点主要表现为：欧洲许多国家体育财政的最大资金来源是居民消费；西方大多数国家，第二大体育资金来源是地方预算，仅次于居民消费，比国家预算拨款力度要大得多；国家预算是体育事业第三大资金来源；营利性组织是体育资金的补充来源之一。体育财政的主要受益对象是各种体育组织及联合体，俄罗斯体育财政拨款体系比较完善。国外体育财政特点对我们的启示主要有：体育拨款来源种类众多，形式各异；体育财政来源的渠道多样，其中博彩业是重要手段；体育财政拨款级别明确，以地方拨款为主③。

从国内有关体育财政的研究可以发现，学者从不同的视角论证

① 冯国有．体育公共服务均等化及其财政政策选择［J］．上海体育学院学报，2007（6）：26-31.

② 刘玉兰，张明．公共投入对社区体育服务体系建设的影响［J］．上海体育学院学报，2008（6）：36-38.

③ 樊道明，王子朴．中外体育财政问题比较研究［J］．北京体育大学学报，2008（12）：1616-1618.

了体育事业的发展需要公共财政的保障，有的研究也提出了要拓宽体育事业经费的收入来源，体育事业的财政支出要体现公平和效率，但这些研究都较宏观，有关我国体育事业经费收入、支出及我国体育事业公共财政保障优先顺序的全面研究还未见相关报道。

2. 国外关于体育财政的研究

国外关于体育财政的研究主要集中在公共财政支持职业联盟体育场馆的建设是否合理方面。Pate D. W. 、Moffitt E. 等（1993）对目前多功能体育设施建造成本中的财政资助进行了研究。调查结果显示由一些州资助的体育场馆的比例占调查设施的22%①。Nichols G. 、Taylor P. （1995）运用条件价值评估法来说明公共财政补贴英国体育理事会的国家山区中心的理由②。Zimmerman D. （1997）以21个体育场作为研究对象，对征税受益原则背景下公共资金资助职业体育设施或体育场进行探讨。研究结论认为，根据效益原则，职业队、特许供应商、当地企业及获得消费权益的公民，应支付体育场馆的费用。实际上，大多数场馆都没有以这种方式融资。相反，大多数体育场馆的经费由当地大量的基础（普通）税收和高一级的通过免税债券弥补联邦收入损失的联邦收入税筹集③。Noll R. G. 、Zimbalist A. （1997）研究显示美国现在的体育建筑费用在2006年之前可能激增到70多亿美元，其中大部分资金来自公共部门，而公共部门所在的主办城市对其运动队的平均补贴每年很有可能超过1000万美元。在大多数情况下，这是美国队体育产业

① Pate D W，Moffitt E，et al. Current trends in use，design/construction，and funding of sport facilities. *Sport Marketing Quarterly*，1993，2（4）：9-14.

② Nichols G，Taylor P. A justification of public subsidy of the British Sports Council's National Mountain Centre using the contingent valuation approach. *Journal of Applied Recreation Research*，1995，20（4）：235-247.

③ Zimmerman D. Subsidizing stadiums：who benefits，who pays? In，Noll R. G. and Zimbalist A. ，（eds. ），*Sports*，*jobs and taxes*：*the economic impact of sports teams and stadiums*，Washington，D. C. ，Brookings Institution Press，1997：119- 145.

非竞争结构必需的，美国主要的体育联盟垄断了本国的体育产业①。Barros C. P.、Lucas J.（2001）认为体育政策的传统手段是财政补贴。体育是不完善的公共物品，因此受益于政府补贴，用以克服低供给的传统问题。在现实生活中，公共资金的分配由其需求和供给驱动。研究通过对相关体育管理人员对财政补贴的需求发放问卷，发现体育俱乐部管理人员的需求决定公共财政补贴②。Siegfried J.、Zimbalist A.（2002）在研究中提到许多地方公共财政补贴体育场馆和竞技馆经常被认为是合理的，以此作为推动地方经济发展的一种方式。但这个论点依赖于影响当地经济的历史乘数效应，歪曲了消费者对职业体育支出的影响。体育支出受消费替代的影响，它们遭受第一轮非常大的来自于当地经济漏出，因为球员把他们的收入出口到他们永久居住地。NBA 球员的永久居住地的信息可说明这种漏出的程度。平均 93%的员工住在他们工作的地方，但只有 29%的 NBA 球员这样做。这个例子表明，一个标准的地方经济乘数效应夸大了体育支出对经济拉动作用，这种夸大超过 400%③。Daniels、Elan（2003）分析了美国直辖市政治家努力提供公共资金资助体育场馆，并对宾夕法尼亚州最高法院允许费城市政府把公共体育场馆租给私营企业的决定进行深思④。Crompton、John（2004）认为政府捐助大联盟设施事实上是承认设施带来的一部分利益会惠及到一般公众，而不是完全被特许经营者占有。政府

① Noll R G, Zimbalist A. Sports, jobs, and taxes: the real connection. In, Noll, R. G. and Zimbalist, A., (eds.), *Sports, jobs and taxes: the economic impact of sports teams and stadiums*, Washington, D. C., Brookings Institution Press, 1997: 494- 508.

② Barros C P, Lucas J. Sports managers and subsidies. *European Sport Management Quarterly*, 2001, 1 (2): 112-123.

③ Siegfried J, Zimbalist A. A note on the local economic impact of sportsexpenditures. *Journal of Sports Economics*, 2002, 3 (4): 361-366.

④ Daniels Elan. the cincinnati bengals' legal obligation to win: a case study for the public funding of stadiums and a roadmap for municipal investment. *Texas Review of Entertainment & Sports Law*, 2003, 5 (1): 99-157.

补贴设施的倡导者面临的挑战是证明纳税人的投资回报率，但这一直可望而不可即。游客观看比赛产生的直接经济影响所带来的巨大回报的谎言已破绽百出。四个替代效益溢出的原因经常被提及：提高社会知名度、增强社会形象、刺激其他发展和精神收入。使用前三个替代原因的合理性着眼于外部受众，目的是鼓励他们投资社区的资源。在某些情况下，一些经济利益可能会产生于这些资源，但在大多数情况下，它们不能足以证明纳税人的投资。有人认为，心理收入，重点是国内社区现有居民受到益处，很可能是证明美国公共财政补贴的合理性关键所在①。Garrett、Richard（2004）研究了自愿体育组织对英国体育彩票的反应。1995 年，体育理事会开始分发来自体育彩票基金提供的资助，这种资金的来源是最大的，曾经是体育和福利方面可得到的最大资助。迄今为止，在英格兰，得到最多资助的是基层体育运动特别是自愿体育俱乐部（VSCs）。不过，英国体育彩票资金分配的效力不应该简单地通过其数额来测量，因为基层体育的成功拨款在很大程度上取决于自愿体育俱乐部（VSCs）的意愿、决心、诚实和能力，而自愿体育俱乐部（VSCs）接收资金要坚持资助条件。体育得到的彩票资金必须促进政策宗旨和文化传媒体育部的目标（DCMS），英格兰彩票资助的条件是反映这些宗旨和目标。研究中提供的证据表明自愿体育俱乐部（VSCs）接收英国体育彩票资金是积极的，它们履行其资助条件的意愿和能力各不相同。因此，分配的资金数额可能没有反映英国体育获得的实际利益水平②。Long、Judith Grant（2005）认为政府支付更多的资金参与美国职棒大联盟体育设施的发展，并不是一般理解的由于土地和基础设施、正在进行的运作费用、资本的改善和市政服务、先前财产税公共补贴的常规剩余。用于每一项体育设施的

① Crompton John. Beyond Economic Impact: An Alternative Rationale for the Public Subsidy of Major League Sports Facilities. *Journal of Sport Management*, 2004, 18 (1): 40-59.

② Garrett Richard. The response of voluntary sports clubs to Sport England's Lottery funding: cases of compliance, change and resistance. *Managing Leisure*, 2004, 9 (1): 13-30.

剩余资金使公共补贴平均增加5000万美元，基金总额达到17700万美元，占行业报告平均增加额1.26亿美元的40%，这些报告建立在2001年“四大”联盟所使用的99个基础设施上。所有这些设施，未计算的公共费用总额达到50亿美元①。Mayer III、Frank A.（2005）对赞成和反对公共及私人资助体育场馆的理由进行了论述；证实了公共财政资助体育场馆有优点，私人融资也有缺点。认为体育场馆成功的关键在于公共和私人结合共同提供体育场馆的资助资金②。Whitted、Caleb（2008）讨论了美国公共资金资助体育设施的方法和财政资助的替代方案。对常用的公共补贴方法如低租金和销售税、政府发行债券、出售给当地政府进行了讨论，并讨论了体育设施的补贴对经济的影响，提出了通过股权融资和资产证券化方式进行财政资助的建议③。Murray、Dale（2009）提出了政府出资为职业体育专营权建造体育设施的建议。公共资金支持这类设施所产生的政治争议据说包括了有关经济问题的争论，即社区是否会得到足够的投资回报，而这种投资回报是以与设施相关的就业和经济发展的形式表现出来。在此争论中，有关体育设施财政资助的建议是作为一个与收入分配相关的社会公正问题进行讨论的。基于这些原因，公共财政投资职业体育设施是没有理由的④。

由上可见，国外的学者对公共财政支持体育事业的发展尤其是体育场地设施的建设持赞成态度，但对公共财政支持职业体育的发展存在较大的争议，争议的焦点集中在纳税人是否会得到足够的投

① Long Judith Grant. Full Count The Real Cost of Public Funding for Major League Sports Facilities. *Journal of Sports Economics*, 2005, 6（2）：119-143.

② Mayer III Frank A. Stadium financing: where we are, how we got here, and where we are going. *Villanova Sports & Entertainment Law Journal*, 2005, 12（2）：195-226.

③ Whitted Caleb. Public Financing of Sport Facilities. *Indiana Association for Health, Physical Education, Recreation & Dance Journal*, 2008, 37（2）：17-23.

④ Murray Dale. Reflections on Public Funding for Professional Sports Facilities. *Journal of the Philosophy of Sport*, 2009, 36（1）：22-40.

资回报。有的学者提出了公共财政资助体育设施的多样化方式，这些研究为本书有关体育事业公共财政保障内容的选择提供了有益的启示。

从体育事业财政保障的相关研究所取得的成果来看，有关政府体育职能的转化、体育公共服务、体育产品、体育财政投入的研究与体育事业财政保障的研究休戚相关，有些研究对体育事业的财政投入也进行了一些探讨，闪烁着智慧之光，为本研究奠定了一定的理论基础，但通过对文献的梳理，发现这些研究还存在着许多问题及研究的空白。

一是政府体育职能、体育公共服务、体育产品的研究中有些涉及体育事业财政保障的内容，但都是浅层次的、表层的研究，缺乏经济理论基础。一些文献有关体育事业财政保障的研究看似面面俱到，很合理，但缺乏针对性及可操作性，实用性不强。

二是现有的有关体育事业发展的财政保障研究还是空白，仅有的一些研究也多从国家财政应如何投入到体育事业、如何拓展体育投资渠道等方面进行了一些思考，而从财政的视角探索政府如何转变职能，提供体育公共产品，体育事业公共财政保障的具体内容及保障的优先顺序还未见相关的研究报道。

三是已有的研究侧重于理论论述，规范性研究多，实证性研究少。本研究试图通过实证研究，归纳出我国体育事业发展的财政保障中所存在的问题，并分析其原因，最终找出有针对性的建议。

四是国外的研究虽从微观、实证的角度对体育公共服务、体育产品、体育财政投入等进行研究，其研究视角及相关的研究成果值得我国学者借鉴。但国情不同、经济发展水平、文化背景不同，国外的研究成果还需和我国的具体实际联系起来，而且通过国外的文献搜索，也未发现有关体育事业财政保障的相关研究。

1.4 研究方法

本书以我国体育事业发展的财政保障作为研究对象，以系统方法论和唯物辩证法为指导，综合运用规范分析与实证分析相结合、定性分析与定量分析相结合、宏观分析与微观分析相结合等研究方法对我国体育事业发展的财政保障进行研究。

1.4.1 规范分析与实证分析相结合

规范分析即回答“应该怎样”。规范分析带有主观性，与人们的立场、观点、伦理和道德观念有关。实证分析就是按事物的本来面目去描述事物，说明研究对象“是什么”。本研究运用规范分析法对体育事业公共财政保障的问题表现、体育事业公共财政保障的内容、完善我国体育事业公共财政保障的对策建议等问题进行了研究；运用实证分析法对国外体育事业的财政保障、我国体育事业的财政保障现状等问题进行了研究。

1.4.2 定性分析和定量分析相结合

定性分析是对研究对象所具有的本质、特征、规律等方面的抽象理论思维。定量分析是对研究对象的数量特征、数量关系与数量变化进行的分析。本书在探讨体育事业发展的公共财政保障内容时将两种研究方法有机结合起来。定性分析对我国体育事业财政制度的变迁、体育事业公共财政保障的理论基础、体育事业公共财政保障的内容体系进行了全面分析；定量分析用于解决我国体育事业经费收入、体育事业经费支出、体育事业公共财政保障内容的构建及具体保障内容权重的确定。

1.4.3 宏观分析和微观分析相结合

本书在对体育事业公共财政保障进行研究的过程中，既有对体育事业财政制度、GDP 增长的宏观分析，也有对各年度体育事业经费收入及体育事业经费支出的微观分析。

1.4.4 比较与逻辑推理相结合

本书通过比较研究的方法，对国外体育事业的财政保障与改革开放后我国的财政保障，区域体育事业非财政资金收入、体育彩票销量，区域体育事业公共支出进行横向比较；运用逻辑推理的方法归纳出国外体育事业财政保障的共性及对我国体育事业发展的启示，通过对我国体育事业财政保障的现状及存在的问题进行分析，结合我国的国情，构建了我国体育事业公共财政保障的内容框架，并提出完善我国体育事业发展的公共财政保障的对策及建议。

具体的研究方法包括：

（1）文献资料法。在本书的写作过程中，通过互联网、图书馆等途径查阅收集了大量有关国内外政府体育职能、体育公共服务、体育产品、体育财政及体育投入等方面的专著、教材、论文、课题等，这些文献为本书的写作奠定了研究基础，提供了研究思路，通过对这些文献进行分析、比较，归纳出相关观点，为本研究的顺利进行提供了相应的理论支持。

（2）专家咨询法。在本书的研究过程中，就我国体育公共产品的界定、政府体育职能的定位、各级政府间体育事权和财权的划分等问题，对经济界、体育产业界和体育理论界的学者和官员进行面对面的调查咨询，在体育事业公共财政保障内容体系的构建方面获得许多有益的指导，使提出的体育事业公共财政保障内容及改革设想更具有可操作性。

（3）德尔菲法。德尔菲法是一个在专家团体成员间互不进行讨论的情况下对问卷所提问题的看法趋于集中的方法。本书在通过文献分析及专家咨询基础上初步拟定出的体育事业公共财政保障内容基础上，经过两轮专家咨询（10位体育经济领域的专家），在专家成员意见基本达成一致的情况下，最终得出较为全面、科学的体育事业公共财政保障内容体系。

（4）层次分析法。层次分析法（AHP）是定性与定量相结合的一种决策分析方法。决策者可应用该方法将复杂的问题分解为若干层次及若干因素，通过各层次各因素之间的两两比较和计算，得出不同方案的权重，从而选择出最佳方案。本书在对体育事业公共财政保障体系具体保障内容权重的研究时，采用了该方法，最终确定出体育事业公共财政保障的优先顺序。

（5）数理统计法。数理统计法是以概率论为基础，对数据的分析采用统计学的方法研究导出其概念规律。本研究运用SPSS17.0软件对体育事业经费收入与GDP进行相关分析、对体育事业财政收入与政府财政支出进行回归分析，对体育事业财政专项资金各保障内容专家意见的均数、标准差、变异系数进行了统计。

1.5 研究的基本思路、框架结构与主要内容

1.5.1 研究的基本思路与框架结构

由于体育具有公共产品和正外部性的属性，新中国成立以来，我国一直把体育作为一项公益事业来发展，体育事业成为我国精神文明建设的一项重要内容，并随着经济的发展不断加大对体育事业的财政投入。1998年我国提出建立与社会主义市场经济体制相适应的公共财政的目标，体育也必须在公共财政框架下建立规范的体育事业财政保障制度。本研究试从财政学的视角，以国家财政制度演变为背景，运用规范和实证相结合的分析方法，对国外体育事业财政保障制度进行分析与比较，回顾我国不同历史时期体育事业财政保障制度变迁，分析我国体育事业财政保障制度的现状，找出其存在的问题，依据公共财政理论、公共产品理论和公共选择理论，对体育产品的属性及供给均衡进行分析，构建出体育事业公共财政保障的内容，确定出体育事业公共财政保障的优先顺序，并提出相应的政策建议。

本书的具体框架结构如图1-1所示。

1.5.2 研究的主要内容

本书共分为9章，每章的主要内容如下：

第1章为绪论部分，该部分对本书的研究背景、研究目的与意义、研究方法、基本思路以及主要内容等进行了系统阐述。

第2章为理论分析部分。该部分包括研究的理论依据和体育

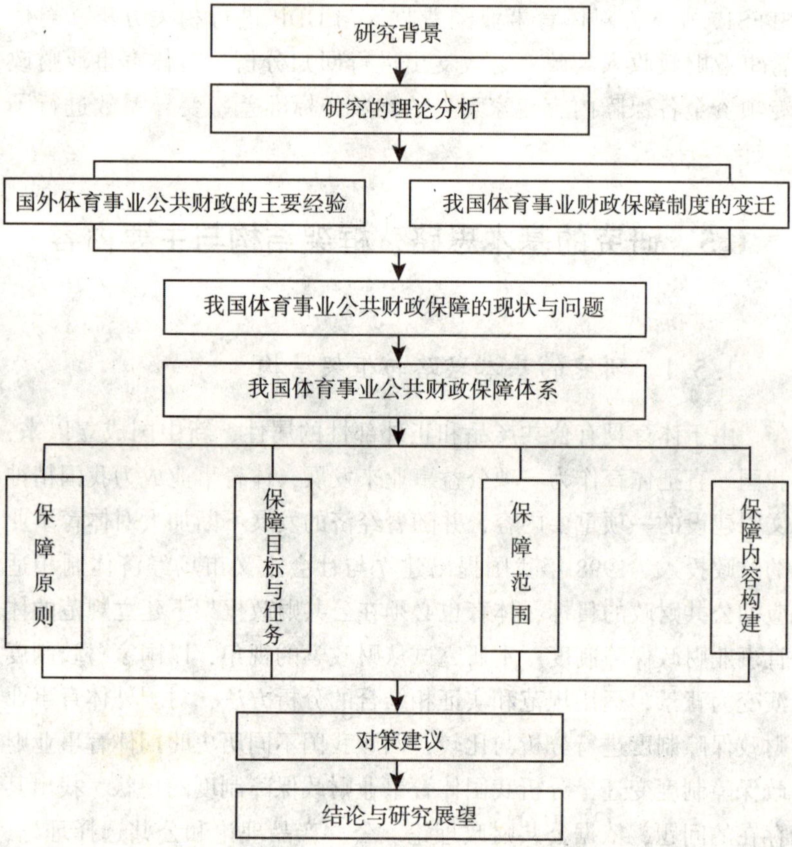

图 1-1　本书框架结构图

公共产品的理论分析两部分。理论依据包括公共财政理论、公共选择理论和公共产品理论；体育公共产品的理论分析包括体育公共产品的含义和特征、体育公共产品的分类、体育公共产品的需求和体育公共产品的供给。通过这一章的分析，将为后续研究提供理论支撑。

第 3 章为国外体育事业公共财政保障的主要经验部分。该部分对澳大利亚、芬兰、瑞典及新加坡体育事业的公共财政保障进行研究，归纳出这些国家体育事业公共财政保障的特点，进而提出了对我国的借鉴意义。

第4章为我国体育事业财政保障制度的变迁部分。该部分对我国改革开放前后的体育事业公共财政保障制度进行了系统的分析，进而归纳出我国体育事业公共财政保障制度变迁的特征。

第5章为我国体育事业公共财政保障的现状与问题部分。该部分分别对我国体育事业经费收入和支出的规模和结构进行了全面的阐述，分析了我国体育事业经费收入和支出方面存在的问题，为下一章构建我国体育事业公共财政保障内容体系奠定了有力的基础，同时也为优化我国体育事业公共财政收入和支出结构提供了实践依据。

第6章为我国群众体育公共财政保障的现状与问题部分。该部分对我国群众体育投入及居民的群众体育公共产品需求进行了分析，剖析了我国群众体育公共财政投入存在的问题，为我国体育事业公共财政保障体系的构建提供了实证依据。

第7章为体育事业公共财政保障体系的构建部分。该部分运用德尔菲法构建出我国体育事业公共财政保障的内容体系，在此基础上，运用层次分析法得出各财政保障内容的权重系数。

第8章为体育事业公共财政保障的优化对策部分。这部分从政府树立提供体育公共服务的新理念、拓宽体育事业发展的经费来源、不断调整和优化体育事业公共财政支出的结构、完善中央财政转移支付制度、创新体育公共产品的有效供给机制及构建体育事业公共财政保障的制度基础6个方面提出完善我国体育事业公共财政保障体系。

第9章为结论与研究展望部分。该部分首先对全书进行了总结，在此基础上，对后续的进一步研究进行了展望。

1.6 本章小结

本章从新中国成立以来特别是改革开放以来体育事业所取得辉煌成就的背景出发，认为财政支持是我国体育事业持续发展强有力的物质保障。研究体育事业财政保障不仅为我国政府部门进行相应的体育事业财政保障制度改革提供理论依据和实践的参考，同时对于我国公共财政保障制度的改革也具有一定的借鉴价值。本章对全书的研究提出了研究方法、基本思路、框架结构，在此基础上确定了研究的主要内容。

2 研究的理论分析

本章对研究的理论依据及体育公共产品的基本理论进行了分析。研究的理论依据主要包括公共财政理论、公共选择理论和公共产品理论；体育公共产品的基本理论主要围绕体育公共产品的含义和特征、体育公共产品的分类、体育公共产品的需求和体育公共产品的供给进行研究。

2.1 研究的理论依据

2.1.1 公共财政理论

公共财政理论起源于西方，产生的前提是市场经济，1776 年亚当·斯密出版的《国富论》标志着公共财政理论的诞生。公共财政理论经历了自由放任—全面干预—福利财政的发展演变过程。综观公共财政理论的发展演变史，发现其都是围绕政府与市场的关系，政府在市场经济中的合理定位及由此确定的财政功能而展开的，因此公共财政理论的核心内容是政府职能的定位、公共财政的职能和公共财政的特征。

1. 政府职能定位

经济自由主义的代表亚当·斯密①认为，有一只看不见的手在冥冥之中操纵着社会的运行，使人们的利己行为在“不经意中”

① ［英］亚当·斯密．国富论［M］．唐日松，译．北京：华夏出版社，2005.

产生了利他的结果，而且利他的结果要比他刻意地去利他还大，市场经济既然有这么神奇的作用，对它的任何干预都不可取，政府在市场经济中主要充当“守夜者”的角色，仅维持“最低限定”的职责，如保卫国防安全、维持社会治安、建设并维持某些公共事业和设施等，而这些职责是任何社会的公共部门都必须履行的。

1929—1933年，资本主义世界爆发的严重经济危机极大地改变了人们对古典理论关于经济自由放任的传统看法。凯恩斯在理论上对政府干预经济的依据和方法进行了论证①。他认为，自由放任会导致有效需求不足，为克服有效需求的不足，政府应扩大职能，对经济生活实施干预。他说：“政府的当务之急，不是要去做那些人们已经在做的事，无论结果是好一点还是差一点；而是要去做那些迄今为止还根本不曾为人们付诸行动的事情。”这一时期，各国政府纷纷加大了对市场经济运行的干预，经济发展取得一定的效果。但凯恩斯国家干预理论随着经济的发展，也逐渐暴露出自身的不足，20世纪70年代席卷西方世界经济的“滞涨”宣告凯恩斯国家干预理论的破产，福利国家面临着严重的危机，人们开始重新认识政府在经济中的作用，认为过强的政府干预会导致国家严重的财政赤字，加大经济波动的风险，并由此引出了“政府失灵”的概念。

20世纪90年代，罗伯特·B. 丹哈特（Robert B. Denhardt）和珍妮特·V. 丹哈特（Janet Vinzant Denhardt）在批判和反思20世纪80年代兴起并于90年代风靡世界的“新公共管理”理论的基础上提出了新公共服务理论②。新公共服务理论指的是关于公共行政在以公民为中心的治理系统中所扮演的角色的理念，是一种全新的现代公共行政理论，代表了公共行政管理理念的新发展方向。新公共服务理论的内容主要包括以下7个方面：① 新公共服务理论

① ［英］约翰·梅纳德·凯恩斯．就业利息和货币通论［M］．魏埙，译．西安：陕西人民出版社，2004．

② ［美］罗伯特·B. 丹哈特，珍妮特·V. 丹哈特．新公共服务：服务，而不是掌舵［M］．丁煌，译．北京：中国人民大学出版社，2010．

的政府核心职能是服务而非掌舵。政府越来越重要的作用就在于帮助公民表达和实现他们的共同利益，而非试图在新的方向上控制或驾驭社会。② 公共行政追求的根本目标是公共利益。政府不仅要使个人利益最大化，而且还要不断地努力和公民一起去追求和实现一种大众的利益或共同的利益。③ 政府公共管理在思想上要具有战略性，在行动上要具有民主性。④ 公共管理应贯彻人本理念而不只是效率。⑤ 政府的服务对象是公民而非顾客。⑥ 政府承担的责任是复合的而非单一的。⑦ 大力弘扬公民权和公共服务精神。

2. 财政职能定位

17 世纪资本主义自由竞争时期，由于受当时社会经济条件的限制，古典经济学家持“谨慎财政”的思想，财政的职能只有收入职能和配置职能①。当资本主义由自由竞争发展到垄断阶段以后，西方社会贫富分化加剧，西方学者认为财政职能除了收入职能和资源配置职能之外，应增加收入分配职能。1929—1933 年的世界经济危机爆发后，凯恩斯提出了“赤字财政”的革命性观点，旨在用财政赤字这种积极的手段，来刺激私人部门更多的支出，以促使宏观经济稳定，达到充分就业。这时的财政职能除了资源配置和收入分配职能外，又赋予了经济稳定的职能。至此，西方学术界普遍接受了马斯格雷夫在 1959 年出版的《公共财政理论》中总结的“资源配置、收入分配、经济稳定”三大职能说。

我国财政学界关于公共财政职能有“三职能论”、“四职能论”，其基本路径是随着经济体制和政治体制转型，逐步从“国家分配论”向“公共财政论”转变。我国公共财政职能主要包括三个基本内容：一是财政满足社会公共需要，筹集运用政府掌握的社会资源，实现资源的优化配置。二是财政对市场经济进行宏观调控，稳定经济增长，调节收入分配，维护市场公平竞争，为市场提供公共服务。三是实现财政管理的制度化、规范化、法制化和科学

① ［英］亚当·斯密．国富论［M］．唐日松，译．北京：华夏出版社，2005.

化途径。

3. 公共财政特征

（1）公共性。公共财政满足的是社会的公共需要，而这种公共需要无法通过市场机制有效解决，只有非市场性的政府及其公共财政的介入，才有可能弥补市场失效。

（2）公平性。公共财政必须一视同仁地对待所有的经济主体，提供公平服务是我国公共财政的重要目标和基本特征。公共财政提供公共服务的公平性体现在三个方面：① 财政收入结构要体现公平性（横向公平、纵向公平）；② 财政支出结构要体现公平性；③ 财政体制的选择要体现公平性。

（3）非盈利性。公共财政是以社会利益为活动目的，从事的是非盈利性活动。从财政收入来看，政府主要依靠非盈利性的税收获得收入，从财政支出来看，政府主要将财政资金用于非盈利性的社会公共需要方面。

（4）法制性。市场经济是法治经济，政府的一切活动和行为都应当置于法律的约束和规范之下进行。公共财政作为政府的直接活动，也必须在法律法规的约束下规范地进行，而政府预算就是规范公共财政的基本法律手段。

2.1.2 公共选择理论

20世纪70年代，西方经济发展出现了普遍的“滞涨”，而凯恩斯主义对经济“滞涨”却缺乏合理的解释，人们开始重新审视和挑战凯恩斯主义的权威地位，此时西方经济学界在对其进行批判的基础上兴起了一股自由主义复兴的热潮，公共选择理论即是其中之一。公共选择理论的代表人物是美国著名经济学家布坎南，由于他对公共选择理论的突出贡献，1986年瑞典皇家科学学院授予其诺贝尔经济学奖。

布坎南认为“公共选择是政治上的观点，它是把经济学的工具和方法大量运用于集体或非市场决策而产生的”。公共选择理论把西方经济学中的经济人假设运用到政治领域，认为人都是理性的，醉心于效用的最大化，同一个人在经济活动和政治活动中的行为动机并不会有太大差别，因此政府官员在从事政治活动中，就会把个人的动机和偏好带入到政治工作中，追求政治活动的效用最大化。

政府提供公共产品的决策过程就是公共选择的过程。政府提供公共产品的决策过程受个体公共品偏好的影响，而投票是表露和加总个人公共品偏好的一种较为合理的方法。投票规则的不同会导致不同的公共选择结果，从而影响个人偏好的满足程度。在现代民主制度下，公共选择的主要投票规则包括一致同意规则和多数票规则。采用一致同意投票原则很难达成一致协议，故在实际应用中一般采用多数票规则，但阿罗不可能定理认为，在多数票规则下，无论选择哪种决策，都不太可能把个人的偏好转换成社会偏好，不能达成唯一均衡，因此作为公民集体委托的受托人——政府作出的决策就不可能尽善尽美，难以满足每个人的公共产品偏好需求。这种结果的产生一方面是由于公共选择偏好难题解决技术的缺陷，不能有效地实现排他；另一方面政府作为受托人，在缺乏制度和程序约束的情况下，所做出的社会决策可能从部门利益或自身利益出发，造成大多数委托人利益的损失。

2.1.3 公共产品理论

1. 公共产品的概念

公共产品理论的早期思想萌芽出现于英国学者霍布斯 1657 年完成的著作《利维坦》，在这部著作中，他提出的“利维坦国家模型”被认为具有国家干预的思想渊源。1739 年，休谟在《人性论》提到由于个人的自利心理，某些对每个人都有益的共同消费的产品，只能通过集体行动或由政府参与才能完成。1776 年亚当·斯密发表的《国富论》提出了国家存在的必要性，认为君主必须承担三个职责，即提供国防安全，维护社会安全，建立并维护某些公共机关和公共工程。十年后约翰·穆勒在其名著《政治经济学及赋税原理》中以灯塔为例，提出由于难以收取服务费用及无法有效排除他人受益，导致了灯塔提供的市场失灵，解决的办法只能是政府提供此类公共产品。1954 年萨缪尔森发表的《公共支出的纯理论》将公共产品定义为："每个人对这种产品的消费，都不会导致其他人对该产品消费的减少"。此概念自提出后被现代经济学所广泛接受，并成为经济学关于纯粹公共产品的经典定义。1965 年布坎南在"俱乐部的经济理论"中首次讨论了非纯公共产品（准公共产品），认为只要是集体或社会团体决定，为了某种原因通过集体组织提供物品或服务，就是公共产品，从而拓宽了公共产品的概念。

2. 公共产品的特征

公共产品是相对于私人产品而言的。根据萨缪尔森公共产品的定义，可引出公共产品的三大特征：一是消费的非排他性，即任何人消费该产品，都不可能排除其他人对该产品的同等消费。这种排他的技术要么不可行，要么在技术上可行，但因为排他的成本太高，因而现实中不可行，也不值得。二是消费的非竞争性，即增加一个人消费或使用该产品，不会减少其他任何消费者对该产品的消费或使用，新增消费者使用该产品的边际成本为零。三是效用的不可分割性，即公共产品一旦被提供或生产出来，即为全社会的成员所享用，共同受益，公共产品是作为一个整体被使用或消费，不能被分割使用或消费（独占），每个社会成员都能平等地消费该产品。

3. 公共产品的分类

公共产品的分类标准很多，从研究的角度出发公共产品的分类主要有以下 4 种：

（1）按照是否同时具备非排他性和非竞争性，可将公共产品分为纯公共产品和准公共产品。如果某种产品同时具有非排他性和非竞争性，那么这种产品就是纯公共产品。现实生活中，纯粹的公共产品是很少的，国防是这方面的典型例子。准公共产品是指不完全具有非排他性或非竞争性的产品。准公共产品主要分为两类，一类是消费上具有非竞争性，但却可以轻易实现排他的俱乐部产品，即不付费者可以排除在消费之外，例如收费的公路桥、公共游泳池；另一类是消费上具有竞争性，但却无法有效排他的公共资源，消费者不付费也无法排除在消费之外，如公共渔场、牧场。

(2) 按公共产品的实体形态，可分为有形（物质性）公共产品和无形（非物质性）公共产品。有形的公共产品比如公共图书馆、基础设施（灯塔、公路桥梁、公园）等属于物质性公共产品；无形的公共产品如国防、法律法规、政策、社会保障等属于非物质性公共产品。

(3) 按公共产品的受益范围，可分为国家公共产品和地方公共产品。所谓国家公共产品是指受益范围惠及全国的公共产品，如国防，而地方公共产品的受益范围主要惠及的是特定辖区，如公路和桥梁。

(4) 按照公共产品的外延，可分为广义的公共产品和狭义的公共产品。狭义的公共产品主要指环境保护、公共交通、社会治安、公共教育、公共医疗卫生等有形的物品和服务，而广义的公共产品不仅包括这些方面，还包括制定和实施法律法规、保持宏观经济稳定、界定及保护产权、调解收入分配等无形的产品和服务，近似于市场经济下的国家职能或政府职能。

4. 公共产品的需求

在探讨公共产品的最优供给规模之前，先要了解公共产品的需求。而要理解公共产品的需求，应从与私人产品的需求分析对比中得出。

(1) 私人产品的需求——水平相加

纯粹私人产品的市场需求，可以通过对市场上某一时间内所有消费者对该种产品的需求量加总而得出。私人产品的市场需求比较容易得出，只要能将市场上该私人产品在各种价格水平上都愿意且有能力购买的消费者人数及购买的数量计算出来，通过对他们的需求曲线横向相加，便可得到对这种私人产品的市场需求曲线。从图 2-1 可以看到，在任何既定的价格水平上，将在该价格水平上每一个愿意而且能够购买的消费者的购买数量加总，即将消费者个人需求曲线按横向方向加总，就可得出市场对该私人产品的需求曲线。曲线 D_A 和 D_B 分别代表消费者个人 A 和 B 对市场上某种私人产品的需求曲线，A 和 B 的需求量不同，是由于他们的收入或偏好不同，或者其他因素导致，此时，该私人产品的市场需求量 $Q_C = Q_A + Q_B$，社会需求曲线 $D_C = D_A + D_B$，这个过程就是水平相加。

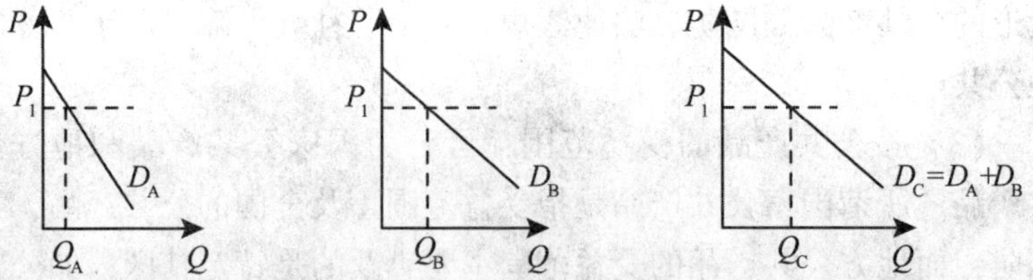

图 2-1 私人产品需求曲线的水平相加

假定在市场需求曲线的基础上增加市场供给曲线，那么均衡价格就在供给和需求相等的那一点上。从图 2-2 可以看到，需求曲线 D_C 和供给曲线 S 相交于 E，均衡价格 P_0 即在该私人产品市场供求相等的那一点 E 上。在该均衡价格下，消费者 A 需求的产品数量为 Q_A^1，消费者 B 需求的产品数量为 Q_B^1，$Q_C^1 = Q_A^1 + Q_B^1$。

(2) 公共产品的需求——垂直相加

公共产品需求的分析也可从直观和图形两方面进行。假设 A 和 B 都需要利用灯塔来导航，A 和 B 对灯塔的消费互不妨碍，因此灯塔是公共产品。假设 A 和 B 现在有两座灯塔可以利用，但他们都希望有更多的灯塔可以利用，因为这样他们的航行更安全。每座灯塔的建造费用是 1000 元，A 愿意支付 1200 元，B 愿意支付 800 元。建造第三座灯塔是否有效率，需要对建造的边际效益和边际成本进行比较。因为灯塔具有消费的非竞争性，A 和 B 都可以消费，因此建造第三座灯塔的边际效益是 2000 元，即是他们愿意支付的量的总和，这时增加一座灯塔是有利的，因为边际成本只有 1000 元。推而广之，个人对新增加一单位的公共产品的购买是否符合效率的要求，要看他对此产品愿意支付金额是否超过它的边际

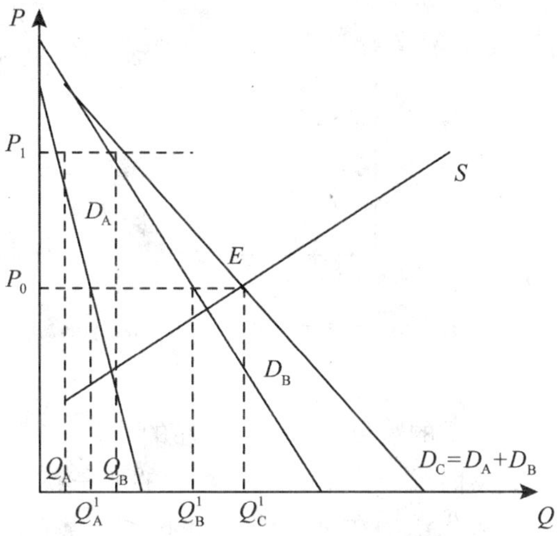

图 2-2 私人产品的有效供给

成本，否则就不应该购买。所以能否有效提供公共产品就要求每人对该产品最后一单位的边际评价之和等于边际成本。

对于私人产品而言，每个人可以在同一价格下消费不同的私人产品数量，私人产品的曲线水平是每个人需求曲线的水平相加。与私人产品的需求曲线不同，公共产品由于具有消费的非排他性和非竞争性，一旦被提供出来，每个人消费的数量是相同的，但由于每一个人对公共产品的效用评价不同，因此对该公共产品愿意支付的价格就不相同，通过将特定数量上每个人愿意为公共产品支付的金额加总，就可得出群体为公共产品愿意支付的价格，这样该公共产品的社会总需求曲线就是每一个人对该公共产品需求曲线的垂直相加。图 2-3 中，A 对灯塔的需求曲线为 D_A，B 对灯塔的需求曲线为 D_B，在 3 座灯塔的特定数量下，A 愿意为每座灯塔支付 1200 元，B 愿意为每座灯塔支付 800 元，他们愿意为每座灯塔支付的价格为 2000 元，D_C 为 A 和 B 愿意支付的意愿曲线，D_C 意愿曲线上其他点的灯塔支付意愿都可重复这一程序而得到。由此可见，对每一个公共产品而言，通过个人需求曲线的垂直相加就可得到群体的支付意愿。

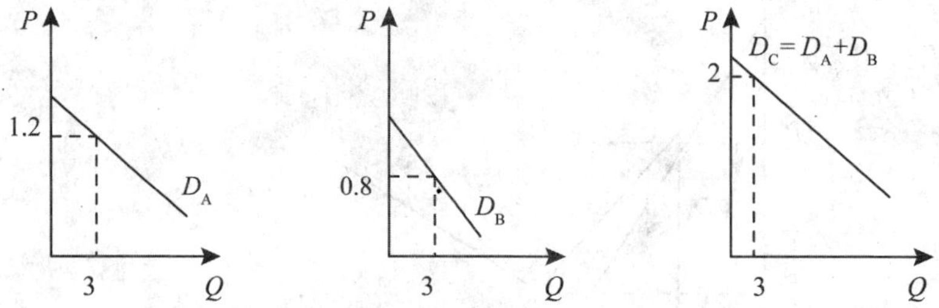

图 2-3 公共产品需求曲线的垂直相加

公共产品有效供给的数量处在公共产品的社会总需求曲线与该公共产品的边际成本曲线（供给曲线）相交的那一点上。从图 2-4 中可看到，灯塔有效供给的数量处在 D_C 和 S 的交点 E 上，也即处在生产一单位灯塔的边际成本恰好等于 A 和 B 对增加一座灯塔愿意支付的价格（边际收益）的点上，这个交点的产出水平为 4，边际成本是 1000 元，这时灯塔提供的数量达到了最优。

与私人产品一样，公共产品同样存在需求。私人产品消费规模所适用的基本原理同样也适用于公共产品的消费规模，即当 MR = MC 时，这时私人产品和公共产品的供给数量都达到最优。但公共产品消费的非竞争性特性使得消费该产品的边际成本为零，这就使得理性的经济人不愿在市场上提供此产品；公共产品效用的非排他性特性容易使消费者产生“搭便车”心理，消费者在市场上购买此产品时容易隐瞒自己的真实偏好，这使市场无法有效提供这种产品，因此，公共产品的有效提供只能通过非市场的方式进行。

5. 公共产品的提供

学术界对公共产品的供给研究经过了一个漫长的过程，其认识共经历了三个发展阶段：“单一主体”即政府供给理论、“双主体”供给理论、“多主体”供给理论。

20 世纪 70 年代以前，西方国家学术界对公共产品的认识始终离不开政府行为，认为供给主体就是单一的政府，这种理论在当时

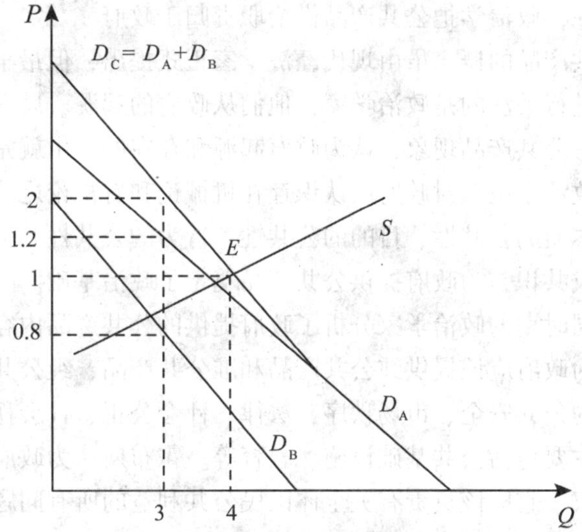

图 2-4 公共产品的有效供给

的公共产品供给中占据垄断地位，成为公共产品政府供给的理论基础，指导着公共产品的供给实践。而在 20 世纪 60 年代，一些经济学家就开始质疑当时占主流地位的政府供给理论，并从理论和经验上对市场供给公共产品的可能性进行论证，到了 70 年代，出现了私人供给、志愿供给、地方供给、社区自主供给等多种有关公共产品私人供给的主张，公共产品私人供给的理论正式形成。到了 90 年代，多主体供给公共产品的理论主张已影响深远，这样，学者对公共产品供给主体的认识就由政府单一供给发展为政府和市场相结合的双主体供给，然后再发展为政府、非营利组织、企业等多主体供给。由于在实践中出现的公共产品的双主体及多主体供给并没有显著的阶段性差异，因此本研究只对公共产品政府供给理论和多主体供给理论进行分析。在公共产品供给主体的理论中，政治学从社会公平的角度提供了分析的政治依据，而经济学则从效率的角度为公共产品供给主体的分析提供了证明。

(1) 政府供给理论

第一，政治学把公共产品供给职责归于政府

公共产品的概念虽由现代经济学家正式提出，但最早对公共产品现象进行关注的是政治学家，他们从政府的起源、属性和目的的角度思考公共产品现象，认为政府起源和存在的理由就是提供公共产品。政治学虽然对政府的认识存在机械论和有机论之分，但在有关政府本质的公共性、目的的公共性、行为的公共性和责任的公共性上达成共识，为政府提供公共产品奠定了政治基础。

不同时期的政治学家分析了政府提供的公共产品内容。亚里士多德认为政府应该提供纯公共产品和准公共产品，纯公共产品包括城邦内的公共安全、市场秩序，法律、社会公正、社会秩序；准公共产品主要包括公共基础设施、教育等。霍布斯认为政府行使着全部的主权，它应该负责有关全体臣民公共利益的所有问题。休谟第一次触及到“理性的无知”问题和个人的“搭便车”偏好，认为弥补人性的缺陷是政府产生的理由。政府的优点包括三个方面：判断正义、执行正义、为求得人们自己的利益而强使他们促进某种公共目的实现。密尔认为政府应该承担“必要的职能”，因为这类职能能够为全社会提供一般便利，主要包括保护人民不受侵扰和欺诈、铺设街道、修建或扩建港口、制定度量衡标准、绘制地图和海图、安装路灯、建造灯塔、打扫街道、修筑堤防等。此外，政府还应干预教育，开展公共事业、社会救济事业、公共卫生等。

第二，经济学把公共产品供给职责归于政府

经济学从政府与市场分工的立场出发认为政府应当提供公共产品。西方经济学家认为，公共产品的消费具有非竞争性和非排他性，消费者在消费中容易出现“搭便车”现象，如果由市场来提供公共产品，要么出现供给短缺，要么会出现消费不足或消费闲置，导致公共产品市场供给失灵。为使公共产品的供给量达到帕累托最优的状态，政府必须凭借有别于市场经济的居民需求偏好显示来提供公共产品。

福利经济学和凯恩斯经济学分别从微观经济学和宏观经济学的角度，对市场供给公共产品的缺陷进行了系统分析，并对政府供给公共产品的合理性进行了论证，公共产品政府供给理论正式形成。例如，庇古通过对外部性尤其是负外部性的研究论证了政府供给公共产品的必要性和必然性；从社会公平的角度论证了公共产品不仅要由政府供给，而且还论证了政府扩大公共产品范围的理由。萨缪尔森对公共产品消费的非排他性和不可分性之间的内在矛盾及市场的分散决策机制进行了系统解释，表明只有依靠政府行动才能使公共产品的市场供给达到帕累托最优。其他的一些经济学家也从搭便车、供给效率或规模经济等其他的角度，主张公共产品供给国家化的理念，如梅里尔·弗拉德(Merrill M. Flood)和梅尔文·德里舍(Melvin Dresher)提出的“囚徒困境”、哈丁(G. Hardin)的“公地悲剧”、曼瑟尔·奥尔森(Mancur Olson)提出的“集体行动的逻辑”等。

经济学也从政府职能的角度对公共产品政府供给进行了论证。重商主义和赋税利益论认为政府必须履行的职责是维护国家安全和社会安全、促进公共福利、举办公共事业。政府履行职责必须要有一定的经费保障，而这些经费保障主要来自于人们交纳的税收，纳税是国家向国民提供公共产品的代价。但以政府支出为内容的公共经济的部门规模不能太大，而应限制在一个合理的范围。如果从事的经济活动所取得的利润能够补偿其费用，政府就没有必要插手其活动。只有那些社会所必需的事业，其所取得的利润不能补偿其费用的，才由政府财政支出给予保障。如亚当·斯密认为政府必须给予财政支出的事业包括国防、公共秩序和国内安全、公共事业和公共设施。萨伊将政府的活动范围限定在保护财产所有权和维护社会治安，建设和维护公共工程，如公路、港口、运河，负责创办各类学校、图书馆、博物馆、促进科学技术知识的传播及主持大型的科学研究等；维持社会生活秩序和经济秩序。

(2) 多主体供给理论

第二次世界大战后西方大规模兴起的福利国家政府直接为公民提供许多公共产品，检验了公共产品政府供给的理论成果。到20世纪70年代以后，当福利国家公共产品供给规模的不断扩大及人们对公共产品政府供给的依赖性不断增强时，政府单中心供给公共产品面临着严重的财政资金短缺。福利国家公共产品供给的财政危机显示一国政府难以独自承担本国所需的公共产品供给责任，如果不改革公共产品政府单中心供给模式，势必导致公共产品的更新缓慢，甚至还可影响到一国经济的发展。

① 经济学重塑公共产品供给主体结构

在公共产品政府单中心供给实践出现困境之前，经济学界已经开始质疑此供给模式。科斯、马斯格雷夫及布坎南等在公共产品私人供给机制的寻找方面做出了不懈的努力。到 20 世纪 70 年代，公共产品私人供给理论正式形成，为多元供给公共产品的实践提供了理论基础。

科斯率先挑战公共产品政府供给的思维定势，并于 1960 年和 1974 年分别发表了《社会成本问题》及《经济学中的灯塔》，论证了私人供给某些公共产品的可能性，使人们开始注意到私人也可以供给公共产品的事实。他认为在解决外部负效应问题时，政府和市场都存在失灵；公共产品究竟采取哪种供给方式，要采取成本-收益分析方法；现实社会中公共产品的供给存在多样化的选择，政府并不是唯一甚至不是有效的供给主体。科斯有关通过产权的界定解决外部效应内在化及灯塔可由私人供给的思想，打破了政府单中心供给公共产品这一思维定势。

布坎南的政府理论研究了市场经济条件下政府失灵问题。布坎南认为政府领域同样适用于“经济人”这一基本假定，作为公共利益代表的政府官员并不是大公无私，他们并不会因为所处位置的不同而对经济人特性有所改变，由于受到权力、相关物质利益、职位及社会名望等的驱使，他们首要的目标仍是追求自身利益的最大化。主要表现为：政府在选择行为准则及实施准则的过程中，很可能会根据个人或集团偏好配置资源，导致资源浪费和寻租的产生；政府在制定和执行政策时可能会依据自己获得的信息和个人效用最大化原则来决策，偏袒与自己利益相关的项目，从而造成不公平的竞争环境，同时也使有些人借助政府权力的强制性和普遍性达到实现个人利益的目的，这样，公共产品政府垄断供给出现效率低下的问题也就不难理解了。

总之，私人供给公共产品的理论依据是：首先，只要公共产品的生产存在可分割性，通过一定的价格机制，使公共产品生产的边际效益能够等于边际成本，市场供给公共产品是可能的；其次，在一定的技术条件下，通过成本上的收益核算进行定价和收费，将免费搭便车者排除在消费单位之外，从而为私人部门带来利润，公共产品由市场供给是可能和必然的。综上所述，公共产品私人供给的理论分析给出了私人供给公共产品的条件：一是公共产品的生产特性，只要公共产品的生产具有可分割性，就有可能由私人供给，如公路建设；二是公共产品的消费是否具有排他性，如果某一公共产品的消费可实现排他，通过向消费者收费，供给者就可以获得收益，私人就有生产公共产品的经济可欲性。实践中私人供给公共产品的例证很多，大部分实物性的公共产品都具备市场供给的可能，换句话说，公共产品市场供给失灵主要是在非实物性的公共产品范围内，如国防、治安、社会保障、法律等，这些公共产品的生产即不存在可分割性、消费上又不具备排他性，导致私人部门无利可图而不愿意供给，另有一些实物性公共产品如大型公共工程因投资规模巨大，私人部门无力承担而必须由政府提供。除此之外，公共产品供给主体多元化不仅可能，而且必要。

② 政治学重塑公共产品供给主体结构

与经济学的反思同步，政治学对政府与社会的关系也在重新思考，对如何更好地治理公共领域和私人领域进行探索整合，并从不同角度提出了跨越二元对立的供给公共产品的新路径，如“公与私”、“政府与社会”。其中影响较大的有新公共管理理论、第三部门理论、治理理论、社会资本理论、法团主义理论、社群主义理论等。各种理论虽从不同的视角对政府与社会的关系进行研究，但得出的结论却基本一致：公共产品的供给应多主体合作。

新公共管理从公共产品的属性出发，认为公共产品应实行市场化供给。公共产品在生产方面具有多种属性，大多数公共产品的供给与具体的生产可以分开；公共产品的消费也具有多种属性，相当多的公共产品的消费具有可分割性和可选择性，因此公共产品的供给可引入准市场机制及企业管理技术，通过竞争提高公共部门的运作效率。

第三部门理论对除政府与市场以外能够供给公共产品的机构和部门进行了分析。该理论认为，有一个广阔的“第三域”即第三部门存在于政府和市场之外，各种非营利组织、非政府组织、志愿者组织、民间慈善组织、公民自治组织、社区组织与市场和政府都有着千丝万缕的联系。它们不仅在私人产品的供给上发挥着重要作用，而且在公共产品的供给上作用显著，是市场与政府的有益补充。

治理理论分析了公共产品供给的各主体合作。治理理论强调国家与社会组织间的相互依赖关系，认为社会越来越多地承担着原先由国家承担的转移给公民社会的责任。强调各个主体共同参与社会治理，并形成相互信任和互利的社会协调网络，政府应该从传统的垄断公共事务管理权限和责任中解放出来，形成政府、企事业单位、非营利组织和个人等各社会主体共治的局面，从而提高公共产品供给的质量和效率。

社会资本理论认为公共产品供给的重要资源是社会资本，社会资本是公民之间信任、合作与互惠的社会关系与人际网络结构。社会资本即是提供公共产品的重要资源，又是公民社会分散化的个人黏合剂，是公共产品供给的重要资源。

法团主义理论从重新“组织化”角度对公共产品的供给进行讨论，认为基于合作关系的各种公民团体和功能性团体通过重新的“组织化”可建立起来。这些团体通过与政府联系可按功能分化原则组织社会中分散的利益，不但能有序地传递到政府体制中去，而且能有序地传递到政府公共政策的形成过程中去。通过这种制度化的参与制，政府可获得稳定的支持资源和合法性，从而使公民团体与政府之间以及各公民团体之间的合作与相互支持得以实现。

社群主义理论主张通过社群的力量对政府与社会的关系及功能进行整合。为增进社会中每一成员的利益，任何社群，包括国家在内，都有责任通过自己的种种美德和积极的行为来关注和提供公共产品。

总而言之，无论是经济学对公共产品供给主体多元化的分析，还是政治学领域的公共产品供给多主体合作的论述，都为公共产品多中心理论的建立提供了有益的思路。

③ 多主体供给理论

“多中心”也称为“多中心秩序”，是以奥斯特罗姆为代表的制度分析学派在总结前人研究成果的基础上提出的概念，指的是分级且彼此间互动的供给者（尤其是政府）在公共产品供给中所构成的一种秩序或者体制。与“单中心”相对，“多中心”认为该体制中的公共机构是互动的，是多元的而不是单一的，不是由一个人控制的单一体制。在“多中心秩序”下，政府层级之间的“责任配置”具有相当强的可变性，政府各级单位之间可以互相调适，相互之间是竞争者和合作者。它们在竞争关系中可利用新机制解决冲突，可通过签订合约从事合作性的活动①。多中心秩序强调公共产品应由公共机构、私人机构和公民个人共同提供，供给的方式可以灵活多样，国家与社会、公共部门与私人部门、政府与民间在公共产品的供给中应相互依赖、互相合作、相互协商，从而打破了公共产品供给中的二元对立的思维定势。“多中心”概念是有关公共产品供给的新理念及制度安排，替代了建立在以托马斯·霍布斯国家主权论为基础的全能政府及全能国家。

借鉴“多中心”、“多中心秩序”概念，不少研究学者提出了公共产品供给的多主体概念。多主体概念主要表现出以下特征：公共产品供给存在多个主体，这些主体包括各级政府机构、非营利组织、企事业单位和公民个人等；各个公共产品供给主体之间的关系是即竞争又合作的关系，具有竞争性、契约性和合作性的特点；每一个供给主体都是相互独立的，都能作为独立的要素行动；不排斥中央权威的存在，私人部门相对于政府部门，供给的公共产品还是

① ［美］迈克尔·麦金尼斯．多中心体制与地方公共经济［M］．毛寿龙，译．上海：上海三联书店，1999：77；［美］奥斯特罗姆，帕克特，惠特克．公共服务的制度建构［M］．毛寿龙，译．上海：上海三联书店，1999：11-12；杨团．社区公共服务论析［M］．北京：华夏出版社，2002：98-99.

有限的，私人部门在提供公共产品时同样会暴露出追求利润最大化的本性，需要政府的引导和规制，多个主体之间在供给公共产品时发生冲突仍需要中央权威出面解决；多主体在一个一般的规则体系内共存并调适着它们之间的关系。

从公共产品供给的多主体特点可以发现，政府只是公共产品提供的一个主体，但不是绝对主体，许多的公共产品都可以由民间组织或公民个人来提供和生产；政府、民间组织和公民个人在提供公共产品时形成公私合营伙伴关系，它们之间相互竞争、相互合作、相互补充；政府可采用多种方式把原先由自己直接提供的部分公共产品逐渐转移给民间组织、企业或公民个人，可转移出来的公共产品的种类和程度主要取决于收费的技术手段、政府的决心、公众的接受程度和一个国家或地区的道德文化传统等因素，但国防、外交、司法等这些核心的至关重要的公共产品在现阶段仍必须由政府供给。

2.2 体育公共产品的理论分析

2.2.1 体育公共产品的含义和特征

1. 体育公共产品的含义

本研究所指的体育公共产品是指用于满足体育公共需要，同时具有或不同时具有或部分具有非竞争性与非排他性的体育产品。它一般是私人不愿提供或提供不了，但这些产品和服务又是社会和经济发展所不可缺少的。体育公共产品满足的是社会对体育的共同利益和共同需要，体现的是全体居民的体育共同利益，如公共体育场地设施，公益性社会体育指导员、群众体育活动、体育法律建设、体育公共信息平台建设等。体育公共产品具有公共产品的基本特征，如消费的非竞争性、受益的非排他性及效用的不可分割性等，是公共产品的重要组成部分。

2. 体育公共产品的特征

(1) 公益性

作为公共利益载体的体育公共产品，服务的目标是满足公众的公共体育需求，服务的对象是全体社会成员，每个人都可以同等地拥有并可能享受。体育公共产品包括纯公共产品和准公共产品，但无论是纯公共产品还是准公共产品，它们的共同特征是公益性。国家通过财政拨款或是设立体育专项资金，通过建设公共体育场地设施，培养公益性社会体育指导员，建设各种体育公共信息平台，公众就可以免费享受这些体育公共产品；公众通过支付一定的费用，低成本地享用体育公共产品，如公益性的体育健身俱乐部，这些俱乐部通过收取一定的费用实现排他，但并不以营利为目的，收取的费用主要用于体育场馆的日常运营，这种体育准公共产品仍具有公益性的特征。有形的体育公共产品由于资源的稀缺性与人们体育需求的无限性，难以使所有的人都同时受益，但人们使用有形体育公共产品的权力是无差别的、平等的。需要强调的是，公益性原则并不是表现为“平均主义”，仍要坚持效率与公平并重。

(2) 两重性

体育公共产品的两重性主要体现在两个方面，一方面体育公共产品反映的是社会成员对体育的公共需求，这种需求主要表现为对物质形态的体育公共产品的满足，如当前人们对公共体育场地设施的迫切需要。但由于我国还处于社会主义初级阶段，国家的财力还非常有限，而我国人口众多，因此政府通过提供多样化的有形的体育公共产品来达到满足人们多层次体育公共产品的需求不可能一蹴而就，而是一个不断发展完善的过程。因此在现有的财力下，我们应该充分利用现有的体育资源，力所能及地提供更多更好的体育公共产品，以尽量满足人们的体育公共需求。另一方面，体育公共产品还体现着国家意愿。国家及其代理人会根据国情或从自身的需要出发决定社会的共同需求，进而决定财政投入的优先顺序，以执行其选取的社会共同事务职能。我国实行的竞技体育优先发展战略，就是国家意愿的直接体现。

（3）动态性

体育公共产品不是一成不变的，而是不断发展变化的。随着经济社会发展水平的不断提高，社会的公共利益和公共需求会发生新的变化，政府供给能力将不断增强，因而体育公共产品的规模也将不断扩大、层次不断提高。

体育公共产品的需求具有动态性。当人们的生活水平还处于解决温饱的阶段时，人们主要满足的是生存上的需求，对体育的需求较低，体育公共产品的内容简单，广播体操、健身操是其中的重要内容。随着经济社会的不断发展，人们的体育需求不断提高，简单的广播体操、健身操已难以满足人们的健身需求，对全民健身路径、公共体育场馆设施、公益性的社会体育指导员的需求会越来越多，当人们生活达到富裕水平时，对科学健身的指导与宣传、国民体质监测、高水平的竞赛表演观赏等需求又会不断增多，体育公共产品的内容将日益丰富。

与体育公共产品的需求相适应，体育公共产品供给具有差异性。同一时期不同国家由于经济发展水平的不同，提供的公共产品的规模和范围存在较大的差异。相对于我国来说，西方经济发达国家提供的体育公共产品的数量更多，质量更高，内容也更丰富。我国在经济发展的不同时期，体育公共产品的种类和范围也是动态的，是不断发展变化的。计划经济时期，虽然体育事业由政府全部包揽，但这时经济发展水平较低，政府供给体育公共产品的能力不强，体育公共产品数量有限，内容单一；随着社会主义市场经济的深入发展，政府的公共财政保障能力不断增强，政府提供的体育公共产品的内容越来越丰富，覆盖范围越来越广。

（4）层次性

不同国家或同一国家不同地区体育公共产品的供给能力是不同的。我国地域辽阔，东、中、西部及城市与农村之间，由于经济社会发展水平的不均衡、文化背景等的差异，导致我国体育公共产品具有多层次性。经济发展水平较高的地区，人们从事体育活动满足的不仅是健身的需求，同时还有娱乐、交流、自我价值实现等多方面的需求，因此对体育的公共需求多样化；这些地区作为供给方的政府及其他体育公共组织也有一定的能力提供多样化的体育公共产品，群众体育活动和竞赛等体育资源类型也较多。而在落后的农村及偏远的地区，人们对体育的需求层次更多的是对公共体育场地设施等基本的需求，公共体育组织不发达，这些地区政府提供体育公共产品的能力极其有限，落后农村体育公共产品需求及供给都处于较低水平。

2.2.2 体育公共产品的分类

1. 体育公共产品的一般分类

依据公共产品的分类标准，学术界对体育公共产品的分类主要有以下4种：

（1）根据体育公共产品的消费特征，可分为体育纯公共产品和体育准公共产品。

体育纯公共产品是指同时具备非排他性和非竞争性的体育公共产品，如体育制度类产品，体育标准与认证、反兴奋剂、体育公共信息平台等都属于体育纯公共产品。体育准公共产品是指不同时具备非排他性和非竞争性的产品，或是部分具有非排他性或非竞争性的体育公共产品。如果某一体育产品具有非排他性，但具有竞争性，这类产品属于体育公共资源，如全民健身路径、不收费的公共体育场地设施；如果某一体育产品具有非竞争性，但可以排他，这类产品属于体育俱乐部产品，如低成本收费的体育场地设施及体育健身俱乐部，这类产品通过一定的收费可以实现排他，但这类收费不以营利为目的，收取的费用主要用于体育场地设施及体育健身俱乐部的日常运营。体育纯公共产品和体育准公共产品在现实中并不是严格按照理论上消费的非排他性和非竞争性来划分的，体育产品公共性的大小与一国的国情及经济发展水平有关。随着我国经济发展水平的提高，我国建设的全民健身路径，虽然排他的技术很低，但由于其强大的正外部性，政府却免费提供给群众健身使用，就属于“体育纯公共产品”。

（2）按体育公共产品的存在形式可分为有形体育公共产品和无

形体育公共产品。

有形的体育公共产品就是指那些看得见、摸得着的物质型体育公共产品，如公共体育场地设施；无形的体育公共产品是指那些看不见摸不着的非物质型体育公共产品，可它们确实存在着并影响体育事业的发展。无形的体育公共产品主要包括两大类，一类是制度性的体育公共产品，如体育政策法规、制度等；二是信息性的体育公共产品，如科学健身知识及锻炼方法的普及，反兴奋剂的宣传等。从体育所衍生的文化功能来看，中国运动员在国际赛场上取得优异成绩，能激发国人强烈的民族自豪感，并带来精神上的激励，这种精神产品也属于信息类的体育公共产品。除了有形和无形的体育公共产品外，还有一些体育公共产品是两者相结合的产物，如体育教育，即包括物质性的基础设施，还包括无形的体育知识、技能的传授。

(3) 根据体育公共产品的受益范围，可分为全国性的体育公共产品和地方性的体育公共产品。

体育公共产品有一定的受益范围及相应的供给主体。如果体育公共产品的受益范围惠及到全国，那么这类公共产品就属于全国性的体育公共产品，应该由中央财政支持，如国家队就属于全国性的体育公共产品。国家队代表中国参加国际比赛，其所取得的成绩及荣誉全国公民都可分享，整体受益，因此国家队的训练、竞赛、运动场馆的建设等主要由中央政府提供。地方性的体育公共产品是指其受益范围在特定的区域，正外部性只惠及该区域的居民，因此该公共产品主要由其所在区域的地方政府提供，我国大部分体育公共产品都属于地方性的体育公共产品。还有一类区域性的体育公共产品，其受益区域限定在特定的社区，属于社区体育公共产品，社区体育公共产品是地方性体育公共产品的一种类型。

2. 基于政府工作角度的体育公共产品的分类

从政府工作的角度出发对体育公共产品进行分类，可以使体育事业公共财政支出更具有针对性，预防体育事业公共财政支出越位和缺位的发生。根据国办发［2009］23号《国务院办公厅关于印发国家体育总局主要职责内设机构和人员编制规定的通知》中主要从体育政策法规、群众体育、竞技体育、体育产业、体育对外交流与合作、体育科学研究及反兴奋剂方面对国家体育总局的主要职责作了明确规定。为确实履行好国务院赋予国家体育总局的重要职责，国家体育总局的工作主要围绕群众体育、竞技体育和体育产业三方面展开。为使体育事业公共财政保障的内容更具有可操作性，本研究从国家体育总局工作的角度出发，把体育公共产品分为群众体育公共产品、竞技体育公共产品及体育产业公共产品三大类。

2.2.3 体育公共产品的需求

(1) 需求理论

需求是人类社会进步的动力。满足人们不断增长的体育健身、健美、休闲娱乐、观赏需求是供给体育公共产品的根本原因。马克思主义的需求理论是对体育公共产品需求进行分析的基本理论依据，而马斯洛的需求理论对分析体育公共产品的需求也有重要的借鉴价值。

马克思在关于人的需要“三级阶梯”理论中指出，人的第一层次的需要是自然需要，即人的生存或生理需要，包括衣、食、住等。人的第二层次的需要是社会需要，它使人作为能动的生产者来再生产，即包括维持个体生存的生产消费需要，也包括追加生产劳动力的教育训练费用等生活消费需要。随着经济和社会的发展，人的需要逐渐从满足自身需要的生产转变为满足他人需要的生产。人的第三层次的需要是自我实现和全面发展的需要。社会生产力的发展，使社会财富极大地丰富，人们因而获得越来越多的自由时间，人的能力也以此为基础得以全面发展。也就是说，随着经济的发展和社会的进步，人的需要层次和水平不断提升，人对政府的公共服务职能的要求也越来越高，对公共产品的需求也不断增加，因此，政府需要不断加强社会各方面的建设，通过提供更多更好的多样性的公共产品以满足人们不断增长的全面发展需求。

继马克思提出“三级阶梯”的需要理论之后，20 世纪 50 年代，马斯洛推出“五层宝塔”式的需要理论。第一层是生理需要，第二层是安全需要，第三层是归属和爱的需要，第四、五层分别是尊重的需要和自我实现的需要。这5种需要之间是彼此联系、依次上升的关系，只有低级需要得到基本满足之后，高一级的需要才会出现。对个体发展来说，需要的层次越高出现的时间也就越晚，越属于精神世界的范畴，与生存的联系越间接。马斯洛的需求层次理论看到了人的需要的发展，与个体需要和人类需要发展事实及其一般规律具有一定程度的相似性，对于我们分析体育公共产品的需求具有一定的借鉴价值。

虽然马克思和马斯洛从不同的角度研究人的需求，研究方法、理论的阶段基础都不同，但两者都把生理需要作为最基本的需要，都认为人的需求层次是从低到高发展的，而且认为各个需求层次是同时并存的，并不是低级需求完全得到满足后才会出现较高一级的需求，反对将需求层次顺序机械化理解。

(2) 体育公共产品的需求

体育公共产品的需求属于享受和发展性的需求，与一国的经济发展水平和人均可支配收入有关。恩格尔系数（EC）是衡量一个家庭富裕程度或国家经济发展水平的主要标准之一，是指个人食品支出总额占其总消费支出总额的比重。一个家庭中的收入越低，用来购买食物的支出占家庭总收入的比例就越大，随着家庭收入的增加，这种支出的比重就逐渐降低，但用于衣服和住房上的支出比重基本保持不变，家庭对其他产品的支出需求将会增加。推广到一个国家也是如此，当一个国家越穷时，这个国家国民的平均收入中用于购买食物的支出占其总收入的比重就越大，随着国家经济发展水平的逐步提高，国民收入增加，这个比例呈下降趋势，国民对除衣食住之外的其他产品的需求逐步增加。

根据恩格尔系数的大小，联合国针对世界各国的家庭平均生活水平制定出一个划分标准，即恩格尔系数大于60%为绝对贫困状态，恩格尔系数在50%和60%之间为温饱，在40%和50%之间为小康，在30%和40%之间为相对富裕，小于30%为富裕（表2-1）。按此划分标准，我国目前处于全面建设小康社会阶段。随着我国城镇居民人均可支配收入及农村居民家庭人均纯收入的不断增加，城镇及农村居民家庭的恩格尔系数都呈不断降低的趋势。2000年，我国城市居民家庭的恩格尔系数由1999年的42.1%下降到39.4%，城市居民家庭开始进入相对富裕的生活水平；农村居民家庭恩格尔系数首次由1999年的52.6%下降到49.1%，也呈下降趋势，农村居民家庭生活开始进入小康生活水平（表2-2）。

表2-1　**恩格尔系数表**

恩格尔系数	居民生活水平
EC >60%	绝对贫困
50%<EC≤60%	温饱
40%<EC≤50%	小康
30%<EC≤40%	相对富裕
20%<EC≤30%	富裕
EC≤20%	极其富裕

表2-2　**城镇及农村居民家庭恩格尔系数表**

年份	城镇居民家庭人均可支配收入（元）	农村居民家庭人均纯收入（元）	城镇居民家庭恩格尔系数（%）	农村居民家庭恩格尔系数（%）
1998	5425.1	2162.0	44.7	53.4
1999	5854.0	2210.3	42.1	52.6
2000	6280.0	2253.4	39.4	49.1
2001	6859.6	2366.4	38.2	47.7
2002	7702.8	2475.6	37.7	46.2
2003	8472.2	2622.2	37.1	45.6
2004	9421.6	2936.4	37.7	47.2
2005	10493.0	3254.9	36.7	45.5
2006	11759.5	3587.0	35.8	43.0

续表

年份	城镇居民家庭人均可支配收入（元）	农村居民家庭人均纯收入（元）	城镇居民家庭恩格尔系数（%）	农村居民家庭恩格尔系数（%）
2007	13785.8	4140.4	36.3	43.1
2008	15780.8	4760.6	37.9	43.7

资料来源：国家统计局统计网站（http：//www.stats.gov.cn/tjsj/ndsj/2009/indexch.htm）。

体育公共产品的需求是在居民生活解决了温饱，实现小康乃至富裕状态后，才可能呈快速增长的趋势。进入21世纪以来，我国居民生活水平不断提高，闲暇时间不断增加，人们对体育的认识也随之发生了根本性的转变，体育参与意识水平增强，体育需求逐步成为人们生活需求的一个重要组成部分。2001年中国群众体育现状调查结果报告显示，我国城乡居民家庭日常生活消费中体育消费所占的比例较低，2000年以家庭为单位全年体育消费平均为397.42元，而1996年加拿大家庭年体育消费总额已达到958美元①。2003年我国人均GDP超过1000美元，根据国际经验，一国人均GDP处于1000~3000美元的过渡时期，该国的公共需求增长迅速，消费结构出现升级，对体育公共产品的消费需求将不断增加，2005年半年，我国北京、上海、广州、武汉、成都、西安、沈阳的人均体育消费分别为874元、535元、796元、620元、495元、436元，505元[①]，这些城市半年平均人均体育消费已达到609元，远远超过2000年的人均体育消费水平。2008年，我国人均GDP超过3000美元，国际经验表明，处于这一经济发展阶段的国家或地区的工业化、城镇化的进程会加快，居民消费类型和行为会发生重大转变，消费将更加多样化，人们对体育公共产品的需求将迅速增长。

① 杨风华．公共体育场馆服务的有效供给——民营化及政府职能研究[D]．北京：北京体育大学，2007.

1996年我国的体育人口为31.4%，2000年体育人口占总人口数的比例达到34%，2004年年底我国7~70岁年龄段中经常参加体育锻炼的人数占该年龄段总人口数的比重已达到37.1%，体育人口增长速度高于人口出生率，接近发达国家的水平①。随着体育人口的不断增加，广大人民群众对政府提供的体育公共产品的数量和质量的要求不断提高，对公共体育场地设施、公益性社会体育指导员、体育组织建设、体育法制建设、体育文化建设等的需求也越来越迫切，但目前我国的公共体育场地设施、公益性社会体育指导员，体育组织等体育公共产品的供给满足不了人们日益增长的体育健身需求，因此如何提供数量充足且质量过硬的体育公共产品成为现阶段政府迫在眉睫需要解决的问题。

2.2.4 体育公共产品的供给

1. 体育公共产品社会提供的可行性分析

(1) 理论基础：政府失灵

市场失灵的存在为政府干预提供了理由，但政府干预也是有成本的，同市场失灵一样，政府也存在着失灵。政府失灵是指政府由于存在内在的缺陷而最终导致政府干预的低效或无效，无法最优配置资本和实现社会福利的最大化。为实现帕累托效率，政府及其财政的干预行为必须限定在市场失灵的范围之内，与市场共同配置资源。但现实社会中的政府不具备林达尔均衡条件下政府效率解的各种假设条件，现实社会中存在着许多导致政府失灵的基本原因。

第一，不完全信息。

和市场一样，政府也存在信息失灵的问题。一方面，政府很难及时准确地掌握决策所需要的全部社会信息。信息具有很强的时效性，但由于政府机构层次重叠，使得信息传递速度受阻，而实际上政府也很难做到在任何时间都能搜集到决策所需要的全部信息。如

① 刘明生．公共服务背景下城市社会体育组织发展模式研究——以上海市为例［D］．上海：上海体育学院，2010.

果政府掌握的信息不及时，本来准确的信息就会变成不准确的信息，从而影响政府决策的正确性。另一方面，政府面对的偏好显示和偏好加总困难。每个人对体育消费需求的偏好各异，且体育消费者需求偏好处于不断变化之中，这就使政府要做到及时全面地掌握消费者的体育需求信息成为不可能。总之，现实社会中，政府在掌握信息方面不一定比市场更有优势，因此在不完全信息下政府所作出的体育决策就很难达到体育资源最优配置。

第二，公共决策中的经济人行为。

政府干预市场是以公共决策代替市场决策，但政府能否有效干预市场的必备条件之一是，所有官员制订公共政策的目标是使全体社会成员的福利最大化，在执行决策过程中能做到大公无私。但事实上，这些政府官员也是“经济人”，所追求的往往也是使自身利益最大化，这就使其作出的决策未必符合公共利益或社会目标，他们的行为目标是实现预算最大化，这势必导致政府失灵。

第三，政府运转的无效率。

政府能否有效运行，不仅取决于决策目标的正确与否，还取决于政府机制是否有效运行以实现决策目标。在经济活动中，一方面，政府提供体育公共产品具有垄断性，没有竞争压力，也就没有提高体育公共服务效率的动力。政府提供的体育公共服务都是特定的，这就无法直接对政府内部行为进行评估，也难以对其运行效率进行评价。另一方面，政府活动目标具有非市场性，无法以市场价格来引导，因此政府活动缺乏预算约束，容易造成浪费。由于缺乏降低成本的激励，政府机构在“精简—膨胀—再精简—再膨胀”的怪圈中徘徊，运行成本不断增加，导致政府长期低效率运行。

第四，寻租行为。

政府对经济的干预为寻租行为提供了可能。一些市场主体为了获得政府在某些垄断性产品的特许，或是寻求政府现有政策的改变，经常会利用各种合法或者非法的手段，如贿赂等向政府寻租。一些政府官员在金钱或其他报酬的诱惑下，做出不利于公共利益的行为，腐败由此产生，政府的效率目标因此丧失。寻租行为不仅造成体育资源的极大浪费，而且还极大地削弱了政府干预经济的能力。

（2）技术支持：不断进步的市场技术

自20世纪70年代以来，越来越多的西方学者认为产品消费上的排他性基本上是技术问题。哈维·S. 罗森提出公共物品的划分主要取决于市场和技术条件。肯尼思·戈尔丁（K. D. Goldin）强调物品消费的公共性程度取决于技术水平，技术对决定一种物品或服务是否具有公共性具有重要作用。他认为公共物品是否由政府机制解决的影响因素有两类，一是公共物品本身的生产技术水平；二是排他性技术，即阻止“搭便车”行为的技术。上述观点表明只要人们对某一公共产品的消费拥有排他性技术，那就意味着该公共产品可以实行有偿使用，供给者可以从中获得收益。而有些公共产品之所以由政府而不是由市场来提供，是因为这些公共产品的排他性消费在技术上不可行或是排他的成本太高、得不偿失。但随着市场技术不断创新且日臻完善，原来只有政府才能提供的公共产品，如今私人部门也能供给，因为技术领域的革新部分或全部消除了市场准入的障碍，公共产品的非排他性和非竞争性的属性得以部分改变，私人部门受到利润的驱动已有积极性进行生产。这种变革，不仅包括商品和服务设计方面的技术改进，而且包括市场管理上的规则创新，如体育场馆的招标投标、承包合同的制定等。这种技术变革，如体育场馆建设项目的融资技术、服务承包合同的规范、特许经营权的转让等使私人机构和第三部门得以介入体育公共产品领域。私人机构和第三部门介入体育公共产品的提供，一定程度上打破了政府垄断体育公共产品的提供，促进市场竞争机制的形成，从而大大降低了市场准入的成本及体育公共产品的价格，增加了体育公共产品的数量，改善了体育公共产品的质量，政府、企业和消费者三方同时受益。

（3）组织保障：非营利组织

市场经济条件下，政府与市场提供公共产品都存在失灵，而这些领域是国家利益表现得不够充分，个人利益实现得不够突出，但公益性、互益性较强的社会经济领域。非营利组织介于政府与市场之间，在社会变革过程中起着“润滑剂”的作用，其主要功能是弥补政府失灵和市场失灵，提供准公共产品。我国非营利组织随着政府职能的转变而逐步发展起来，逐渐介入到体育公共产品的提供，一定程度上消除了政府对体育公共服务的垄断。截至2006年年底，我国有99个全国性体育社团在国家民政部登记注册，此外我国还有4712个左右的民间体育组织①，这些体育非营利组织的发展为体育公共服务社会化提供了组织保障。

2. 体育公共产品的多元化供给

由于体育公共产品具有非排他性和非竞争性，这就使理性个人在使用体育公共产品时，会面临着强大的"搭便车"诱惑，不会自动按市场价格付费。由于市场无法按正常的价格机制对体育公共产品消费进行运作，理性经济人在提供体育公共产品时，所得的边际收益必然小于边际成本，出于逐利的本性，理性经济人会减少或不提供体育公共产品，从而导致市场供给的失灵。体育公共产品市场供给的失灵为政府介入其供应提供了理由，为使体育公共产品市场需求达到帕累托最优状态，政府应承担起体育公共产品供给的责任。但政府提供体育公共产品并不等于政府必须生产体育公共产品，体育公共产品的提供主体也并不仅限于政府。与公共产品的多主体供给一样，体育公共产品也应实行政府、企事业单位、非营利组织和公民等多主体合作供给的秩序，一方面因为这些主体都是体育公共产品供给的利益相关者，另一方面因为提供体育公共产品的过程也是集体选择的过程，而集体选择是指各参与者依据某种协调原则，相互协商对集体行动方案作出选择的过程。

体育公共产品供给者中最重要的是政府。体育公共产品多主体供给并不代表政府可以减少或放弃体育公共产品的供给责任，政府只是改变了履行体育公共产品供给责任的方式，由直接提供体育公共产品改为间接保障体育公共产品的供给。也就是说，政府虽不再对体育公共产品的供给大包大揽，也不再直接生产体育公共产品，但政府仍应给予一定的财政补贴、优惠政策或制度支持保障社会上

① 王家君．中国体育非营利组织辨析［J］．广州体育学院学报，2008，28（5）：11-15.

有足够的体育公共产品，并确保所有的公民都能享受到大致均等的体育公共产品，这是政府的职责和使命所在。

企业是体育公共产品的消费者，只要有技术的可行性、有利可图、制度的许可，企业就会生产体育公共产品，所以企业不是“局外人”，而是体育公共产品供给的“利益相关者”。正是基于此，企业公民的理论在国际社会上盛行。企业公民是指企业将日常商业实践、运作与政策与社会基本价值相整合的行为方式。该理论认为企业的成功与社会的健康及福利紧密关联，企业在经营活动中，要全面考虑其与政府、社会、自然环境等所有利益相关者的关系，以此获得社会广泛的支持。企业在促进体育赛事、体育活动、体育设施等体育事业发展方面发挥着越来越重要的作用，“奥运成就联想全球企业公民”① 就是一个很好的例证。联想借助丰富的奥运资源，向世界推广联想的品牌价值，联想借奥运品牌高飞，中国企业走向了世界舞台。

已故管理学大师德鲁克认为一个健康的社会应该由三个部分组成，即卓有成效的政府、企业及非营利组织。非营利组织于 20 世纪 20 年代中期在全球范围内悄然兴起，20 世纪末发展势头迅猛，各种类型的非营利性组织纷纷涌现。从经济学的视角来看，非营利组织是由于现实社会中“政府失灵”和“市场失灵”的存在才应运而生的，在分担政府公共服务职能方面发挥着重要作用，为政府改革创造了良好的社会环境。

非营利组织是不以营利为目的，从事社会公益性或互益性服务的独立组织，是相对于营利组织和政府组织的组织。政府组织、营利组织、非营利组织是现代社会中的三大组织，分别在政治领域、经济领域和社会领域中发挥着重要作用。从表 2-3 中可以看到，政府组织是政府领域的主要组织形式，它的社会功能是提供垄断性公共产品，实现公共利益是其主要目标；营利组织是经济领域的主要组织形式，其功能主要是提供私人产品，实现个人利益是其组织的主要目标；而非营利组织是社会领域中的主要组织形式，它的社会

---

① 联想中国掌门人陈绍鹏．奥运成就联想全球企业公民［EB/OL］. http://sports.sina.com.cn/o/2007-07-17/09423045274.shtml.

功能是提供非垄断性公共产品，以实现集体利益或公共利益。

表 2-3　　　　　**各组织在公共管理中作用的比较**

组织形式	主要活动领域	社会功能	组织主要目标
政府组织	政治领域	提供垄断性公共产品	公共利益
营利组织	经济领域	提供私人产品	个人利益
非营利组织	社会领域	提供非垄断性公共产品	集体利益或公共利益

美国学者萨拉蒙和安黑尔认为非营利组织的基本特征主要包括6个方面：① 正规性，是正式设立的组织，具有法人资格；② 非营利性，不为其拥有者谋取利润，活动得到的净收入必须投入到组织宗旨所规定的活动中去，不得在组织成员之间进行分配；③ 民间性，体制上独立于政府的民间组织；④ 自治性，组织内部实行自主管理，不受外界控制；⑤ 公共性，以服务大众为宗旨；⑥ 志愿性，其成员都是自愿参加经营管理活动。非营利组织的收入来源于政府拨款、社会捐献、会员的会费及服务收费。实践中，非营利组织在准公共产品的供给中作用显著，萨拉蒙等人通过对22个国家非营利组织的就业调查发现，大部分就业者主要集中在以下4个福利服务领域：教育领域的非营利组织就业者占30%，卫生保障领域的非营利组织就业者占20%，社会服务领域的非营利组织就业者占18%，娱乐与文化领域占到非营利就业的14%①。体育领域同样活跃着大量的体育社团和体育类民办非企业单位等体育非营利组织。体育非营利组织的发展有利于深化体育管理体制的改革，促进体育的社会化进程；有利于满足广大居民的体育公共产品需求，提高体育公共产品供给的效率，吸引志愿者的无私奉献和捐赠。

公民是体育公共产品的消费者，因此是体育公共产品供给的利

① 莱斯特·M. 莎拉蒙，等. 全球公民社会：非营利部门视界［M］. 贾西津，等，译. 北京：社会科学文献出版社，2002：18.

益相关者，同时公民还是体育公共产品的供应者和生产者。社会成员的公民身份，使社会成员能够成为体育公共产品的供给者和生产者，而社会成员公民性的培育可通过供应、生产和消费体育公共产品来推进。在一个国家或社会群体中社会成员作为公民而存在，具有一定的公民性。公共精神是现代公民性的核心，主要表现为社会成员积极参与和关怀公共事务，热情地投入并体验公共生活，认同和归属于社群。公共精神集中体现在社会成员的公共参与上，不是被强制和胁迫，而是基于公民自觉自愿的行为，积极融入社会公共领域和参与公共政治生活，以组织或个人的方式参与公共事务。作为一项公共事务的体育行动，社会成员参与其中实质就是提供体育公共产品，而在提供体育公共产品的过程中因为社会成员的参与无形中进一步培育了其公共精神。

2.2.5 我国体育公共产品多元化供给的实证经验

计划经济体制下，我国所有的产品几乎是由国家统一分配，体育产品理所当然由国家提供和生产，这时不存在体育公共产品和私人产品之分。当时人们的生活水平也处于解决温饱的阶段，对体育的需求不高且较单一，对体育产品集中供求的方式也比较满足，这阶段对体育公共产品如何供给的问题不必回答且无从回答。随着我国市场经济体制改革的深化和加入 WTO，政企分开、政事分开和管办分离在社会各个领域不同程度的推进，我国体育行政管理体制也势必进行相应的变革，体育公共服务型政府的构建成为我国政府改革的战略目标。政府的体育职能是提供体育公共产品，政府不仅要对体育产品的公与私进行区分以确定体育公共财政的保障范围，而且还要回答体育公共产品如何供给以满足我国广大人民群众日益增长的体育公共产品的需求问题。理论界有关体育公共产品多元供给的研究为政府体育公共产品的供给提供了深厚的理论基础，国内国有土地有偿使用、城市环卫作业、环境保护领域、市政公用事业、邮政等领域的市场化改革及国外体育公共产品的多元供给对我国体育公共产品的引入市场机制提供了经验借鉴，我国政府体育公共服务市场化改革已初见成效。

（1）群众体育的多元化供给——《蒙牛城市之间》

《蒙牛城市之间》民间体育活动是由国家体育总局社会体育指导中心、内蒙古蒙牛乳业（集团）有限公司和中央电视台体育频道联合提供的体育公共产品，是群众体育公共产品联合供给的一个成功案例。《蒙牛城市之间》大众健身娱乐体育活动始于2006年，是一项集运动与休闲于一体的大规模体育活动。2006年全国有80个城市参与这项活动，参与活动的普通市民将近十万名。2007年的《蒙牛城市之间》全线升级，全国妇联不仅加盟了此项活动，而且活动的海选范围也扩大到100座城市，覆盖到全国31个省、自治区、直辖市，有63万名健身爱好者现场报名参加了300场城市广场的比赛。此次活动内容的设计也更丰富，人们不仅可以参加趣味十足的比赛项目，也可以观赏现场街舞、拉拉队等丰富多彩的表演，还可以观看城市特色体育项目展示。2008年《蒙牛城市之间》的参与城市扩大到113个。

《蒙牛城市之间》的开办虽然只有短短5年的时间，但已成为全民健身的经典健身品牌项目，创造了良好的经济效益和社会效益。政府方面通过该项活动既履行了提供体育公共服务的职能，又减轻了财政支出的负担，还促进了社会体育的发展，塑造了城市形象，宣传了城市文化特色。蒙牛通过此项活动获得社会效益和经济效益的双丰收。社会效益方面，蒙牛树立了企业新的品牌形象，蒙牛品牌的健康理念及人文关怀形象更加深入人心；经济效益方面，2006年在中国乳业尚排名第二的蒙牛，2007年已成为中国唯一营业收入超过200亿的乳品企业，2008年度蒙牛乳制品全国市场销量第一，蒙牛借助体育取得商业上的巨大成功。央视通过实况转播《蒙牛城市之间》的复赛和决赛，12天共吸引了11903万人次观看了比赛，收视份额和收视率在中央电视台五套取得了双第一的佳绩。百姓通过此项活动激发起了极大的健身热情，不仅身体上得到了锻炼，而且心理上也得到极大的满足，尤其对于代表自己的家乡参加下一轮城市角逐的晋级选手来说更是感到无上的光荣，精神上得到了极大的愉悦。

（2）公共体育场馆的多元化供给

为解决公共体育场馆政府供给不足的矛盾，我国一些公共体育场地设施通过合同承包或出租等方式，开始让私人部门介入到体育公共产品的提供中来。宁波市游泳健身中心市场化改革的案例说明通过合同承包的方式引入企业生产体育公共产品是可行的，而且也取得一定的成效①。

宁波市游泳健身中心是集体育比赛、竞技训练、全民健身于一体的综合性、多功能体育健身休闲场馆，2004 年建成并对外营业，总投资 1 亿元人民币，是宁波市 21 世纪八大文化设施之一。建造体育公共场馆是政府的一项公共服务内容，旧体制下政府虽然造得起公共体育场馆但却养不起。宁波市游泳健身中心建成后就面临着如何经营的问题，如果政府直接经营管理，年成本约为 450 万元，实行民间经营的形式，年成本仅为 200 万元，比政府经营管理节省了 250 万元。中心如果引入市场机制实行民营化改革，每年不仅不要支出反而可以增加 100 万元的固定资产折旧收入，并每年按 15% 递增，基于此考虑，市游泳健身中心决定对其经营管理体制进行改革，通过公开招标的形式，最终委托经济实力较强的美国西格集团公司实施经营管理，规定西格集团公司享有游泳健身中心的经营权，但所有权仍归国家，在市场化运作中仍以社会效益为主，中心的公益性和服务性的性质不能改变。

宁波市游泳健身中心实行民营化改革，优化了宁波市体育局提供体育公共产品的质量，提高了体育场馆的管理水平，减轻了宁波市政府的财政负担，实现了国有资产的保值增值，西格集团公司的经营效益也很显著，2005 年盈利了 500 万元，2006 年营利了 600 万元。

为解决体育场馆建设资金不足的矛盾，我国越来越多的体育场馆建设引入市场机制，吸引社会资金的注入。北京市对奥运场馆的建设实行"政府引导、市场运作、社会参与"，通过公私合作的模

① 孟文娣．中国群众体育公共服务市场机制引入方式的研究［D］．北京：北京体育大学，2008.

式确定奥运场馆建设的项目法人。北京奥运会31个比赛场馆130亿元的建设费用中中央和地方财政约占51%，其他的建设资金来源于社会融资和捐赠①。2003年11月完成的国家体育馆、国家体育场等6个项目通过法人招标，筹措的资金总共约204.83亿元，其中中标人负责筹集的资金达到174亿元，而北京市政府对6个场馆项目的财政投入仅占9.8%，有效地减轻了政府的财政压力和投资风险②。

（3）竞技体育的多元化供给

市场经济条件下，我国作为纯公共产品的奥运争光类竞技体育产品也开始探索多元化供给模式。高校高水平运动队是多元化供给竞技体育公共产品的一种模式，目前在我国已出现了一些成功的例子，例如清华模式。

清华大学依靠教育系统自身力量办高水平运动队，形成小学、中学到大学的"一条龙"运动员培养体系，在竞技体育舞台上已取得突出的成绩。清华大学跳水队成立于1997年年底，是清华高水平运动队的"王牌"之一，他们在奥运会、世界大学生运动会等国际赛场上获多项冠军，在全国运动会、全国锦标赛和冠军标赛等国内赛场上的表现更是大放异彩。清华学生射击队及其训练基地被射击运动管理中心视为国家射击训练基地和集训队的一部分而给予支持。

我国非营利组织也开始介入到竞技体育公共产品的生产。中国运动员教育基金会是由李宁、蔡振华、李永波、许海峰等前世界冠军发起创建的，是一家通过民间资金资助高尔夫球、台球、网球等体育项目的青少年体育人才培养的机构，对具有天资的青少年提供训练并资助他们参与国内外比赛。"九球天后"潘晓婷就是接受了中国运动员教育基金会的资助，参加了国外的斯诺克比赛。

---

① 赵萍．北京奥运：巨资打造长效盈利链［EB/OL］．http：//www.cqn.com.cn/NEWS/zgzlwlx/218300.html.

② 杨风华．公共体育场馆服务的有效供给——民营化及政府职能研究［D］．北京：北京体育大学，2007.

由上可见，我国传统的竞技体育公共产品政府单一供给的模式已慢慢融入了一些市场化的元素，但多元化供给模式能否实现最终取决于我国外部条件的成熟，包括政府体育资源的垄断问题、竞技体育公共产品市场供给机制的建立与完善、社会组织的发育等①。

2.3 本 章 小 结

公共财政理论、公共选择理论和公共产品理论是从事本研究的理论依据。结合本书的研究目的，在对体育公共产品的含义、特征及分类进行分析的基础上，进一步对体育公共产品的需求和供给进行了分析，认为体育公共产品多元化供给是我国体育公共产品供给的必然趋势，本章对本书的后续研究起到了理论支持及提供参考依据的作用。

① 魏来．中国公共体育服务产品供给研究［D］．北京：北京体育大学，2007.

3 国外体育事业公共财政保障的主要经验

体育事业公共财政保障主要包括体育事业的公共财政收入、体育事业的公共财政支出及体育事业财政预算的管理与监督等。本章主要从国外体育事业公共财政保障的内容角度，通过对国外发达国家体育事业公共财政保障的现状进行分析，归纳出国外体育事业公共财政保障的特征，探寻国外体育事业公共财政保障的重点，以期从中得出对我国体育事业公共财政保障有益的启示。

由于国外关于体育事业公共财政保障的研究非常少，能搜索到的有关国外体育事业公共财政保障的资料极其有限，仅有的这些资料对体育事业公共财政保障的研究并不全面，研究视角不尽相同，因此无法对它们进行归类对比研究。本章虽然只是对几个国家的体育事业公共财政保障情况展开研究，但这几个国家都是市场经济发达国家，体育事业发展具有很多的共性，基本上能说明国外市场经济发达国家体育事业公共财政保障的总体情况。

3.1 国外体育事业公共财政保障的现状

3.1.1 澳大利亚的体育事业公共财政保障

1. 澳大利亚国家体委的经费支出

澳大利亚政府一直支持体育运动的发展，从2001年起开始实施“支持澳大利亚体育能力计划（BASA）”，重点对高水平竞技体育、大众体育、体育管理水平及体育的反兴奋剂工作进行保障。

澳大利亚国家体委是主管全国体育运动的政府职能机构，每年其经费支出中的50%拨给各协会；25%由国家体委管理，主要用于青少年训练基地；25%用于群众体育或社区体育项目的开展①。

2. 2006—2007 年度澳政府的财政拨款及资金分配

2006—2007 年度政府对体育系统的财政拨款约 2.65 亿澳元，其中政府预算内拨款 2.5 亿澳元，预算外拨款 0.15 亿澳元。政府预算内拨款主要用于竞技体育、大众体育、体育反兴奋剂管理局以及政府正在实施的水上运动和高山运动安全项目；预算外拨款主要用于社区体育和休闲设施的升级，以提高人们对政府建设健康社区的满意度（表 3-1）。

表 3-1　**2006—2007 年度澳大利亚政府的财政拨款及资金分配表**

<table>
<tr><th>项　目</th><th>拨款金额（亿澳元）</th><th>占年度总拨款的比例（%）</th><th>项　目</th><th>拨款金额（亿澳元）</th></tr>
<tr><td rowspan="2">竞技体育</td><td rowspan="2">1.25</td><td rowspan="2">47.19</td><td>高水平运动员的运动训练</td><td>1.13</td></tr>
<tr><td>澳大利亚体院及澳大利亚体院训练基地</td><td>0.12</td></tr>
<tr><td rowspan="4">大众体育</td><td rowspan="4">1.28</td><td rowspan="4">48.36</td><td>所有澳大利亚人的体育参与</td><td>0.67</td></tr>
<tr><td>土著居民休闲体育的参与</td><td>0.12</td></tr>
<tr><td>校外社区计划</td><td>0.34</td></tr>
<tr><td>社区体育和休闲设施</td><td>0.15</td></tr>
<tr><td rowspan="3">体育反兴奋剂管理局</td><td rowspan="3">0.11</td><td rowspan="3">4.02</td><td>反兴奋剂教育、交流和咨询服务</td><td>0.04</td></tr>
<tr><td>药物检测和调查</td><td>0.06</td></tr>
<tr><td>阳性结果管理和案件处理</td><td>0.01</td></tr>
</table>

① 国家体育总局政策法规司．他山之石——国外、境外体育考察报告选编［H］［R］．2005.

续表

项　目	拨款金额（亿澳元）	占年度总拨款的比例（%）	项　目	拨款金额（亿澳元）
水上运动和高山运动安全项目	0.06	2.11		

资料来源：郝海亭．澳大利亚大幅增加体育预算应对未来挑战［EB/OL］. http：//www. sportinfo. net. cn/show/title. asp？TID＝18420.

3. 2006—2009年澳大利亚政府大幅增加的体育预算及资金分配

为应对北京奥运会和伦敦奥运会的激烈挑战，2006—2009年澳大利亚政府共增加5570万澳元的体育预算投资于高水平运动员、高水平教练员、急需体育科学的关键领域和澳大利亚体育学院的高水平体育运动。为了使学生能有更多的机会参与体育运动，政府还提供了1000万美元的预算外资金用于发展澳大利亚地区性大学的体育运动（表3-2）。

表3-2　**2006—2009年澳大利亚政府增加的体育预算资金分配表**

项　目	拨款金额（万澳元）	占预算内总拨款的比例（%）	项　目	拨款金额（万澳元）
高水平运动员的发展	2080	37.34	建立一个全国性的体育人才认定网络、地区体育专项认定及体育人才转会项目	480
			土著社区中潜力巨大且需求很高的特殊项目（尤其是田径项目的人才认定）	880
			区域及国际性体育比赛中有潜力的项目	720

续表

项　目	拨款金额（万澳元）	占预算内总拨款的比例（%）	项　目	拨款金额（万澳元）
高水平教练员	460	8.26	高水平教练的认定、培训及高水平体育发展潜力的挖掘	460
急需体育科学的关键领域	870	15.62	技能培训、数据收集和分析以及成绩分析	870
澳大利亚体育学院高水平体育运动	2160	38.78	澳大利亚体育学院世界一流体育奖学金项目	1560
			澳体育学院世界级运动员和教练员体育服务支持系统	600
澳大利亚地区性大学的体育运动（预算外）	1000万（单位：美元）			

资料来源：郝海亭．澳大利亚大幅增加体育预算应对未来挑战［EB/OL］．http：//www.sportinfo.net.cn/show/title.asp？TID=18420.

4. 澳大利亚的体育财政监督

澳大利亚体委实行严格的内外结合的财政监督制度。外部监督由联邦政府财政部和审计署负责。联邦政府财政部要求澳体委每个月向其报告预算的拨付情况；审计署一般每年4月份对体委的预算执行情况审计一次，也会组织临时的专项审计，如审计中发现有挪用资金的现象则停止对其拨款并报警法办。

澳大利亚各级体委及协会等部门一直严格执行预算管理制度，所以部门内部都没设审计机构，但国家体委内部设有2~3

个监督人员负责检查体委所管经费的使用情况。每半年或者1年，体委会派独立的监测机构如会计师事务所等检查协会执行预算的情况。

3.1.2 芬兰的体育事业公共财政保障

芬兰教育部体育处具体负责全国体育工作，分配国家的体育财政预算，支持地方体育、体育科学研究和全国性及地方性体育团体的发展，同时负责建设体育设施，用于这些内容的资金占体育预算的90%左右。芬兰政府不资助营利性的竞技体育。

1. 芬兰的体育经费来源

芬兰以重视体育而闻名世界，政府和社会各界都非常关注体育的发展。体育的经费来源主要有政府财政拨款、体育彩票、体育组织和俱乐部的收入及社会赞助等。2002—2006 年政府的体育财政拨款呈不断增加的趋势（图 3-1）。

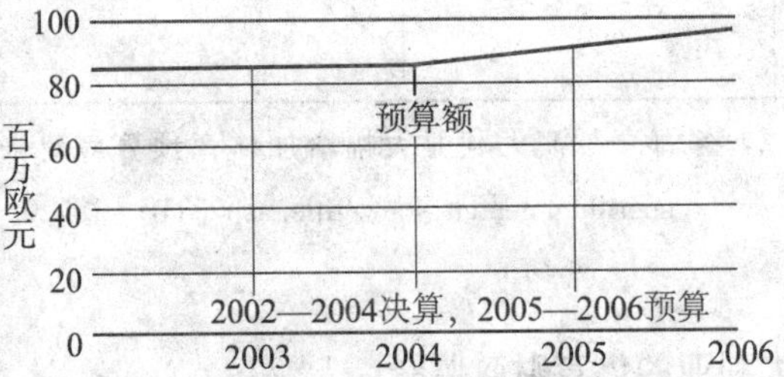

图 3-1　2002—2006 年芬兰政府的体育财政拨款趋势图

资料来源：2006 年第 19 期的《中外群众体育信息》。

芬兰公共体育经费来源的重要渠道是彩票。2002 年芬兰颁布了新《彩票法》，规定彩票基金的 25%用于发展体育。芬兰将国家彩票公司的利润纳入国家预算，教育部对预算进行分配，主要对艺术、体育、科研和青年工作进行资助。体育经费中只有少部分来自政府财政，体育财政的资金主要来源于家庭和消费者购买体育服务和设备的税收。

2. 芬兰体育经费的重点保障对象

（1）体育设施。芬兰政府非常重视体育设施的建设、研究与发展。芬兰共有3万套体育设施，其人均体育设施居世界前列，几乎每一个芬兰人都可到体育馆、游泳馆、田径场和球场参与体育活动。芬兰的体育设施中约75%是由地方当局负责建设和运营的，因此地方政府和组织可以向国家申请体育设施建设方面的补贴，但体育设施开支中国家财政补助只占其经费的一部分。

（2）体育学院。芬兰体育学院承担着体育教育和培训、发展竞技体育、群众体育等多方面的职能，因此政府对体育学院的发展给予重点保障，提供财政转移支付。体育学院就发展项目和建设也可以向国家申请资助。

（3）体育研究。1996年国家对体育科研机构的财政补贴已达1175.5万芬兰马克，近年来，国家和社会更加重视体育科学研究，给予的资助也不断增加。每年教育部资助的体育研究经费中2/3用于运动生物医药，1/3用于行为科学和运动社会①。

（4）反兴奋剂。芬兰政府非常重视反兴奋剂工作，每年国家给予其120万欧元的经费拨款[①]，体育组织要获得政府经费资助也须以其承诺反兴奋剂工作为先决条件。

3. 芬兰政府2002年的体育事业财政支出

芬兰体育事业的财政拨款主要来源于彩票资金。2002年政府对体育的投资总额为8286.7万欧元，主要用于国家级体育组织、政府体育行政部门、体育学院及体育设施（表3-3）。

① 郝海亭．芬兰的体育政策(下)[EB/OL]. http://www.sportinfo.net.cn/show/title.asp? TID=18377.

表 3-3 **芬兰政府2002年的体育事业财政支出表**

项　目	拨款金额（万欧元）	占拨款总额比例（%）
政府体育行政部门	1560.5	18.83
国家级体育组织	2740.9	33.08
反兴奋剂	120.4	1.45
青少年儿童	190.7	2.3
运动员和教练员及运动员奖金	80.7	0.97
体育设施	1390	16.77
国际合作	69	0.83
体育学院	1467.7	17.71
教育科研与信息	365	4.4
体育博物馆	23.5	0.28
健康生活计划	92.5	1.12
国家体育理事会	28.6	0.35
其他	157.2	1.9

资料来源：《他山之石——国外、境外体育考察报告选编（II）》。

3.1.3 瑞典的体育事业公共财政保障

瑞典在行政管理上是典型的小政府、大社会，非政府组织非常发达，体育组织自成体系，独立于政府。非政府组织和青年政策处是瑞典内政部负责国内体育的部门，但只通过划拨经费等手段对体育工作行使间接管理。

1. 瑞典的体育经费来源及各级政府体育事业财政支出

瑞典的体育经费主要来源于政府拨款、公司赞助、体育社团的自筹资金（主要是彩票、电视转播权等收益）等。每年度瑞典政府拨给体育的经费为7500万美元，主要用于专业体育联合会或其所管理的体育俱乐部；地区级政府的年度财政拨款为1100万美元，多数拨付给专业体育联合会，其余用于全民健身计划的专款。市县级政府的年度财政拨款共有5.6亿美元，其中4.4亿美元用于体育设施的建设和维修，占市县级政府年度财政拨款的 78.57%，其余约 1.2 亿美元直接用于指导体育活动的开展（表 3-4）。

表 3-4 **瑞典各级政府体育财政拨款及经费支出情况**

各级政府年度体育财政拨款	拨款金额（万美元）	财政支出项目	拨款金额（万美元）	财政支出项目占本级政府体育财政拨款的比例（%）
瑞典政府年度体育财政拨款	7500	专业体育联合会或其所管理的体育俱乐部	5625	75
		体育联盟内部的日常支出	375	5
地区级政府年度体育财政拨款	1100	专业体育联合会	多数	
		全民健身计划的专款	余额	
市县级政府年度体育财政拨款	56000	体育设施的建设和维修	44000	78.57
		指导体育活动的开展	12000	21.43

数据来源：《他山之石——国外、境外体育考察报告选编（II）》。

2. 体育彩票和志愿者服务

瑞典不断创新体育彩票的玩法，一种被称为“宾戈游戏”的体育彩票深受瑞典彩民的欢迎，是瑞典国内第二大博彩性游戏，占瑞典博彩市场 11%的份额。“宾戈游戏”的体育彩票销售收益已成为瑞典国内许多俱乐部维持其活动规模的重要资金来源，从而弥补了政府财政拨款的不足。

志愿者服务网络已成为瑞典推动体育事业发展的重要资源。在瑞典，大多数体育赞助从自身赞助的经济效益出发，都选择大众媒体比较关注的体育项目作为赞助对象，由于大多数体育项目的大众关注度并不高，这就使通过体育赞助筹集体育经费受到限制。近年来，瑞典政府对体育的财政补贴也呈下降趋势，而全国不断发展的志愿者服务网络却异军突起，为瑞典体育事业的发展作出了巨大贡献。

3.1.4 新加坡的体育事业公共财政保障

1. 新加坡体育事业财政的收入及支出

新加坡体育理事会是国家的体育管理机构，受政府的社会发展部领导，属于半官方机构，通过对几十个体育总会的拨款对体育行业进行管理。体育理事会每年收入来源中的 80% 来自政府拨款，其余则依靠创收。体育理事会的财政支出主要包括三个方面：① 国家重点发展的有希望得金牌的项目和赛事；② 人力资源方面；③ 群众体育项目。自 1994 年以来，体育理事会根据各总会的成绩来确定其下一年度的预算数，以各项目总会在体育推广、成绩、社会和群众支持率等方面的表现为依据对其调整预算。

2. 新加坡体育事业的财政监管

新加坡体育理事会自身的财务运行由政府部门来审计监督。社会发展部监督体育理事会的预算和经费使用情况，也会委托社会中介机构对体育理事会进行审计，从而完成政府一级的审计监督工作。体育理事会内部也设有审计机构，监督理事会向各总会拨款的执行情况。审计人员如在审计过程中发现挪用现金等违法问题，可以通知理事会立即停止拨款然后报警法办。各项目总会在接受理事会审计监督的同时，每个年度自己还要聘请注册会计师对总会一年来的经费使用情况进行审计。

3.2 外国体育事业公共财政保障的主要特征

3.2.1 政府日趋重视对体育的财政投入

当代体育在国外经济发达国家已成长为集政治影响力、经济生产力、文化传播力和社会亲和力于一体的综合的社会价值实现平台，因此国外发达国家都把体育作为重要的事业来发展，并给予相应的财政保障，其财政拨款主要用于高水平的竞技体育、大众健身、体育场地设施、反兴奋剂、体育科学研究等方面。近年来，许多国家越来越重视体育的价值，并加大对体育的财政投入。上述国家中的澳大利亚和芬兰的体育财政拨款都呈不断增加的趋势；新加坡全国体育协会为更好地开展它们的体育发展计划，2007 年财政年度获得 3190 万美元的财政拨款，比 2006 年的 3110 万美元增长了 2.6%①。除了上述这些国家外，一些发达国家也在不断加大对体育的财政拨款，如德国联邦政府为重新回到夏奥会奖牌榜的前列和在冬季项目上继续保持世界顶尖水平，2008 年体育预算草案达到 1.258 亿欧元，比 2007 年增长了 1730 万欧元；2010 年德国在总体经济形势困难的情况下，联邦内政部体育预算仍达到约 1.4 亿欧元，比 2009 年增加了约 500 万欧元（表 3-5）。此外，德国联邦政府为支持国际反兴奋剂机构（WADA）和德国国家反兴奋剂机构（NADA），2010 年还额外拨款约 500 万欧元用于反兴奋剂工作②。

表 3-5　　**德国的体育财政预算**

年份	体育财政预算（亿欧元）	增长率（%）
2007	1.085	
2008	1.258	15.9

① 郝海亭．新加坡将向全国体育协会拨款 3190 万美元［EB/OL］. http：//www.sportinfo.net.cn/show/title.asp？TID=18479.

② 侯海波．德国增加明年体育预算［EB/OL］. http：//www.sportinfo.net.cn/show/title.asp？TID=21448.

续表

年份	体育财政预算（亿欧元）	增长率（%）
2009	1.35	7.3
2010	1.4	3.7

资料来源：侯海波．德国增加明年体育预算［EB/OL］．http：//www.sportinfo.net.cn/show/title.asp？TID=21448.

3.2.2 大众体育是政府财政支出的重要方面

国外发达国家普遍重视本国大众体育的发展，并给予重点财政保障。澳大利亚2006—2007年度大众体育的预算内财政拨款占体育预算内财政总拨款的比例为45.28%，如果加上政府预算外用于社区体育和休闲设施升级的1490万澳元拨款，当年大众体育的拨款占体育财政总拨款的比例可达到48.36%，可见澳大利亚政府对大众体育的重视程度。日本也很重视大众体育的发展，2008年日本体育基金和体育彩票公益金向体育振兴事业发放补贴金额共计20.38亿日元，其中向大众体育发放6.4亿日元，大众体育方面的补贴占整个补贴金额的31.4%。大众体育补贴来自于体育振兴基金和体育彩票公益金两项，其中体育振兴基金补贴0.8亿日元，体育彩票公益金补贴5.6亿日元（具体资金分配见表3-6）。

表3-6　**2008年度日本大众体育补贴情况**

大众体育补贴来源	补贴金额（亿日元）	补贴项目	补贴金额（亿日元）	补贴项目	补贴金额（亿日元）
体育振兴基金补贴	0.8	大众体育比赛及体育活动的推广、全国或国际的体育比赛、研究活动及培训活动			

续表

<table>
<tr><th>大众体育补贴来源</th><th>补贴金额（亿日元）</th><th>补贴项目</th><th>补贴金额（亿日元）</th><th>补贴项目</th><th>补贴金额（亿日元）</th></tr>
<tr><td rowspan="4">体育彩票公益金补贴</td><td rowspan="4">5.60</td><td>社区体育设施的完善</td><td>1.40</td><td></td><td></td></tr>
<tr><td rowspan="3">综合型社区体育俱乐部的活动</td><td rowspan="3">4.20</td><td>创建综合型社区体育俱乐部</td><td>0.058</td></tr>
<tr><td>支持综合型社区体育俱乐部的活动</td><td>4.003</td></tr>
<tr><td>广域体育中心体育指导员的派遣等</td><td>0.146</td></tr>
</table>

资料来源：陈琳.2008 年度日本大众体育补贴情况［EB/OL］. http://www.sportinfo.net.cn/show/title.asp? TID=20724.

3.2.3 体育场地设施是国外发达国家政府财政保障的重点

体育场地设施是开展大众体育活动的基本条件和物质载体，因此国外发达国家都很重视体育场地设施的建设，并给予重点的财政保障。2002 年芬兰体育财政预算中用于体育设施的拨款为 1390 万欧元，占总预算比例的 17%；瑞典市县级年度用于体育设施建设和维修的拨款占市县级体育年度拨款的比例高达 78.57%。其他的一些国家如丹麦市县级政府每年与体育有关的政府拨款及社会公共资金约 2.7 亿克朗，其中 1.8 亿克朗用于体育设施建设，体育设施建设资金占市县级政府体育资金的比例高达 66.67%；2003 年挪威政府给体育联盟的拨款达到 1.05 亿克朗，其中，超过一半的款项直接用于建设和维护体育设施①。日本中央政府高度重视体育设施

① 国家体育总局政策法规司. 他山之石——国外、境外体育考察报告选编（Ⅱ）［R］. 2005.

建设，中央政府中有关体育预算的内容包括 4 个方面，即“设施建设”、“开展活动”，“指导员培养”和“团体组织建设”，其中“设施建设”占体育总预算的比例达到 63. 2 % 。爱尔兰政府计划在 2007—2013 年期间投资 9. 91 亿欧元建设体育基础设施。其中，1. 68 亿欧元将用于都柏林 Lansdowne Road 体育馆的升级改造；1. 49 亿欧元将用于在都柏林 Abbotstown 建设新型体育园；1. 84 亿欧元支持地方游泳池的建设①。德国 2002 年拥有体育场馆共计 126962 处②，而 2002 年德国人口为 8251 万③，平均每万人拥有体育场地 15. 39 个。

3. 2. 4　志愿者服务为国外一些国家节省了大量的体育经费投入

近年来，国外的体育经费来源出现了一些新的变化，志愿者的服务虽不是体育事业经费的直接收入来源，但由于志愿者的服务不收取任何服务费，可为本国节省体育事业经费开支，从而间接成为国外一些国家重要的体育经费来源。如上述国家中的瑞典，体育志愿者服务对促进该国体育事业的发展发挥着重要作用。瑞典的体育志愿者遍布在数以万计的体育俱乐部内，每年可为该国节省 20 亿美元的开支，体育锻炼者也因此可节省 12 亿美元的服务费。正因为瑞典有这样一支志愿者队伍不收取任何报酬，即为政府也为体育消费者节省了开支，间接成为该国体育最大的资金保障。

3. 2. 5　重视对财政资金的审计监督

严密的财政监督体系是保证财政资金合法有效使用的重要前

① 郝海亭．爱尔兰的全国体育发展计划 [EB/OL]. http: //www. sportinfo. net. cn/show/title. asp? TID = 18477.

② 侯海波．德国体育场馆最新数据 [EB/OL]. http: //www. sportinfo. net. cn/show/title. asp? TID = 21103.

③ 中华人民共和国国家统计局．统计数据 [EB/OL]. http: //www. stats. gov. cn/tjsj/qtsj/gjsj/2004/t20060728_ 402340761. htm.

提。国外发达市场经济国家都有一套极其严密的财政监督制度，建立了比较完善和严密的财政监督体系，坚持内部监督和外部监督相结合，重视事前审核、事中控制和事后检查。国外发达市场经济国家严格执行预算编制与执行制度，体育财政的收入和支出严格按预算执行，即重视体育财政的收入，也对体育财政支出严格监督；体育财政预算的透明度高，预算编制细化。财政部门和审计部门职责明晰，相互协调配合，财政部门对体育财政的预算执行进行日常监督检查，审计部门履行事后监督职能，体育部门内部也有一套严格的监督检查制度。重视中介机构对体育财政的监督检查，注册会计师的执业资格要求严格，须具有良好的公信力。国外体育财政监督的法律体系健全，立法层次高，对违规人员执法力度大。

3.3　外国体育事业公共财政保障对我国的借鉴意义

3.3.1　国家的财政拨款是体育事业经费的重要来源

经济是体育发展的基础，世界经济发达国家的体育发展经验已充分证明了这一点。纵观新中国成立后我国体育事业发展的历程，也与我国的经济发展速度高度吻合。国内外体育发展的实践无不证明，体育发展水平的高低与体育经费的增减呈正相关关系，这也证明了体育的发展必须有稳定的经费保障。国外发达国家的体育市场化程度虽然很高，但由于体育的公共产品和正外部属性、市场信息不对称等原因，不同体育管理体制的政府都给予体育事业一定的财政支持。一贯采用“社会型管理体制”相对应的“筹款型”体育经费来源结构的美国，针对其在慕尼黑奥运会上的总分落后于苏联，也于1978年颁布了新体育法，决定给美国奥委会3600万美元的资助作为运动员强化费，从而打破了政府不拨款给体育的惯例；为支持美国业余体育运动的发展，同年美国国会第九十五届会议通过决议，规定商务部长有权给美国奥林匹克委员会拨款①。我国的体育经费与国外发达国家的经费相比长期偏低，我国的人均体育场地、人均体育指导员等与国外体育发达国家相比相差甚远，鉴于目前我国的体育市场化程度还很低，社会筹资还很难成为体育经费主要来源的现状，我国体育事业经费主要来源于财政拨款的格局不但不会改变，国家还应继续加大对体育事业的公共财政投入。

3.3.2　拓宽体育财政的经费来源，加大体育博彩的融资力度

我国现行的体育经费来源结构虽由以前的“拨款型”结构向“结合型”结构转变，但体育事业经费来源中财政拨款仍占有很高的比例，体育彩票收入、社会赞助、经营收入等占的比例还比较低。而我国现阶段经济发展水平制约了政府大幅度增加对体育事业的财政拨款，为改变体育事业经费短缺的情况，我国应借鉴国外发达国家筹措体育经费的经验，广开财源，多渠道筹集体育事业经费。从日本、芬兰和瑞典等国外发达国家来看，体育博彩是这些国家体育公共经费来源的重要渠道。我国应不断丰富体育彩票新品种，努力降低体育彩票的发行成本，完善体育彩票市场管理制度，加强对体育彩票公益金使用的监管，使体育彩票公益金成为我国体育财政收入的重要来源。

3.3.3　重视群众体育的发展，加大对体育场地设施的财政投入

群众体育是竞技体育发展的基础，没有群众体育的发展也就没有竞技体育的繁荣。长期以来我国体育财政投入的重点是竞技体育，竞技体育的超前发展偏离了我国的经济发展水平及体育的发展规律。竞技体育的巨额财政投入必然挤占群众体育发展的财政资金，群众体育的发展仍任重道远。体育场地设施缺乏是制约我国群

---

① 国务院研究室科教文卫司，国家体委政策法规司．体育经济政策研究［M］．北京：人民体育出版社，1997：141.

众体育发展的瓶颈，2003 年年底我国平均每万人拥有体育场地 6.58 个（第五次全国体育场地普查），德国人均体育场地数是我国的 2 倍多。为实现我国从体育大国到体育强国迈进的宏伟目标，今后我国的体育财政应调整支出结构，加大对群众体育的投入，尤其是要加强群众体育场地设施的建设，切实解决我国广大人民群众健身场地难的问题。

3.3.4 充分挖掘体育志愿者在体育事业发展中的价值

体育志愿者是国外发达国家大众体育发展的重要支撑力量，不仅为各国体育事业的发展注入了丰富的人力资源，而且还具有巨大的经济价值，可为本国节约体育经费开支。我国目前群众体育人力资源开发的渠道单一，仅限于社会体育指导员的培养，群众体育志愿者的培养未能得到国家有关部门有效的重视。我国参与体育志愿服务的人数很少，现有的体育志愿者服务大多处于自发、无序的状态。为有效缓解现阶段我国体育经费不足的矛盾，国家及体育行政部门应重视体育志愿者资源的研究开发，加大体育志愿服务的宣传、组织和指导，创造适合体育志愿者组织生存的法律环境、募捐和监督机制，建立适合我国国情的体育志愿者服务的激励机制，以鼓励和吸引更多的人参与到体育志愿者服务中来，使志愿者成为我国群众体育发展的重要的人力资源。

3.3.5 建立严格的财政监督体系

我国现阶段体育财政监督体系不完善，立法层次低且监督力度不够，审计监督的独立性不强，社会的监督意识薄弱。我国应借鉴国外财政监督的成功经验，建立健全我国的财政监督法规体系，提高立法层次，严格执法，违法必究；人民代表大会、财政部门、审计部门应各司其职，人民代表大会行使宏观监督职能、财政部门行使日常监督职能，审计部门行使事后监督；处理好财政机关和审计机关的关系，赋予审计机关直接受立法机构直接控制的独立于政府的审计监督的权力；增加预算透明度，细化预算编制，对部门的预算执行绩效评价，建立健全预算支出的有效监督。

3.4 本章小结

本章为外国体育事业公共财政保障的研究部分，通过对澳大利亚、芬兰、瑞典及新加坡体育事业公共财政保障的研究，认为外国政府日益重视对体育的财政投入，大众体育是政府财政支出的重要方面，体育财政保障的重点是体育场地设施的建设，发达国家的志愿者服务为本国节省了大量的体育经费投入，重视对财政资金的审计监督，国外体育事业公共财政保障的经验为完善我国体育事业的公共财政保障提供了借鉴。

4 我国体育事业财政保障制度的变迁

历史是一面镜子，只有从体育事业财政保障制度的变迁史中掌握其规律与内涵，才能对体育事业财政保障的现实作出准确的分析和客观的评价。我国体育事业财政保障制度的变迁主要经历了两个时期，在不同的历史时期，体育事业的财政保障制度都曾对我国体育事业的发展发挥着重要的作用。但我国体育事业的财政保障制度受到当时政治、经济条件的限制，因此都存在着历史的局限性。

4.1 改革开放前我国体育事业的财政保障制度

4.1.1 改革开放前我国的财政管理制度及特征

从新中国成立到改革开放前，我国实行与计划经济体制相配套的高度集中的财政管理制度，其实现的形式主要有以下两种：

(1) 统收统支体制（1949—1952 年）。这一时期我国正处于国民经济的恢复时期，为迅速恢复生产，稳定金融物价，我国实行了统收统支的高度集中的财政管理体制。这种财政体制的特征是：全国各地的收入高度集中到中央，各地支出由中央统一审核，按月逐级拨付，中央集中行使财政管理权。

(2) 统一领导，分级管理体制（1953—1978 年）。这期间财政体制虽然在方法上不断调整，但“统一领导，分级管理”的基本指导思想并没有改变。这种财政管理体制的基本特征主要表现为：在保持中央统一领导（主要包括政策统一、制度统一和计划统一）的前提下，下放一定的财权、自主权给各地区、各部门及各单位，以调动它们的积极性，从而达到促进地方经济和各项社会事业的发展。

4.1.2 改革开放前我国体育事业的财政保障制度

从1840年鸦片战争起到新中国成立，国内的各种战争连绵不断，人民处于积贫积弱，饱受欺凌的悲惨境地，国民体质普遍下降，中国人民被西方列强称为“东亚病夫”。由于连年的战乱，国家财政经费主要用于战争开支，分配到体育运动方面的经费非常少，新中国成立前体育运动的发展十分缓慢。新中国成立后，中国体育事业的发展迎来了明媚的春天，党和国家领导人高度重视体育事业，体育事业成为我国社会主义现代化建设事业的重要组成部分。

从1949年新中国成立到1978年改革开放前夕，是我国体育事业财政保障制度发展的第一个时期，与我国财政体制类型相适应，体育事业也实行中央高度集中的、统收统支的供给型财政政策。在计划经济体制的影响和制约下，这一时期我国体育事业财政保障制度也呈现出高度集中的计划经济的若干特征：国家把体育作为纯公益性事业进行全额拨款，体育经费呈不断增加的趋势（表4-1）；体育场馆建设、体育事业发展、体育基本建设等与体育事业有关的所有经费全部纳入中央和地方的财政计划；政府通过行政指令性计划对体育进行直接的管理，体育事业基本建设的布局和投资方向由国家决定，国家每年都划拨一定的经费用于体育基本建设（表4-2），主要投入到体育场馆建设、体育设施的房屋建设及购置大型体育训练设备等①。

① 隋路．中国体育经济政策研究［M］．北京：人民出版社，2007：62-63.

表 4-1 **分时期体育事业经费情况表** （单位：万元）

	合 计	中 央	地 方
“一五”时期	9598	3164	6434
“二五”时期	45191	13365	31826
三年调整时期	23064	4898	18166
“三五”时期	23899	3838	20061
“四五”时期	64533	5558	58975
“五五”时期	120629	13562	107067

资料来源：《体育事业统计年鉴》。

表 4-2 **分时期体育基本建设投资情况表** （单位：万元）

	合 计	中 央	地 方
“一五”时期	10815.2	3347	7468.2
“二五”时期	7095	1037	6058
三年调整时期	3039.3	834	2205.3
“三五”时期	4591.4	2501	2090.4
“四五”时期	16198.4	2563	13635.4
“五五”时期	23428.8	3803.9	19624.9

资料来源：《体育事业统计年鉴》。

不同时期实行不同的体育事业财政保障政策是体育事业发展的需要及国家意愿的体现。新中国成立初期，针对我国整体国民体质羸弱的现状，我国实行“体育运动普及化和经常化”的体育指导方针，国家重视群众体育的发展，注重国民体质的增强，并投入大量的资金用于体育基础设施的建设，群众体育得到了快速发展。但随着我国国际体育交往的不断增多，“提高运动技术水平”的重要性日益凸显。1959 年，周恩来在二届人大所作的《政府工作报告》中提出我国要实行“普及与提高相结合”的新的指导方针后，国家一方面在保证群众体育发展的同时，另一方面又投入一定的人力、物力、财力发展竞技体育，竞技体育水平得以迅速提高，不少项目赶超世界先进水平①。

4.1.3 改革开放前我国体育事业财政运行机制的简要评述

在计划经济体制下，实行统包统管的供给型体育事业财政保障制度是适应当时经济体制的现实选择，对我国体育事业的发展作出了突出的贡献。新中国成立初期我国百废待兴，国民经济非常薄弱，统包统管的供给型体育事业财政保障制度集中了我国有限的财力发展我国的体育事业，建设体育场馆，使我国的群众体育和竞技体育得以迅速崛起。群众参与体育的热情高涨，国民体质普遍增强；竞技体育的水平大幅度提升，我国运动员不仅屡屡在国内赛场上创造全国纪录，而且在国际赛场上也开始崭露头角，在一些世界大赛中取得了优异成绩，为我国争得了荣誉（表4-3）。

表4-3 **我国运动员在国内外大赛中的成绩表**

	获世界冠军（个）		创世界纪录（次）		创全国纪录（次）	
	合计	其中：女	合计	其中：女	合计	其中：女
“一五”时期			6	1	1775	672
“二五”时期	4	1	64	23	2990	1073
三年调整时期	9	2	65	34	1672	660
“三五”时期			11	1		
“四五”时期	9	5	18	18	789	451
“五五”时期	23	10.5	54	16	1946	724

资料来源：国务院研究室科教文卫司，国家体委政策法规司编．体育经济政策研究［M］．北京：人民体育出版社，1997.

① 隋路．中国体育经济政策研究［M］．北京：人民出版社，2007：62-63.

但随着经济和社会的不断发展，人民物质文化生活需求的不断提高，统包统管的供给型体育事业财政保障制度和运行机制的弊端日趋显露。一是体育资源配置效率低下。在统包统管的体制下，由于体育资源配置完全服从于中央计划，管理中的信息不对称和监督失灵，使得体育资源配置的效率低下。二是体育经费的来源渠道单一。政府把体育当做纯公益性事业给予财政保障，忽视了体育的产业性，而当时国家的财力又极其有限，因此体育事业经费极其短缺，体育事业财政保障水平极其低下，体育事业的发展举步维艰（表4-4）①。三是不利于调动各方面的积极性。政府对体育单位的经济管理大包大揽，事无巨细，对体育事业单位管得过多，统得过死，难以调动体育单位和工作人员的积极性和创造性。在这种统包统管的财政保障制度下，体育事业单位过于依赖政府，形成了“等、靠、要”的依赖思想，丧失了活力与竞争力。

表4-4　　**分时期人均体育事业经费表**

	体育事业经费（万元）	各时期人口总数（万人）	人均体育事业经费（元）
“一五”时期	9598	307545	0.03
“二五”时期	45191	331317	0.14
三年调整时期	23064	212209	0.11
“三五”时期	23899	391313	0.06
“四五”时期	64533	442646	0.15
“五五”时期	120629	480447	0.25

资料来源：体育事业经费数据来源于《体育事业统计年鉴》，各时期人口总数来源于 http：//zhidao. baidu. com/question/4136170. html。

① 本研究中的有关体育事业方面的数据均来自于《体育事业统计年鉴》，故表格中有关体育事业的数据不再标注来源。

4.2 改革开放后我国的体育事业财政保障制度

从1978年12月18日党的十一届三中全会后至今为体育事业财政保障制度变迁的第二个时期。这个时期又可分为两个阶段，第一阶段是1978年年底至1992年年初，第二阶段为1992年至今。

4.2.1 包干制的体育事业财政保障制度（1978—1992年）

1. 分级包干的财政管理体制

党的十一届三中全会实现了思想路线、政治路线和组织路线的拨乱反正，作出了实行改革开放的新决策，掀开了党和国家的历史新篇章，全党的工作重心开始转移到社会主义现代化建设上来。经历“文革”的十年浩劫，我国国民经济已濒临崩溃的边缘，只有进行经济体制改革，才是解决当时财政困境的唯一出路。但认识都有一个渐进的过程，改革者也不例外，当时他们并没有认识到我国经济出现问题的原因在于计划经济体制，因而相应的改革只是在计划经济这个框架下进行的。

在经济改革的起步阶段（1978—1983年），我国实行“计划经济为主、市场调节为辅”的经济体制；1984年，党的十二届三中全会通过了《中共中央关于经济体制改革的决定》，确定了社会主义有计划的商品经济的改革目标，从这时起到1991年我国实行有计划的商品经济。这一时期的经济体制改革逐渐打破了过去高度集中的计划经济体制，在正确处理计划与市场的关系问题上，逐步摆脱了传统观念的束缚。财政改革是经济改革的重要内容，与这一阶段经济体制改革的目标相适应，在财政分权理论指导下，我国财政体制先后实行了“划分收支，分级包干”，“划分税种，核定收支，分级包干”，“多种形式财政包干”制度。这时期财政制度的调整虽然频繁，但总体上看都是以向地方放权为主的财政包干制。

财政包干制的基本特征主要表现在4个方面：一是明确划定中

央与地方的财政收支范围，地方初步成为责、权、利相一致的财政分配主体；二是在财政收入划分上，由按企业隶属关系划分逐步过渡到按分税制划分；三是扩大地方财政的收支范围，即包括经常性支出，又包括建设性支出；四是加强财政体制的规范性和稳定性，改变过去的一年一变，开始实行一定几年不变，为财政管理体制发挥效益创造条件。

2. “分级包干制”的体育事业财政保障制度

在“财政包干”管理体制下，体育事业的财政保障制度也进行了相应改革，体育事业单位普遍实行了“预算包干、结余留用、超支不补”的财政管理制度，初步打破了计划经济体制下国家财政包办一切体育事业的旧模式。国家在加大体育事业财政投入的同时，鼓励体育事业单位逐步实行“以体为主，多种经营”，广开财源，合理组织收入，并且制定了一些政策和措施来调动各级体育事业单位组织收入的积极性。具体包括：

（1）体育场馆由政府全额拨款向政府拨款和自筹资金相结合的方式转变

1980年国家体委、财政部、原国家劳动总局和文化部联合发出了《关于充分发挥体育场地使用效率的通知》，鼓励体育场馆增强自身造血功能，利用场馆自身优势，积极向社会开放，合理组织收入，逐步向半企业化、企业化转变。为了规范体育场馆的财务管理，国家体委、财政部于1983年发布了《各级体委所属公共体育场所财务管理暂行办法》，规定对体育场馆实行“全额管理、定收定支、差额补助（或上缴）、包干使用、结余留用”的预算管理办法。

（2）按照经费自给率核定体育事业单位留成比例

为转变体育事业单位“等、靠、要”的思想观念，扩大体育事业经费收入来源，1986年国家体委发布了《国家体委直属体育事业单位收入留成试行办法》。该办法为鼓励体育事业单位积极创收，对体育事业单位在完成国家规定事业计划前提下所组织的收入，按该单位经费自给率的情况核定其体育事业发展基金、集体福利基金和奖励基金。在此政策下，体育事业单位组织的收入越多，提取集体福利和奖励基金的比例也就越大，从而调动了体育事业单位组织收入的积极性。

（3）直属体育事业单位实行“预算包干”管理办法

1989年国家体委发布了《国家体委直属体育事业单位“预算包干”暂行办法》，替代了《国家体委直属体育事业单位收入留成试行办法》。该办法根据体育事业单位的性质不同采取不同的财务管理办法：全额预算单位的财务管理实行“核定基数，比例递增”，而对于自负盈亏单位，则实行“经费自给，收大于支，结余部分上缴”的财务管理办法。

3. “分级包干制”体育事业财政保障制度的简要评述

“包干制”的体育事业财政保障制度打破了长期以来我国体育事业统收统支的局面，调动了地方政府发展体育事业的积极性。体育逐步由国家包办过渡为国家办和社会办相结合。地方各级政府的体育事业经费开始由政府单一化财政供给向国家投资为主，社会多方筹资为辅转变。体育场馆由事业型向经营型转变，体育事业单位通过场馆出租、土地置换、开办公司等多种方式筹集体育事业发展所需要的资金。在“分级包干制”的体育事业财政保障制度下，体育事业经费有了较大幅度的增长，“六五”时期体育事业经费达到256644万元，是“五五”时期的2.13倍，增长率为112.8%。

然而，“分级包干”只是一种过渡时期的体育事业财政制度安排，计划经济体制下体育事业财政保障制度所形成的弊端始终未能消除，表现在：①分级包干侧重的是收入划分，对中央与地方的职责却没有明确规定，导致财权与事权不统一，体育行政职能部门政事不分、责权利不明，管办合一的现象仍然存在；②中央与地方的关系缺乏规范性和稳定性，相互间“讨价还价”，虽然打破了“统收”，却并未打破“统支”的困难局面，中央财政收入逐年下降，影响了中央政府的宏观调控能力，影响了全国体育资源的有效配置；③这一时期人们对体育经济功能的认识还处于“体育搭台、经贸唱戏”的水平，还没有充分认识到体育的经济价值，政府仍然是体育资源配置的主体，体育公共产品也主要由政府提供，体育公共产品的数量及其规模都非常有限。

4.2.2 分税制下的体育事业财政保障制度（1992年至今）

1. 分税制的财政管理体制

1992年党的十四大确立了社会主义市场经济体制的改革目标，社会主义市场经济体制的内涵和基本特征就是要充分发挥市场在政府宏观调控下的资源配置的基础性作用。在市场经济体制下，计划和市场是资源配置的两种手段，市场是资源配置的主体，政府的职能主要定位于市场机制配置资源失灵的领域，凡是市场能解决好的，政府不加以干预。

经济基础决定上层建筑，社会主义市场经济体制的建立必然要求我国的财政管理制度也要进行相应的变革。1993年12月15日，国务院发布《关于实行分税制财政管理体制的决定》，并于1994年开始实施，据此，分级财政管理体制即分税制在全国范围内开始实行。分税制是市场经济国家普遍推行的一种财政管理体制，我国分税制财政管理体制的主要内容包括：一是中央与地方事权的明确划分及财政支出范围的确定；二是逐步建立了比较规范的中央财政对地方的税收返还和转移支付制度；三是建立健全分级财政预算制度，硬化各级预算约束。分税制财政管理制度适应了市场经济的要求，与财政包干制相比，分税制在事权和支出的划分上更符合公共财政原则。

2. 分税制下的体育事业财政保障制度

随着社会主义市场经济体制的建立与分税制财政管理体制的实施，我国体育事业财政保障制度也适应形势的变化进行相应改革。1993年国家体委和财政部联合颁发了《体育事业单位财务管理办法》，并于1994年1月1日起执行。该办法根据体育单位的不同特点和收支情况，分别实行全额预算管理、差额预算管理、自收自支管理及企业管理。

全额预算管理实行的预算管理办法是“全额预算包干、超支不补、结余留用”，一般适用于没有经常性、固定性业务收入来源的体育事业单位，这些单位所需的体育事业经费全部由国家预算拨款；差额预算管理实行的预算管理办法是“核定收支、以收抵支、定额（定项）补助、减收超支不补、增收节支留用”，这种管理形式适用于有一定数量的稳定及经常性业务收入但仍收不抵支的体育事业单位；实行自收自支预算管理办法针对的是有稳定的经常性业务收入且可抵补本单位经常性支出的，但又不能实行企业化管理的体育事业单位；而体育单位所属的部分有条件的体育场馆和其他娱乐性场所以及体育单位举办的经营实体则实行企业管理，独立核算、自负盈亏。

1997年财政部、国家体委联合发布了《体育事业单位财务制度》，同时废止了1993年国家体委和财政部联合颁发的《体育事业单位财务管理办法》。《体育事业单位财务制度》是现阶段我国规范体育事业单位财务行为的法规性文件，该文件明确规定体育事业单位实行“核定收支、定额或定项补助、超支不补、结余留用”的预算管理办法。体育事业单位定额或定项补助的标准主要是依据事业特点、事业发展计划、单位收支状况以及国家财政政策和财力确定。《体育事业单位财务制度》相比1993年的《体育事业单位财务管理办法》更制度化、规范化，该文件对体育事业单位的预算、收入和支出等财务工作作了详细的规定，同时还规定体育事业单位的财务工作应接受财政、审计、税务等有关部门和主管部门的指导、检查和监督。

3. 分税制下的体育事业财政保障制度简要评述

分税制是我国财政管理体制演变的一次历史性突破，虽然目前还处于不断完善之中，但其良好的体制效益已逐渐显现出来。一是统一了各地区的收支划分，为规范中央与地方的分配关系奠定了基础；二是明确划分了各级政府的财权和事权，“中央得大头”的财政收入分配格局初步形成，中央政府的宏观调控能力得以增强；三是遏制了地区间财力差异继续扩大的趋势，中央政府通过加大对贫困地区和少数民族地区的财政转移支付力度，缩小了地区间的财力差异，有利于实现基本公共服务的均等化。

在分税制的财政体制下，体育事业财政保障制度也进一步规范化、制度化。各级体育行政部门的事权和财权进一步明确，体育事业财政支出的结构进一步合理化。中央政府对西部及农村地区的体育专项转移支付力度逐步加大。近两年来，中央共投入资金12.4亿元建设“农民体育健身工程”，支持的行政村达3万多个；支持西部地区近7亿元建设健身设施，约占全国的53%①。体育产业化进程逐步加快，体育经费来源日益多元化，国家、集体和个人等多渠道、多元化的体育投资体系初步形成，体育开始走向良性可持续发展的轨道。在国家稳定的财政保障下，我国体育场馆设施不断完善，公益性社会体育指导员不断增多，体育组织不断健全，人们的健身意识不断增强，竞技体育水平不断提高，2008年北京奥运会上，我国奥运健儿获得了51枚金牌，以前所未有的辉煌成绩站上了一个前所未有的高度。

然而分税制改革是在我国市场经济体制还不健全的情况下进行的，虽然与市场经济体制相适应的公共财政体制的框架已经形成，但仍存在许多问题：

（1）政府间的事权划分尚不明晰。财权划分以事权划分为基础，但现阶段我国各级政府还不是十分清晰各自的职能分工，中央与地方政府在有些方面存在着事权交叉、有些方面又出现了管理上的真空。体育事业发展中也存在财政和事权不统一的现象，如在农村体育发展中中央政府没有承担起应有的责任。

（2）转移支付制度尚不规范。为保证改革顺利进行，分税制改革采取了“保存量、调增量”的渐进改革模式和“不触动地方既得利益”的原则，不利于调整地区间的财力差异。由于各地方财力的差异，导致贫困地区和富裕地区、东中西部、城市和农村的

---

① 中央加大资金投入 全民健身工程建设扎实推进［EB/OL］. http://sports.sina.com.cn/o/2010-09-16/17005205021.shtml.

体育事业发展极不平衡。

(3) 分税制财政体制只是对体制内的政府收支进行改革，并没有包括游离于体制之外的政府收支；改革的对象主要是财政收入，而财政支出涉及较少。体育事业发展中存在大量的预算外资金，软化了预算监督，容易滋生腐败现象，体育事业财政支出的结构不合理，财政资金的使用效率低下。

为进一步深化财税改革，1998 年 12 月召开的全国财政工作会议上提出了构建中国公共财政基本框架的重要决定，在我国的财政体制改革史上具有划时代的重大意义。公共财政是适应市场经济体制要求的为满足社会公共需要而进行的政府收支活动模式或财政运行机制模式。公共财政是国家以社会和经济管理者的身份参与分配，取得收入并将收入用于政府的公共活动支出，从而为社会提供公共产品和提高公共服务水平。公共财政组织收入严格按照法律法规，其收入来源主要是税收，同时辅之以少量必要的规费、罚没收入及国债收入。公共财政的各项支出严格按照《预算法》等法律来执行，支出的核心是满足社会的公共需要。公共财政体制建设对体育事业财政保障制度也提出了更高的要求，体育事业财政收入和支出日益规范化和合理化，财政支出开始注意解决“越位”、“缺位”和民生问题。

4.3 我国体育事业财政保障制度变迁的特征

4.3.1 我国体育事业财政保障制度的变迁与经济体制、财政体制的变迁具有同步性

我国体育事业的财政保障制度从实行统包统管到公共财政体制的转变与我国经济体制及财政体制的变迁具有时间上的高度统一性。即我国体育事业财政保障制度的变迁是与我国高度集中的计划经济体制向分散决策的市场经济体制转型相适应的。财政制度作为经济制度的重要组成部分，也经历了从新中国成立初期的高度集中体制，逐步过渡到中央统一领导下的分级管理、分级分税财政管理

体制及公共财政体制。

纵观计划经济时期我国体育事业财政保障制度的变革发现，在传统集权型的指令性经济体制下，中国所有的制度基本上呈现出一个共同的特征，即“统收统支”，因此财政体制也不可能跳出计划的框架。在这种高度集中的计划财政体制下，社会资源的配置完全服从于中央计划，地方收入全部集中于中央，地方支出由中央统一审核、逐级拨付，地方财政收入与支出之间基本不发生关系，财政支出延伸到社会的各个微观主体，包揽生产、投资，及至职工消费，几乎覆盖了包括政府、企业、家庭在内的所有经济活动。这期间体育事业财政保障制度虽然也作过一些调整和变革，可只限于行政机构之间权限划分的一些调整，并没有跳出行政干预的框架系统。在新中国成立初期我国财力有限的情况下，通过实行统收统支、高度集中的体育事业财政保障制度，群众体育和竞技体育都得到前所未有的快速发展。当时我国财政并不是公共财政，所以并未提出公共产品的概念，但中央政府控制所有的社会资源，客观上担负起了提供全国体育公共产品的责任，同时保障了全国各地的居民能公平地获得这些体育公共产品。

随着计划经济体制向市场经济体制转型，财政制度也随之发生相应的变革，政府的体育职能也由中央政府单一承担转为各级政府共同承担。中央，省、市、县及乡镇都具有独立的财政支配权，每一级政府都具有相对独立的税收的分享收益及资源配置的权利，同时也承担着向地方提供公共产品和服务的义务。财政制度改革后，财权和事权一同下移，各级地方政府承担了越来越多的发展地方体育事业的职责，但我国分税制的财政制度安排不尽合理，财权不断上移，事权不断下移，地方特别是县乡一级财权和事权不相统一的情况导致地方政府缺乏保障体育事业发展的必要资源，而掌握较多资源的中央及省级政府又在体育事业发展中不占主导地位，从而导致我国县级以下政府体育事业财政支出不断减少。分税制的税收返还制度使得地区财力的差距越来越大，体育资源分配和占有不均衡，贫困、落后地区的体育公共产品和服务供给严重不足。

4.3.2 体育事业财政保障制度变迁具有明显的强制性特征

我国的财政体制变迁历程是典型的强制性制度变迁。强制性制度变迁是由政府的命令和法律引入和实现的制度变迁，变迁的主体是国家（或政府）。我国财政制度变迁过程是由中央集权到向地方分权的变迁过程，是自上而下进行的，同样我国体育事业财政保障制度的变迁也是国家依靠其权力垄断与其他资源的垄断，采取强制方式变革的过程。在体育事业财政保障制度变迁的每一个阶段中，政府都处于主导地位，始终扮演着“第一集团”的角色，控制着整个体育事业财政保障制度改革的进程。在中国这样一个体育市场发育还不太成熟，体育社团和组织整体基础薄弱、自主地位较差的情况下，强制性制度变迁可降低组织成本和实施成本，缩短推行的进程，使社会总产出最大化；另外政府通过强制性制度变迁，可使它所代表的利益集团的垄断租金最大化，从而获得最大的政治支持①。

4.3.3 我国体育事业财政制度的变迁始终以公共性为主线

我国财税体制改革始终存在一条一以贯之的主线，即由“非公共性”的财税体制机制不断向“公共性”的财税体制机制转变。我国财税体制机制所发生的变化，集中表现在其覆盖范围的不断拓展上。计划经济时期，我国的财政收入绝大部分来自于国有制部门，财政支出主要用于基本建设支出及国有企业，围绕生产建设领域进行，在财政政策上实行城乡分治和不同所有制分治，在这种背景条件下，财政覆盖范围是有选择性的，财税体制的特征可综合为“国有制财政+城市财政+生产建设财政”，凸显了传统体制下财税体制机制的非公共性特征。社会主义市场经济

① 韩宏华．农村医疗卫生保障的公共财政支持研究［D］．泰安：山东农业大学，2006：99-101.

体制下，我国经济领域中市场化的程度逐步提高，财税运行格局也发生了重大的变化，财政收入来源日益公共化，税收收入主要来自多种所有制经济成分。财政收入来源的公共化必然推动财政支出的公共化，财政收支的公共化又进一步催生了财政政策取向的公共化。我国的财政逐步覆盖城乡，这时的财政体制和运行机制完成了由“国有制财政+城市财政+生产建设财政”向“多种所有制财政+城乡一体化财政+公共服务财政”的跃升过程，彰显了财政的本质属性——公共性①。

我国体育事业财政保障制度的变迁也始终贯穿公共性的主线。在计划经济体制及与之相适应的计划财政体制下，我国体育事业的收入来源是国家的财政拨款，支出主要投向于竞技体育与城市的职工体育，重点用于体育的基本建设方面，投入到农村体育的资金非常少，形成了城乡二元制的体育发展格局，这时期体育事业财政制度的“非公共性”特征明显。随着社会主义市场经济体制的建立与完善，体育产业化进程的不断加快，体育财政收入的来源日益多元化，居民体育消费方面的收入来源所占的比例逐渐增加，财政收入的公共性日趋明显，这要求财政支出方面也要体现公共性，财政支出的范围也逐步覆盖到农村体育，并颁布了一系列政策保障农民体育的发展。2006 年“中央 1 号文件”《中共中央国务院关于推进社会主义新农村建设的若干意见》提出“推动实施农民体育健身工程”。为贯彻中央一号文件精神，2006 年 3 月 1 日国家体育总局提出了《关于实施农民体育健身工程的意见》（体发［2006］13 号），意见指出要扩大公共财政覆盖农村的范围，逐步缩小城乡间体育公共服务差距，农民体育健身工程是一项政府工程，要保证扶持资金和配备的器材及时到位。为进一步推动“农民体育健身工程”的实施，切实发挥其在建设社会主义新农村中的作用，2007 年国家体育总局、国家发改委、财政部联合制定了《“十一五”农民体育健身工程建设规划》，对农民体育健身工程建设的资金安排

① 我国财税体制改革的主线索［EB/OL］. http：//www.123660.com/zxzx/detail326/detail326192.shtml.

作了明确规定，提出到 2010 年，新建农村公共体育场地至少 10 万个，全国六分之一的行政村拥有标准的公共体育场地设施，1.5 亿左右的人口将受益。建设所需资金以地方资金为主，中央财政设专项资金适当支持，中央和地方按照 4∶6 的比例投入，中央投资主要扶持中、西部和东部困难地区的设施建设。《体育事业发展“十二五”规划》提出继续实施“农民体育健身工程”，“十二五”时期 50%以上的街道（乡镇）、社区（行政村）建有便捷、实用的全民健身设施；60%以上的农村乡镇建有体育组织，50%以上的农村社区建有体育健身站（点），该规划进一步保障了农民体育健身工程的建设，增长了公共财政覆盖农村的范围，使体育事业财政保障制度的公共性进一步彰显。

4.4 本章小结

改革开放前我国体育事业财政保障制度实行统包统管，这种制度对当时我国体育事业的发展作出了巨大贡献，但体育资源配置效率低下、体育经费的来源渠道单一的弊端也日趋明显，体育事业的发展逐渐丧失了活力和竞争力。改革开放后，在分级包干的财政管理体制下，体育事业单位普遍实行了“预算包干、结余留用、超支不补”的财政管理制度，打破了长期以来我国体育事业统收统支的局面，体育逐步由国家包办过渡为国家办和社会办相结合。但是，“分级包干”始终未能消除计划经济体制的弊端，体育公共产品主要由政府提供，体育公共产品的数量及其规模都非常有限。在分税制的财政管理体制下，体育事业单位实行“核定收支、定额或者定项补助、超支不补、结余留用”的预算管理办法，统一了各地区的收支划分，明确划分了各级政府的财政和事权，但分税制改革是在我国市场经济体制还不健全的情况下进行的，仍存在政府间的事权划分尚不明晰的问题，而公共财政是体育事业财政保障制度改革的方向和目标。通过对改革开放前后我国体育事业财政保障制度的变迁分析，发现体育事业财政保障制度的变迁与经济体制、财政体制的变迁具有同步性，体育事业财政保障制度变迁具有明显的强制性特征，而且始终以公共性为主线。由于体育事业财政保障制度的变迁具有路径依赖，故通过本章的研究，可为本研究提供制度根源的分析依据。

5 我国体育事业公共财政保障的现状与问题

公共财政收入和公共财政支出是公共财政体系的重要组成部分，研究体育事业公共财政保障就必须对体育事业经费的收入和支出进行分析。本章为实证研究部分，以1978年至2009年体育事业统计年鉴作为研究对象，从体育事业经费收入和体育事业经费支出的规模及结构两方面对体育事业公共财政保障的现状进行分析，进而剖析其存在的问题。

5.1 体育事业经费收入现状分析

体育事业是人们体育公共需求的集合，因此体育事业的发展需要稳定的公共投入的保障。新中国成立以来特别是改革开放以来，政府的财政投入在保障我国体育事业的发展中发挥着主导作用。但综观我国体育事业发展史，发现体育事业经费短缺一直是困扰我国体育事业发展的突出问题。现阶段我国体育事业发展的奋斗目标是努力推动体育大国向体育强国迈进，而要实现这一奋斗目标，坚实的经费保障是根本，因此分析我国体育事业经费收入的现状是解决体育事业经费短缺问题的前提和基础。

5.1.1 体育事业经费的收入规模分析

1. 体育事业经费的收入规模含义与衡量指标

体育事业经费的收入规模是指我国体育系统在一年内通过各种渠道所获得的货币的集合。体育事业经费的收入规模反映了一定社会经济条件下，政府、社会和个人对体育的投入状况，是衡量一个国家或地区体育发展水平及体育产业化程度的重要指标。反映体育事业经费收入规模的指标，既可以用绝对数表示，如体育事业经费的收入总额，也可以用相对数表示，如体育事业经费占国内生产总值（GDP）的比重。

2. 我国体育事业经费的收入规模

改革开放以来，随着国家经济形势的好转，政府对体育事业的财政投入也不断增多，体育事业经费收入以年均 18.8%的速度保持增长。1978—2008 年体育事业经费共投入 2101.6 亿元，其中国家直属体育事业经费共 307.3 亿元，地方体育事业经费共 1794.3 亿元。1978 年体育事业经费约 2.5 亿元，2008 年增加到 383.9 亿元，增长了 154 倍（表 5-1），体育事业经费规模的不断扩大为体育事业的发展提供了稳定的经费保障。

表 5-1　**1978—2008 年体育事业经费情况一览表**

年度	体育事业经费情况			
	国家直属(万元)	地方(万元)	合计(万元)	增长速度（%）
1977	1474.0	16899.0	18373.0	
1978	2657.0	22729.0	25386.0	38.17
1979	4417.8	24620.5	29038.3	14.39
1980	3672.3	26644.0	30316.3	4.4
1981	4685.1	29739.6	34424.7	13.55
1982	4810.0	36619.0	41429.0	20.35
1983	5705.3	39761.0	45466.3	9.75
1984	6739.4	53127.7	59867.1	31.67
1985	8592.3	66865.0	75457.3	26.04
1986	9808.3	89116.5	98924.8	31.1
1987	11534.7	88665.8	100200.5	1.29

续表

年度	体育事业经费情况			
	国家直属(万元)	地方(万元)	合计(万元)	增长速度(%)
1988	11397.4	105271.9	116669.3	16.44
1989	11445.2	126274.9	137720.1	18.04
1990	12439.1	133837.1	146276.2	6.21
1991	13184.3	153391.9	166576.2	13.88
1992	14100.0	172400.0	186500.0	11.96
1993	18600.0	190800.0	209400.0	12.28
1994	15309	187045.6	202354.6	−3.36
1995	22567.6	216235.8	238803.4	18.01
1996	20945	263229.2	284174.2	19.0
1997	47317	354042.6	401359.6	41.24
1998	61254	506885	568139	41.55
1999	67994	563714	631708	11.19
2000	171377	697075	868452	37.48
2001	250328	940759	1191087	37.15
2002	216197.0	1201949.9	1418146.9	19.06
2003	285153.3	1267986.2	1553139.5	9.52
2004	346020.0	1391454.0	1737474.0	11.87
2005	276123.0	1525708.0	1801831.0	3.70
2006	376575.0	1780273.0	2156847.0	19.70
2007	307630.0	2293017.0	2600647.0	20.58
2008	462844.0	3376533.7	3839377.7	47.63

从表5-1、图5-1和图5-2可以看出我国体育事业经费收入保持不断增长的态势。1978—1993年我国体育事业经费收入处于平稳增长期，1994年国家和地方都减少了对体育事业的经费投入，体育事业经费收入比上年下降了3.36%。1995年起体育事业经费收入开始回升，1997年由于国家加大了对体育事业的财政投入力度，体育事业非财政收入虽比上年减少，但体育事业经费收入总额仍快速增加，比上年增长了41.24%。从1999年起，体育事业经费

收入保持逐步上升的趋势，但增长率却上下起伏，2008 年是奥运年，我国为成功举办北京奥运会，确保在北京奥运会上取得优异成绩，向世界人民展示改革开放 30 年来中国体育所取得的成就，除了中央和地方继续加大对体育事业的财政投入外，体育产业如火如荼，体育事业非财政收入增长迅猛，体育事业经费收入总额达到 3839377.7 万元，比上年增长了 47.63%，增长速度达到了有史以来的最高点。

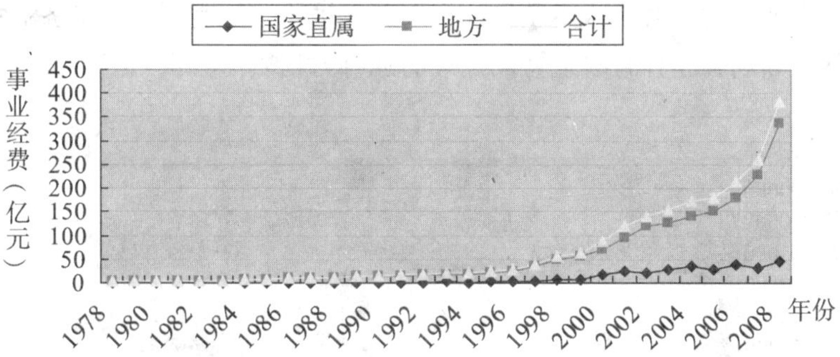

图 5-1 1978—2008 年体育事业经费收入图

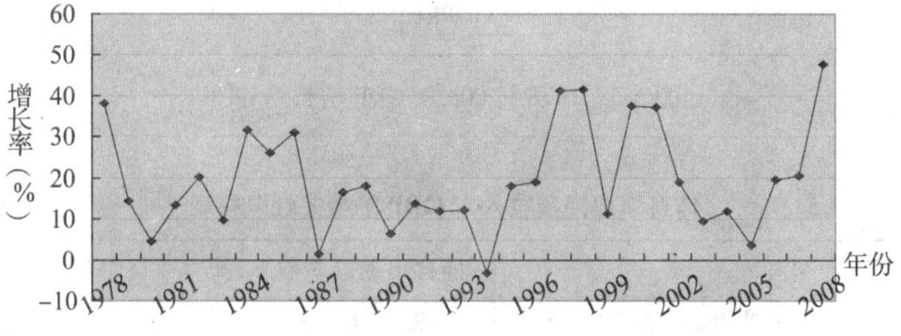

图 5-2 1978—2008 年体育事业经费增长速度趋势图

5.1.2 体育事业经费收入与 GDP 的关系

GDP 是衡量一个国家或地区国民经济发展情况的一个最重要的指标，是宏观经济中最受关注的经济统计数字，它可以反映一个国家的经济发展状况及人民的生活水平。1978 年以来随着我国改革开放进程的不断加快，社会主义市场经济体制的逐步完善，我国GDP持续增长，人民生活水平逐步提高。1978年我国GDP为3645.2亿元，2008年GDP增长到300670亿元（图5-3）。为分析体育事业经费收入与GDP之间的关系，通过SPSS17.0软件对1978—2008年的体育事业经费收入与GDP的相关性进行分析（表5-2），发现两种指数的Pearson系数值高达0.977，非常接近1；相伴概率P值也明显小于0.01的显著性水平，这进一步说明体育事业经费收入与GDP存在高度正线性相关，表明当GDP增长时，体育事业经费的收入也不断增加，同时也进一步证明了我国经济实力的不断增强是体育事业持续发展的强有力物质保障。

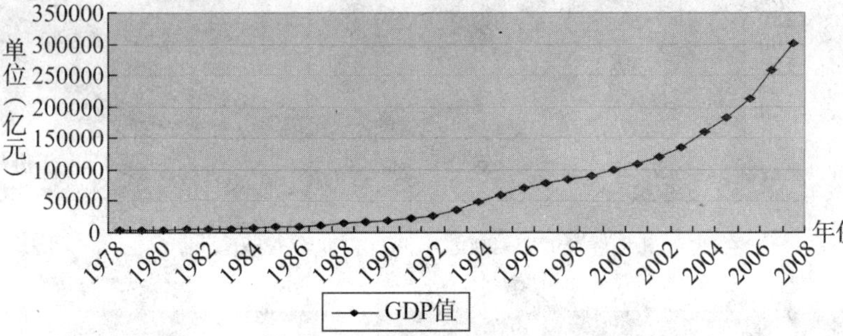

图5-3 1978—2008年GDP增长趋势图

表5-2 **体育事业经费收入与GDP的相关性分析表**

		体育事业经费收入	GDP
体育事业经费收入	Pearson 相关性	1	.977**
	显著性（双侧）		.000
	N	31	31
GDP	Pearson 相关性	.977**	1
	显著性（双侧）	.000	
	N	31	31

注：带“**”的表示在0.01的水平（双侧）上显著相关。

5.1.3 体育事业经费的收入结构

体育事业经费的收入结构是指不同形式的体育事业经费收入在体育事业经费总收入中的占比所形成的结构。通过对体育事业经费收入的组成结构进行分析，有助于了解体育事业经费收入构成项目的变化规模和趋势，能更好地组织好体育事业经费的收入以适应国家经济结构的变化。

体育事业经费的收入结构主要包括财政收入和非财政收入两大部分。根据财预字［1997］288 号《事业单位会计制度》及《体育事业单位财务制度》，我国体育事业经费的财政收入包括财政拨款和财政补助收入，非财政收入包括上级补助收入、事业收入（含财政专户核拨的预算外资金收入）、经营收入、附属单位上缴收入和其他收入（图 5-4）。

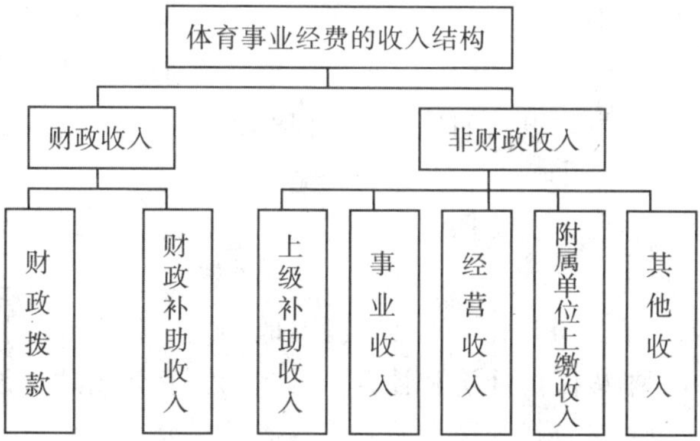

图 5-4　体育事业经费收入结构图

1. 体育事业经费的财政收入

财政拨款是政府为发展体育事业而无偿拨付给体育事业单位的资金，财政补助收入是体育事业单位直接从财政部门获得的体育事业经费，或是主管单位和上级部门给予体育事业单位的体育事业经费，包括经常性经费和专项资金。

(1) 国家有关体育事业财政投入的法律法规

新中国成立以来特别是改革开放以来，党和国家领导人高度重视体育事业，并颁布了一系列有关体育事业发展的法律、法规，为体育事业的发展提供了政策支持。1995 年我国颁布的《中华人民共和国体育法》明确规定："县级以上各级人民政府应当将体育事业经费、体育基本建设资金列入本级财政预算和基本建设投资计划，并随着国民经济的发展逐步增加对体育事业的投入"。这条规定明确了政府在体育事业发展中的责任，并为制定和完善体育事业公共财政政策提供了法律依据。

为加快我国公共体育场地设施的建设，缓解公共体育场地设施供给不足的矛盾，国务院于 2003 年颁布的《公共文化体育设施条例》明确规定："国家有计划地建设公共文化体育设施。对少数民族地区、边远贫困地区和农村地区的公共文化体育设施的建设予以扶持；各级人民政府举办的公共文化体育设施的建设、维修、管理资金，应当列入本级人民政府基本建设投资计划和财政预算"。这条规定为我国特别是少数民族地区、贫困地区及农村的公共体育场地设施的建设、维修和管理提供了财政保障和政策支持。

强健的国民体质，是健康中国之基，是活力中国之源。为推进全民健身事业跨越、持续发展，2009 年国务院颁布的《全民健身条例》第二条规定："县级以上地方人民政府应当将全民健身事业纳入本级国民经济和社会发展规划，有计划地建设公共体育设施，加大对农村地区和城市社区等基层公共体育设施建设的投入，促进全民健身事业均衡协调发展。"该条例第二十六条规定："县级以上人民政府应当将全民健身工作所需经费列入本级财政预算，并随着国民经济的发展逐步增加对全民健身的投入。按照国家有关彩票公益金的分配政策由体育主管部门分配使用的彩票公益金，应当根据国家有关规定用于全民健身事业。"《全民健身条例》以立法的形式明确了各级政府在全民健身事业中的责任，体现了我国政府履行体育公共服务职能、服务大众、改善民生的执政理念，保障了我国基于城市社区和农村乡镇的草根体育的发展。

除了法律法规对体育事业的财政保障给予政策支持外，党和政府还发布了一系列文件对我国体育事业的发展提供制度保障。2003年发布的《中共中央、国务院关于进一步加强和改进新时期体育工作的意见》就明确提出“各级政府要增加对体育事业的投入。群众性体育事业属于公益性事业，县级以上人民政府要按照《中华人民共和国体育法》的规定，将体育事业经费、基本建设资金列入本级财政预算和基本建设投资计划，并随着国民经济的发展逐步增加对体育事业的投入，确保体育事业经费随着财政收入的增长逐步增加。”“以新世纪我国在奥运会等重大国际比赛中取得优异成绩为目标，进一步发挥社会主义制度的优越性，坚持和完善举国体制。”“各级党委、政府要把发展体育事业作为促进人民身体健康，提高全民族整体素质，维护社会稳定，推动经济、社会可持续发展的大事，纳入国民经济和社会发展规划。”2007年发布的《中共中央、国务院关于加强青少年体育增强青少年体质的意见》中强调“加大对体育事业尤其是中小学体育设施的投入”，“中央设立专项资金，实施‘全国亿万学生阳光体育运动’器材支持项目，帮助义务教育阶段中西部农村学校配备体育活动器材。把义务教育阶段学生健康体检的费用纳入义务教育经费保障机制，其他学生由省级政府制定统一的费用标准和解决办法。学校要切实保证体育卫生工作的正常开展，所需经费从公用经费中提取和安排”。

（2）体育事业经费的财政收入规模

随着政府财政收入的不断增加，在我国相关法律法规的保障与监督下，体育事业的财政投入逐年递增，1998年至2008年期间①，我国体育事业的财政投入以年均20.2%的速度保持快速增

① 1995—2008年期间，《体育事业统计年鉴》作了三次调整（分别是1998年、2002年和2008年），1998年和2002年变动较大，造成一些数据的不连续性。为使数据具有纵向的可比较性，本课题研究中所选取的年份大多以1998年和2002年为起点进行分析。

长。从图 5-5 可以看到，我国体育事业的财政投入基本上呈一条平滑的增长曲线，但有两个快速增长期，一是 2000 年体育事业财政投入的增长速度骤然上升，而 2003 年体育事业财政投入开始快速回落；二是 2007 年起我国因举办北京奥运会而加大了体育事业的财政投入，体育事业的财政收入大幅增加，增长速度达到 37.58%。

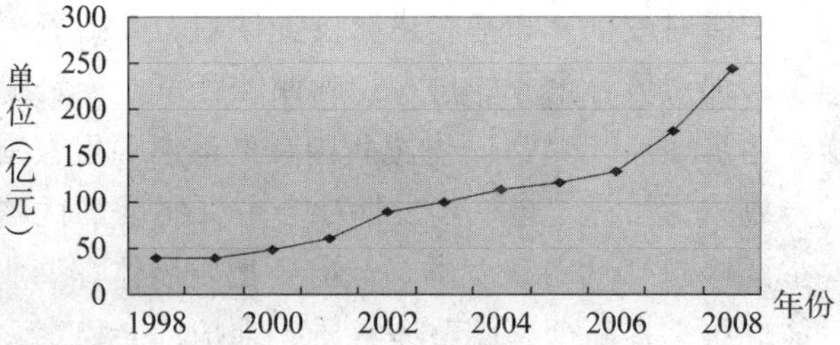

图 5-5　体育事业财政投入趋势图

1998 年体育事业的财政投入为 38.7 亿元，2007 年体育事业的财政投入增加到 177.03 亿元，2007 年体育事业的财政投入是 1998 年体育事业财政投入的 4.57 倍，而新中国成立初期至 1977 年，国家财政对体育事业的投入累计只有 22.8 亿元。2008 年体育事业的财政投入为 243.55 亿元，而改革开放 18 年来，国家财政对体育事业的累计投入才近 200 亿元。1998 年至 2008 年期间，体育事业财政投入占体育事业经费的比重均值为 62.61%，是我国体育事业经费的主要来源（表 5-3）。

表 5-3　**体育事业财政投入一览表**

年份	体育事业财政投入（亿元）	增长速度（%）	体育事业经费（亿元）	体育事业财政投入占体育事业经费比重（%）
1998	38.70		56.81	68.12
1999	39.38	1.76	63.17	62.34

续表

年份	体育事业财政投入（亿元）	增长速度（%）	体育事业经费（亿元）	体育事业财政投入占体育事业经费比重（%）
2000	47.60	20.87	86.85	54.81
2001	60.77	27.67	119.11	51.02
2002	88.63	45.84	141.81	62.50
2003	99.84	12.65	155.31	64.28
2004	113.53	13.71	173.75	65.34
2005	121.15	6.71	180.18	67.24
2006	132.81	9.62	215.68	61.58
2007	177.03	33.30	260.06	68.07
2008	243.55	37.58	383.94	63.43

（3）体育事业经费的财政收入与政府财政支出的回归分析

改革开放以来，随着国家财政规模的不断扩大，国家对体育事业的财政投入逐年增加，1998 年以来体育事业财政投入与政府财政支出的比重保持在 0.36%左右（表 5-4）。

表 5-4　**体育事业财政收入与政府财政支出一览表**

年份	体育事业财政收入（亿元）	政府财政支出（亿元）	体育事业财政收入占政府财政支出的比例（%）
1998	38.70	10798.18	0.36
1999	39.38	13187.67	0.30
2000	47.60	15886.5	0.30
2001	60.77	18902.58	0.32
2002	88.63	22053.15	0.40
2003	99.84	24649.95	0.41

续表

年份	体育事业财政收入（亿元）	政府财政支出（亿元）	体育事业财政收入占政府财政支出的比例（%）
2004	113.53	28486.89	0.40
2005	121.15	33930.28	0.36
2006	132.81	40422.73	0.33
2007	177.03	49781.35	0.36
2008	243.55	62592.66	0.39

资料来源：政府财政支出数据来源于中华人民共和国国家统计局［EB/OL］. http：//www.stats.gov.cn/tjsj/ndsj/2009/indexch.htm.

为进一步研究体育事业财政投入与政府财政支出之间的关系，本研究对1998年至2008年期间的体育事业财政收入与政府财政支出进行回归分析。

回归分析是确定变量之间相互依赖的定量关系的一种统计分析方法，侧重考查变量之间的变化规律，并用回归方程描述和反映变量之间的这种关系。通过对体育事业财政收入和政府财政支出进行回归分析，可以帮助我们准确地把握体育事业财政收入受政府财政支出的影响程度，进而为控制和预测体育事业的财政投入提供科学依据。

在回归分析中，选取政府财政支出为自变量 x，体育事业财政收入为因变量 y，利用SPSS17.0执行一元线性回归操作，得出其结果分析如下：

① 相关系数

体育事业经费的财政收入与政府财政支出的Pearson相关系数为0.989，单尾显著性检验的概率 P 值为0.000，小于0.05，所以体育事业经费的财政收入和政府财政支出之间具有很强的相关性（表5-5）。

表 5-5 **相关分析**

		体育事业财政收入	政府财政支出
Pearson 相关性	体育事业财政收入	1.000	.989
	政府财政支出	.989	1.000
Sig.（单侧）	体育事业财政收入	.	.000
	政府财政支出	.000	.
N	体育事业财政收入	11	11
	政府财政支出	11	11

② 模型摘要

表 5-6 是对方程拟合情况的描述，表中两变量的相关系数（R）为 0.989，和相关分析中计算出来的 Pearson 相关系数完全相同。判定系数（R^2）为 0.975，基本上接近 1，说明该模型的拟合效果较好。

表 5-6 **模型摘要[b]**

模型	R	R^2	调整 R^2	估计值的标准误差
1	.989[a]	.978	.975	9.90561303

a 预测变量（常量）：政府财政支出。

b 因变量：体育事业财政收入。

③ 方差分析表

方差分析主要用于分析整体模型的显著性。从表 5-7 可以看出，回归的均方为 38849.663，残差的均方为 98.121，F 检验统计量的观测值为 395.936，相应的概率 P 值为 0.000，小于 0.05，所以该模型具有统计学意义，即体育事业财政收入与政府财政支出之间的线性关系是显著的。

表 5-7　　　　**方差分析表（Anova[b]）**

模型		平方和	df	均方	F	Sig.
1	回归	38849. 663	1	38849. 663	395. 936	. 000[a]
	残差	883. 091	9	98. 121		
	总计	39732. 753	10			

a 预测变量（常量）：政府财政支出。

b 因变量：体育事业财政收入。

④ 回归系数

从表 5-8 可以看到线性回归方程的参数和常数项的估计值，其中常数项系数为-6. 162，回归系数（B）为 0. 004，线性回归参数的标准误差为 0. 000，标准化回归系数（Beta）为 0. 989，回归系数 T 检验的 t 统计量观察值为 19. 898，T 检验的概率 P 值为 0. 000，小于 0. 05，所以可以认为政府财政支出的回归系数有显著意义。

由此，可以得出体育事业财政收入与政府财政支出的线性回归方程为：

$$y=-6.162+0.004x$$

该公式表明政府财政支出每增加一个单位，体育事业经费的财政收入就增加 0. 004 个单位，因此政府财政支出规模的扩大可以提高体育事业经费的财政收入。

表 5-8　　　　**回归系数表（Coefficients[a]）**

模型		非标准化系数		标准系数	t	Sig.	B 的 95. 0%置信区间	
		B	标准误差	Beta			下限	上限
1	（常量）	-6. 162	6. 367		-. 968	. 358	-20. 565	8. 241
	政府财政支出	. 004	. 000	. 989	19. 898	. 000	. 003	. 004

a. 因变量：体育事业财政收入。

2. 体育事业经费的非财政收入

（1）体育事业经费的非财政收入规模

从表5-9、图5-6和图5-7可以看出，我国体育事业经费的非财政收入曲折上升。1998—2001年是我国体育事业经费非财政收入的快速增长期，体育事业经费的非财政收入由1998年的181100万元增长到2001年的583389万元，增长了3倍多；2002—2005年是我国体育事业经费非财政收入的低谷期，2002年体育事业非财政收入骤然下降，之后两年小幅上升，2005年体育事业非财政收入又出现了负增长；2006—2008年开始持续增长，但增长速度明显小于1998—2001年这个时期。1998—2001年体育事业经费非财政收入的年均增长速度达到47.7%，而2006—2008年年均增长速度只有9.8%，说明了我国自2002年以来体育系统内的体育市场化运作并不理想，出现了逐步下滑的趋势，体育系统内体育产业化程度较低，体育产业的有关部门应引起重视。

表5-9　　**体育事业经费的非财政收入表**

年份	总　计（万元）	增长速度（%）	上级补助收入（万元）	事业收入（万元）	经营收入（万元）	附属单位上缴收入（万元）	其他收入（万元）
1998	181100		19187	97134	17972	3711	43096
1999	237940	31.39	21817	151543	16531	3025	45024
2000	392446	64.93	29190	280439	32219	5082	45516
2001	583389	48.65	67694	383658	29485	6533	96019
2002	531843.2	-8.84	0	385028.8	30581.0	5650.8	110582.6
2003	554731.9	4.30	0	411403.8	28834.4	7628.7	106865.0
2004	602160	8.55	0	449611	32751	7213	112585
2005	590289	-1.97	0	422414	26502	5245	136128
2006	828750	40.40	0	520762	46878	6549	254561

续表

年份	总　计（万元）	增长速度（%）	上级补助收入（万元）	事业收入（万元）	经营收入（万元）	附属单位上缴收入（万元）	其他收入（万元）
2007	830369	0.20	0	544019	33813	6536	246001
2008	999935.7	20.42	62638	788690.7	26767.8	6102.5	115736.7

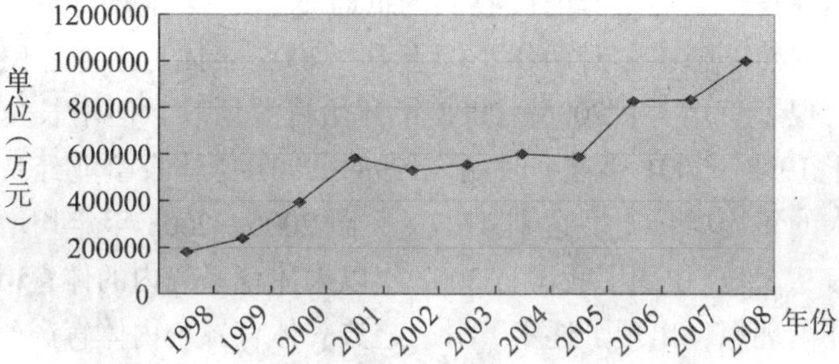

图 5-6　体育事业经费的非财政收入趋势图

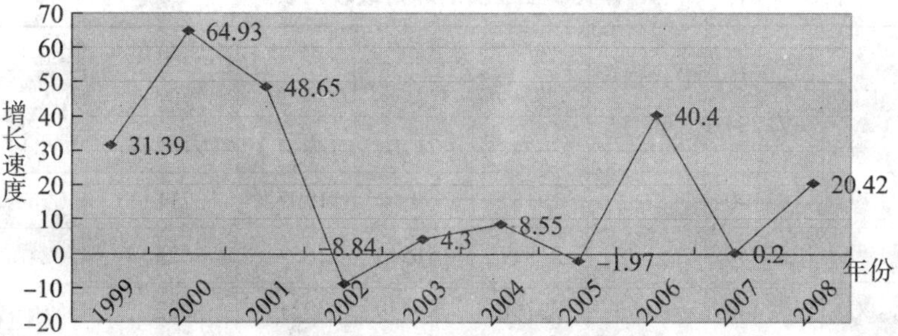

图 5-7　体育事业经费的非财政收入增长速度趋势图

（2）非财政收入来源

事业收入是体育事业单位通过开展体育业务活动和体育辅助活动所取得的收入。其中按国家有关规定，需要上缴财政纳入预算的资金及预算外资金需缴入财政专户的，不属于事业收入的范围；如预算外资金是从财政专户核拨的以及经核准不需要上缴财政专户管理的部分预算外资金，属于事业收入。事业收入包括竞技体育比赛收入、门票收入、出售广播电视转播权收入、广告赞助收入、体育技术服务收入、体育相关业务收入、无形资产转让收入及除上述各项收入以外的开展专业业务活动及其辅助活动的体育事业收入。

经营收入是体育事业单位通过开展非独立核算经营活动所取得的收入，而这种活动不属于体育专业活动及其辅助活动的范围。经营收入包括销售收入、经营服务收入、租赁收入及其他经营收入。

上级补助收入是体育事业单位从主管部门或上级单位取得的各种非财政补助收入。

附属单位上缴收入是按照有关规定，隶属于体育事业单位的独立核算单位必须上缴的收入。

其他收入是除事业收入、经营收入、上级补助收入和附属单位上缴收入以外的各项收入，主要包括投资收益、捐赠收入、利息收入等。

从表 5-9、图 5-8 和图 5-9 可以发现：事业收入除 2005 年下降了 6.05 个百分点外，其余年份都呈不断增长的趋势，事业收入的增长趋势与体育事业非财政资金的增长趋势基本相同。事业收入每年度在体育事业经费的非财政收入构成中都占有相当大的比重，比重年均值达到 68.6%，是体育事业经费非财政收入的主要来源，因而也是我国体育事业经费的重要资金来源，可见事业收入规模的大小影响着体育事业非财政资金的规模。经营收入有两个增长高峰，即 2000 年和 2006 年，分别增长了 94.9%和 76.9%，其余年份除 2002 年和 2004 年略有增长外，都处于负增长状态，经营收入极不稳定。附属单位上缴收入在升降起伏中呈下降趋势，2000 年、2001 年和 2003 年增长为正，2000 年增长速度很快，达到 68%，其余年份都为负增长，是体育事业非财政收入中比重较小的经费来源。其他收入是体育事业经费非财政收入中的第二大来源。其他收入有两个增长阶段：第一阶段是 1999—2002 年，其中 2001 年比上年增长了 111%；第二阶段是 2004—2007 年，其中 2006 年比上年增长了 87%，2003 年和 2008 年为负增长，2008 年下降了 53%，下降幅度较大，从中可见其他收入跌宕起伏，说明了我国体育事业资金的投资收益还不高，社会对体育事业的关注度不够，对体育事业的捐献还非常有限。

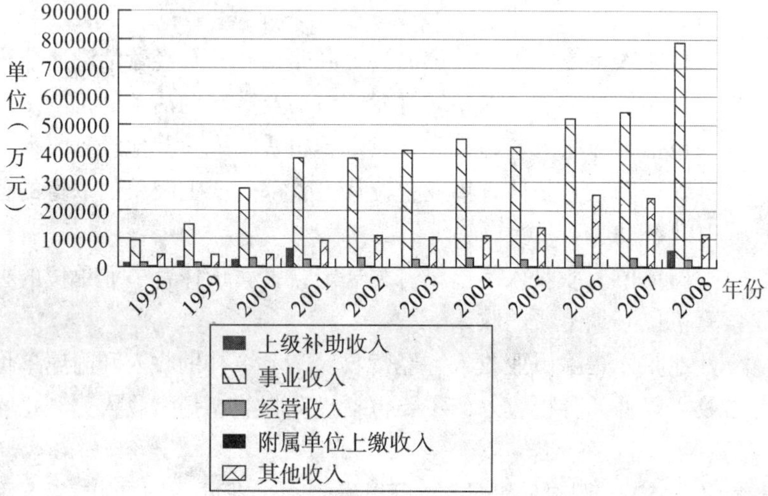

图 5-8　体育事业经费非财政收入变化图

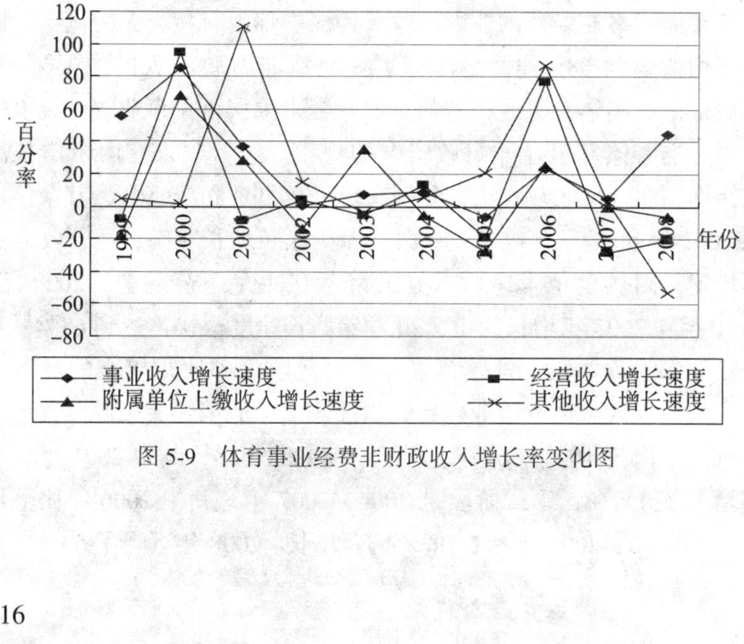

图 5-9　体育事业经费非财政收入增长率变化图

3. 体育彩票公益金

我国体育彩票是改革开放的产物，是经国家批准在全国发行，全社会受益的国家彩票。发行体育彩票是国家为支持体育等社会事业的发展，拓展体育等各项事业的经费来源而实行的一项特殊政策。体育彩票公益金是从体育彩票销售额中按规定比例提取的资金，按预算外资金管理办法纳入财政专户，主要用于实施“全民健身计划”和“奥运争光计划”，是我国体育事业经费收入的重要来源。2008年体育事业资金收入中体育彩票公益金收入为448838万元，占事业收入的比重达到56.91%，占体育事业经费收入的比重为13.06%①。体育彩票公益金除用于发展体育事业外，还充实社会保障资金、促进青少年校外活动场地建设、支持残疾人事业、资助红十字事业发展、补助地方农村医疗救助资金，成为筹集我国公益事业发展的重要资金渠道。

(1) 体育彩票销量增长明显

我国自1994年正式发行体育彩票以来，发行量从最初的10亿元增长到2008年的456亿元，年发行量在仅14年的时间里增长了40多倍，年平均增长速度为34.16%，发展速度十分可观(表5-10)。

表5-10　**1995—2007年体育彩票销量表**

年份	即开型(万元)	乐透型(万元)	竞猜型(万元)	合计(万元)	增长速度
1995	100000			100000	
1996	120000			120000	20%
1997	124810	25190		150000	25%

① 国家体育总局体育经济司．体育事业统计年鉴［M］．2009（内部参考）．

续表

年份	即开型（万元）	乐透型（万元）	竞猜型（万元）	合计（万元）	增长速度
1998	189567	60433		250000	66.7%
1999	213397	190154		403551	61.4%
2000	175021.58	736378.82		911400.4	125.8%
2001	93525.94	1265939.74	133462.71	1492928.39	63.8%
2002	106916.9	1364064.06	706333.03	2177313.99	45.8%
2003	68750.66	1153589.84	791112.78	2013453.28	-7.5%
2004	43507.84	1014564.39	483891.25	1541963.48	-23.42%
2005	3880.01	2630780.1	391897.83	3026557.94	96.24%
2006		2675569.77	560723.13	3236292.9	6.9%
2007	15236.17	3256798.96	579335.85	3851370.97	19%
2008	1028646.12	2994161.71	538722.52	4561530.35	18.44%
合计	2283259.22	17367624.39	4185479.1	23836362.71	

资料来源：中国彩票年鉴编辑委员会．中国彩票年鉴2009［M］．北京：中国财政经济出版社，2010.

（2）体育彩票公益金持续增长

随着体育彩票销量的不断增加，体育彩票提取的公益金亦不断增多。从1994年起在全国开始统一发行体育彩票到2009年，体育彩票累计贡献公益金940.72亿元（表5-11），全部用于保障体育事业和社会公益事业的发展。体育彩票公益金除2003年、2004年负增长外，其余年份都保持不断增长的趋势。1994—1995年度体育彩票公益金主要用于补充举办大型体育赛事的费用，1996年后，体育彩票公益金的作用扩大到落实全民健身计划和奥运争光计划，并在比例上也作了相应调整，体育彩票公益金侧重投入全民健身计划。

表 5-11 **1994—2009 年体育彩票公益金表**

年 份	体育彩票公益金（万元）	增长速度（%）
1994—1995	22542.33	
1996	28747.06	27.52
1997	42718.79	48.6
1998	75951.7	77.79
1999	121112.6	59.46
2000	274591.8	126.72
2001	447963.59	63.14
2002	762059.9	70.12
2003	704708.65	-7.53
2004	539787.65	-23.4
2005	1036167.42	91.96
2006	1060581.24	2.36
2007	1270607.78	19.8
2008	1369700	7.8
2009	1650000	20.46

资料来源：中国彩票年鉴编辑委员会．中国彩票年鉴 2008［M］．北京：中国财政经济出版社，2009 年、2008 年和 2009 年体育彩票公益金的数据分别来源于 http：//www.lottery.gov.cn/lotterynews/2009-12-31/1711099.html，http：//www.lottery.gov.cn/lotterynews/2010-01-01/1946946.html。

（3）体育彩票公益金成为政府援建体育场地的主要经费来源

政府援建的体育场地不属于体育系统所有，资金主要来源于财政拨款和体育彩票公益金，体育场地的类型主要包括健身路径、篮球场、乒乓球台和小篮板等。政府援建的体育场地包括国家、省、地（市）和县（区）四级。从 2008 年政府援建体育场地的资金来源情况看，体育彩票公益金的投入金额为 6226963 万元，占政府援建体育场地建设资金的78.21%。相比国家和省级的政府援建体育场地体育彩票公益金的经费投入，地（市）和县（区）体育彩票公益金投入的比例更大，分别达到99.27%和62.84%，地（市）政府援建的体育场地资金几乎来源于体育彩票公益金，可见体育彩票公益金在政府援建体育场地建设中的举足轻重地位（表5-12）。

表5-12　**2008年政府援建体育场地投入金额表**

	小计（万元）	财政拨款		体彩公益金		其他	
		金额（万元）	比例（%）	金额（万元）	比例（%）	金额（万元）	比例（%）
国家	16365	6380	38.99	9314	56.91	672	4.11
省	237436	65595	27.63	66248	27.9	105594	44.47
地（市）	3588999	18474	0.51	3562712	99.27	7813	0.22
县（区）	4119330	1306253	31.71	2588691	62.84	224386	5.45
合计	7962129	1396702	17.54	6226963	78.21	338464	4.25

5.1.4　体育事业经费收入来源日趋多元化

随着我国体育社会化、产业化程度的不断提高，体育事业经费收入也日趋多元化，除了财政拨款、体育彩票公益金是我国体育事业发展的重要经费来源外，其他形式的体育事业投入也不断增加。体育事业经费投资的多元化可从体育场地建设的投资中充分体现。2008年我国新建体育场地的投资金额为8219337万元，其中财政拨款所占我国新建体育场地的比重为11.62%，体育彩票公益金所占的投资比重为6.07%，社会捐赠投资所占的比重为4.89%，而其他类的投资占到了2008年新建体育场地资金的77.42%（表5-13），可见非体育系统的资本和社会资本在我国新建体育场地建设中已占主体地位。

表 5-13 **2008 年我国新建体育场地的各种投资金额及比重表**

经费来源	财政拨款	体彩公益金	社会捐赠	其 他
投资金额（万元）	955029	498854	401736	6363718
比重（%）	11.62	6.07	4.89	77.42

5.2 体育事业经费收入存在的问题

5.2.1 我国体育事业经费收入总量偏少

我国体育事业经费收入的绝对值虽在不断增加，但从体育事业经费收入的相对规模来看，体育事业经费投入占 GDP 及国家财政支出的比重却非常低，两项比重均呈下降趋势（表 5-14）。2002 年至 2008 年体育事业经费投入占 GDP 的比重年均值仅为 0.11%，与西方国家相差甚远，西欧大多数经济发达国家的体育经费及与体育有关的资金，与本国 GDP 的比值超过 1% 以上；2002 年至 2008 年体育事业经费投入占政府财政支出的比重年均值仅为 0.58%，而瑞士体育娱乐方面的政府投资在政府预算中的比例已达到 4.3%；俄联邦建立的国家体育运动基金的资金来源中，有 2%来自于俄联邦预算①。尽管各国对体育事业经费投入的统计口径不尽相同，本研究对中西方体育事业经费投入的比较虽不能完全准确说明中国体育事业经费投入与国外发达国家体育事业经费投入的差距，但中国体育事业经费投入少，尤其是明显低于发达国家是不争的事实。我国体育事业发展经费的不足，影响了政府履行体育公共服务职能，不利于体育民生工程的建设。

---

① 谭华．体育史［M］．北京：高等教育出版社，2005：377-378.

表 5-14 **体育事业经费占 GDP 及国家财政支出的比重**

年份	体育事业经费（亿元）	全国 GDP 总量（亿元）	占全国 GDP 总量的比重（%）	政府财政支出（亿元）	占政府财政支出的比重（%）
2002	141.81	120332.7	0.12	22053.15	0.64
2003	155.31	135822.8	0.11	24649.95	0.63
2004	173.75	159878.3	0.11	28486.89	0.61
2005	180.18	183217.4	0.1	33930.28	0.53
2006	215.68	211923.5	0.1	40422.73	0.53
2007	260.06	257305.6	0.1	49781.35	0.52
2008	383.94	300670.0	0.13	62592.66	0.61

资料来源：全国 GDP 总量、政府财政支出的数据来源于中华人民共和国国家统计局［EB/OL］：http：//www.stats.gov.cn/tjsj/ndsj/2009/indexch.htm。

此外，国家直属体育事业投入在中央财政支出中的比重也呈下降趋势，2007 年的比重仅为 0.27%（表 5-15）。国家直属体育事业经费投入的不足，直接影响到国家体育总局对体育事业发展的宏观调控能力，不利于体育事业的均衡发展及我国体育事业公共财政保障体系的建设。

表 5-15 **国家直属体育事业资金投入占中央财政支出的比重**

年份	国家直属体育事业资金投入（亿元）	中央政府财政支出（亿元）	比重（%）
2002	21.62	6771.70	0.32
2003	28.52	7420.10	0.38
2004	34.60	7894.08	0.44
2005	27.61	8775.97	0.31
2006	37.66	9991.40	0.38

续表

年份	国家直属体育事业资金投入（亿元）	中央政府财政支出（亿元）	比重（%）
2007	30.76	11442.06	0.27
2008	46.28	13344.17	0.35

资料来源：中央政府财政支出的数据来源于中华人民共和国国家统计局［EB/OL］：http：//www.stats.gov.cn/tjsj/ndsj/2009/indexch.htm。

5.2.2 体育事业经费过多依赖于财政拨款

近年来，我国体育事业经费虽不断增加，但体育事业经费的来源渠道仍很单一，体育事业财政投入仍是我国体育事业经费的主要来源，体育事业财政投入占体育事业经费的比重均值达到62.61%，而国外经济发达国家体育事业财政投入只占本国体育事业经费的很小部分，如法国、德国、美国等国家，政府投入的体育经费只占体育全部经费的三分之一左右①。我国体育事业财政投入的年均增长速度为20.19%，而体育事业非财政收入的年均增长速度为18.63%，体育事业非财政资金增速缓慢的主要原因是作为其主要经费来源的事业收入增长后劲乏力（图5-10）。

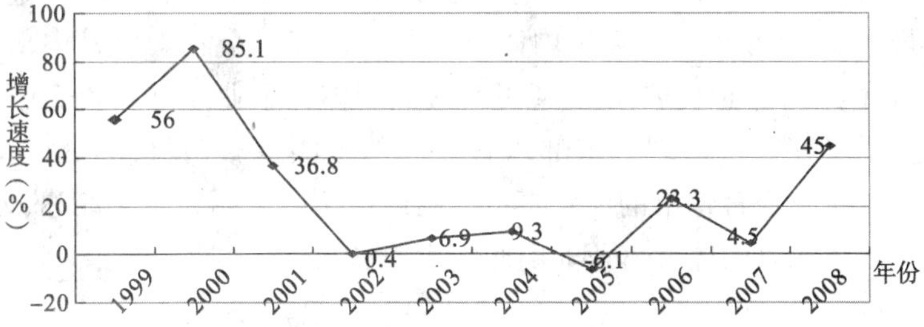

图5-10 体育事业收入增长速度趋势图

① 隋路．国家意愿与体育经济政策的形成［J］．体育学刊，2005，12（7）：4-7.

事业收入的主要来源之一是竞赛表演业，但目前我国的竞赛表演市场不容乐观。市场整体规模小，具有市场开发价值的运动项目数量不多；政府掌控着体育竞赛资源，垄断着最具市场开发价值的竞赛资源，使得其他社会体育组织无法进入，有效竞争的局面无法形成；我国职业体育经营模式落后，职业联赛竞技水平较低，忠实的职业体育消费群体十分有限；我国目前的媒体管理体制和运行机制无法有效解决电视有偿转播体育赛事的问题，竞赛表演转播市场还没有完全形成，诸如此类因素导致我国体育竞赛表演业发展缓慢，在体育产业产值中所占的比重偏低，制约着事业收入规模的扩大，同时也使我国体育产业与国外经济发达国家体育产业发展之间存在巨大差距。2007 年我国体育产业的总产值仅为 3000 亿元人民币①，而美国当年的体育竞赛表演产业总产值占本国体育产业产值的一半以上，达到 2296 亿美元②。

5.2.3 区域间体育事业非财政资金收入不平衡

我国体育事业非财政资金除了总量偏小外，还表现为区域间收入的不平衡。近年来，东中西部人均非财政资金收入虽有不断缩小的趋势，但由于各地区经济发展水平的差异、体育竞赛资源的不均衡、体育市场发育程度的不一致、人们生活方式及城市化进程的不同等因素，东中西部之间人均体育事业非财政资金差距显著。从表 5-16 及表 5-17 可以发现，在东中西部人均体育事业非财政资金差距最小的 2008 年，东部人均体育事业非财政资金收入仍是中部的 4.94 倍，西部的 6.77 倍。通过对区域间体育事业非财政资金收入的数据研究还可发现，东部六省之间的差距也很明显，北京、天津、上海三个直辖市的体育事业非财政资金收入明显高于江苏、浙江、广东三省的体育事业非财政资金收入。

---

① 左健，潘乐，张少卿．金融危机下中国体育产业的挑战与未来［J］．体育与科学，2009，30（4）：43-45.

② 徐国根．江西省体育竞赛表演市场发展对策研究［D］．苏州：苏州大学，2009：5.

表 5-16 **东中西部省市人均非财政资金收入情况表** （单位：元）

年份	东部						中部		
	北京	天津	上海	江苏	浙江	广东	山西	安徽	江西
2002	25.32	28.47	25.13	5.99	8.59	6.32	0.81	1.47	0.81
2003	20.93	28.27	28.16	5.31	10.98	10.76	1.53	1.65	1.27
2004	24.14	24.94	44.76	4.51	10.75	7.35	1.73	1.97	1.44
2005	19.07	26.82	29.31	5.09	11.36	5.89	2.44	2.28	2.23
2006	19.98	30.94	24.99	7.34	11.77	7.53	1.56	2.85	2.76
2007	26.5	7.65	27.56	7.63	16.23	14.99	2.73	0.96	2.31
2008	33.05	33.82	27.82	14.83	12.01	10.61	5.88	3.61	3.39
年份	中部			西部					
	河南	湖北	湖南	贵州	云南	陕西	甘肃	青海	宁夏
2002	0.31	2.79	1.06	1.37	0.91	1.83	0.63	0.42	1.62
2003	0.38	3.23	2.36	1.28	1.24	2.56	0.19	0.56	2.71
2004	1.44	4.22	2.09	1.44	4.22	2.09	0.92	3.58	2.1
2005	1.71	4.11	1.89	1.48	1.36	3.71	1.18	1.15	2.49
2006	2.83	5.72	3.2	2.31	0.95	5.26	1.82	8.93	6.65
2007	2.5	6.36	2.83	2.12	2,11	4.02	3.67	1.64	10.81
2008	3.41	6.73	3.72	3.22	2.79	6.85	1.24	3.28	2.05

表 5-17 **东中西部区域人均非财政资金收入比较表**

年份	东部六省（元）	中部六省（元）	西部六省（元）	东中西部之比
2002	99.82	7.25	6.78	13.77 : 1 : 0.94
2003	104.41	10.42	8.54	10.02 : 1 : 0.82
2004	116.45	12.89	14.35	9.03 : 1 : 1.11
2005	97.54	14.66	11.37	6.65 : 1 : 0.78
2006	102.55	18.92	25.92	5.42 : 1 : 1.37

续表

年份	东部六省（元）	中部六省（元）	西部六省（元）	东中西部之比
2007	100.56	17.69	24.37	5.68：1：1.38
2008	132.14	26.74	19.43	4.94：1：0.73

5.2.4 体育彩票销售尚有较大的拓宽空间

体育彩票公益金收入现已成为我国体育事业预算外收入的一项重要经费来源，对促进我国体育事业发展尤其是群众体育的发展作出了重大贡献，但我国体育彩票的发行仍不尽如人意，主要体现在两方面：一是我国体育彩票发行的潜力还未能得到充分挖掘。我国的彩票发行量与我国国内生产总值相比还有较大的差距，根据国际经验，一国正常的彩票发行规模与其国内生产总值的比值应在1%左右①。我国2009年国内生产总值初步核算为335353亿元②，按照国际通行经验，彩票发行量应为3300亿元左右，但2009年我国实际彩票销量为1324.79亿元，其中福利彩票机构的销量为756.06亿元，体育彩票机构的销量为568.73亿元③，可见我国体育彩票仍有较大的销售空间。二是我国区域体育彩票销量不平衡。由于各地区经济发展、消费观念，体育彩票管理制度和管理水平、销售人员的素质及服务质量、销售宣传及营销策略等方面的影响，使得我国东中西部体育彩票销量差距较大（表5-18、表5-19）。由于各省及直辖市区域范围及人口规模不同，因此人均销量更能准确反映出各地区体育彩票销售的差异。

① 杨耀华．我国体育彩票发展策略研究［J］．体育文化导刊，2009（2）：43-47.

② 中华人民共和国国家统计局．中华人民共和国2009年国民经济和社会发展统计公报［EB/OL］．http：//www.stats.gov.cn/tjgb/ndtjgb/qgndtjgb/t20100225_402622945.htm.

③ 新华网．2009年中国彩票销售超1300亿元［EB/OL］．http：//news.xinhuanet.com/fortune/2010-02/03/content_12925987.htm.

表 5-18　　**东中西部省市人均体育彩票销量情况表**　　（单位：元）

年份	东部					中部			
	北京	天津	上海	江苏	浙江	广东	山西	安徽	江西
2002	115.16	69.94	77.02	25.62	31.62	44.51	2.77	5.4	3.98
2003	97.46	69.34	56.72	22.33	36.75	38.63	4.75	7.06	7.07
2004	63.38	54.02	38.07	18.64	32.18	24.28	4.45	5.42	5.74
2005	75.76	84.56	39.51	26.98	51.38	26.63	11.59	14.81	19.04
2006	99.92	82.44	53.15	44.56	70.27	30.16	16.57	11.23	15.22
2007	103.85	85.86	62.16	59.06	77.7	36.79	14.97	17.31	20.31
年份	中部						西部		
	河南	湖北	湖南	贵州	云南	陕西	甘肃	青海	宁夏
2002	11.31	16.97	3.0	3.28	14.54	7.39	3.54	5.82	1.95
2003	8.86	18.96	3.46	3.82	16.25	8.08	5.02	4.31	10.99
2004	7.15	15.22	3.11	2.68	13.4	7.81	4.95	5.87	11.75
2005	17.61	39.66	15.53	4.21	17.81	16.79	9.87	12.39	26.48
2006	16.37	25.68	13.12	8.38	25.6	15.67	14.82	15.57	37.94
2007	15.62	30.61	14.58	12.58	27.35	23.33	18.08	17.85	41.45

表 5-19　　**东中西部区域人均体育彩票销量比较表**

年份	东部六省（元）	中部六省（元）	西部六省（元）	东中西部之比
2002	363.87	43.43	36.52	8.38：1：0.84
2003	321.23	50.16	48.47	6.4：1：0.97
2004	230.57	41.09	46.46	5.61：1：1.13
2005	304.82	118.24	87.55	2.58：1：0.74
2006	380.5	98.19	117.98	3.88：1：1.2
2007	425.42	113.4	140.64	3.75：1：1.24

资料来源：中国彩票年鉴编辑委员会．中国彩票年鉴 2008［M］．北京：中国财政经济出版社．

5.2.5 体育彩票公益金使用的民生性仍显不足

根据1998年9月1日国家体育总局、财政部、中国人民银行发布的《体育彩票公益金管理暂行办法》，国家体育总局在使用年度公益金时，其总额的60%用于落实《全民健身计划》，40%用于弥补落实《奥运争光计划纲要》经费的不足，省级以下（含省级）使用年度体育彩票公益金可根据实际情况参照上述比例执行。但从我国体育系统公益金的使用情况来看，以2008年为例，群众体育使用体育彩票公益金213877.5万元，竞技体育使用体育彩票公益金230577万元，两者的差值16699.5万元①。从体育场的公益金使用情况来看，主要用于修建训练场地、用于添置训练竞赛器材及其他方面，其使用目的仍是以发展竞技体育为导向，可见体育彩票公益金的使用缺乏有效的监督机制，民生性未能彰显（表5-20）。

表5-20　　我国体育系统公益金使用情况

科目	金额(万元)	科　目	金额(万元)
体育场	588743.3	用于修建训练场地	532196.4
		用于添置训练竞赛器材	34781.5
		其他	21765.4
群众体育	213877.5	全民健身路径工程	43500.9
		农民体育健身工程	57922.1
		雪炭工程	4026.6
		全民健身中心	33167.6
		全民健身基地	9743.2
		社区俱乐部建设、青少年俱乐部建设项目	9147.0
		学校场馆向社会开放补贴、社会体育指导员培训管理	3558.2
		其他	52811.9

① 国家体育总局体育经济司．体育事业统计年鉴［M］．2009（内部参考）．

续表

科目	金额(万元)	科　目	金额(万元)
竞技体育	230577.0	用于国际大型运动会	27495.2
		用于国内大型运动会	45296.6
		研制购进辅助设施	7155.4
		改善训练生活条件	27573.6
		其他	123056.2

2007年国家体育总局体育彩票公益金的使用中用于实施全民健身计划的公益金为33152万元，用于实施奥运争光计划的公益金为36250万元①。群众体育体育彩票公益金的投入不但没有达到《体育彩票公益金管理暂行办法》所规定的总额60%的比例，而且明显少于竞技体育的投入额，违背了体育彩票公益金“取之于民，用之于民”的使用原则。

5.3 体育事业经费支出

公共财政支出是政府在向社会成员提供公共服务过程中所支付的各种费用的总和。相对于税收等公共财政收入，公共财政支出对促进一国经济的发展作用更为显著，因为公共财政支出是政府提供公共产品和服务，满足社会公共需要的主要手段。体育公共服务是政府的重要职能，政府提供体育公共服务时必然直接或间接地发生各种费用，因此体育事业经费支出也是财政支出的重要组成部分。体育事业经费支出是体育事业单位在履行其必要职能时实际支出的各项经费。体育事业经费支出反映了一定时期内体育事业公共财政保障的规模、范围和重点。

体育事业公共财政支出分析的最终目的是为了对其进行有效管

① 金岩．2007年度国家体育总局彩票公益金使用情况公告［EB/OL］. http：//china lottery. net/News/yw/200808/162726. html.

理，优化支出结构。公共支出分析的主题主要分为总量分析、结构分析和效益分析三方面，故本研究对体育事业公共财政支出的分析也循此思路展开。由于1998年我国首次提出了建设公共财政的目标，而此时我国的体育事业统计年鉴的统计口径也作了调整，基于这两方面的原因，本研究对我国体育事业公共财政支出以1998年为起始年份进行分析。

5.3.1 体育事业经费支出不断增长的理论解释

公共支出不断增长一直是经济学家关注的问题，目前在理论界主要有4种具有代表性的关于公共支出增长的观点，本研究只介绍其中与体育事业经费支出密切相关的两种观点。

(1) 瓦格纳法则

瓦格纳认为在工业化的过程中，国家职能的内涵和外延都在不断扩大，旧的职能在不断扩大，同时新的职能又不断出现，因而政府的活动在不断地扩张，从而导致国家财政支出的不断增加。瓦格纳把对教育、文化、娱乐、福利服务与保健的财政支出增长归因于需求的收入弹性，随着国内生产总值的不断增长，这些项目的财政支出增长将快于国内生产总值的增长。

(2) 经济发展阶段增长理论

马斯格雷夫和罗斯托从经济发展的角度，提出了财政支出增长的经济发展理论。这一理论强调在不同的经济发展阶段都存在公共支出增长的理由。在经济发展的早期阶段，公共部门的投资在社会总投资中占有较高的比例，为社会提供了诸如道路、交通、治安、环境卫生和教育等必不可少的公共产品。而这些公共产品的提供必须要公共部门有足够的投资，以促使经济和社会发展步入"起飞"，并进入发展的中期阶段。当经济发展进入中期阶段后，政府的投资主要作用在对私人投资的补充领域。政府的投入规模虽有减少的趋势，但由于这一时期的市场失灵问题日益突出，政府部门对经济的干预不断增多，这方面的支出成为政府财政支出增加的主要原因。在经济的成熟阶段，财政支出结构从对社会基础设施的投资为主转向教育、社会福利和医疗保健为主的支出阶段。这些项目的支出增长大大超过其他项目的公共支出，同时也会快于国内生产总值的增长速度，从而使得政府财政支出的增长速度加快。

从瓦格纳法则和经济发展阶段增长理论来看，随着经济发展水平的不断提高，人均可支配收入的不断增加，人们的体育消费需求不断增加，体育事业经费规模呈现不断上升的趋势。

5.3.2 体育事业经费支出规模

1998年以来，随着我国体育事业经费收入的不断增加，体育事业经费支出以年均20.1%的速度保持增长。1998年体育事业共支出经费534765万元，2008年体育事业经费支出达到3327020.6万元，2008年的体育事业经费支出是1998年体育事业经费支出的6.22倍（表5-21）。

表5-21　**体育事业经费支出一览表**

年 份	体育事业经费支出（万元）	增长速度（%）
1998	534765	
1999	607727	13.64
2000	815941	34.26
2001	1082463	32.66
2002	1304737.1	20.53
2003	1459417.4	11.86
2004	1568639	7.48
2005	1673225	6.67
2006	2075411	24.04
2007	2464728	18.76
2008	3327020.6	34.99

我国体育事业经费支出增长速度与体育事业经费收入增长速度的变化趋势基本相似，呈现出三个阶段的明显特征。第一阶段是

1999—2001 年，此阶段体育事业经费虽支出规模不大，但增长速度较快，年均增长速度达到 26. 5%；第二阶段是 2002—2005 年，此阶段体育事业经费的支出额虽不断增加，但增长速度却逐年下降，年均增长速度仅为 8. 6%；第三阶段是 2006—2008 年，受北京奥运会的影响，体育事业经费支出的增长速度开始加快，2008 年的增长速度达到 34. 99%，是 1998 年以来体育事业经费支出增长速度最快的一年，可见国家政治因素对体育事业经费投入和支出的影响非常大（图 5-11）。

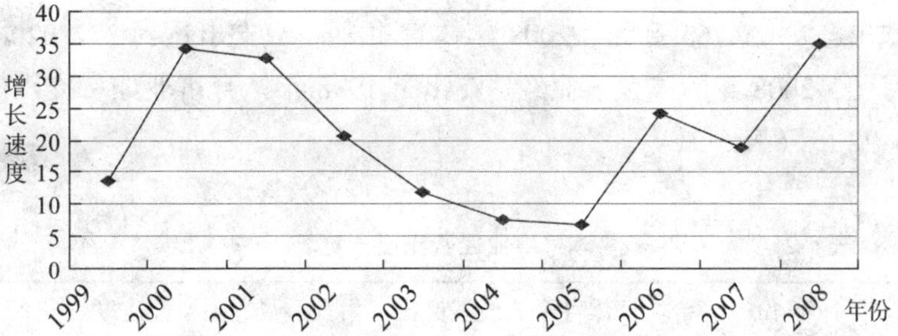

图 5-11　体育事业经费支出增长速度趋势图

5. 3. 3　体育事业经费结余

体育事业经费结余是体育事业单位年度收入与支出相抵后的余额。1998 年以来我国体育事业经费年年都有结余，而且还呈不断增加的趋势，年均增长速度达到 23. 7%，超过体育事业经费收入的年均增长速度，尤其是 2001 年和 2004 年的体育事业经费结余增长速度超过了 100%（图 5-12）。

国家对事业单位的财务管理实行“以收定支，收支平衡”，因此体育主管部门遵循勤俭节约的原则，量入为出，增收节支，尽量减少消耗性的开支，努力提高体育事业资金的使用效益。体育事业经费有结余固然是好事，符合国家对事业经费的管理原则，但体育事业经费结余过多也不值得提倡，因为现阶段我国体育事业还处于快速发展期，体育事业尤其是群众体育的发展还需要大量的资金投入，因此体育主管部门应在控制体育事业经费略有结余的前提下，尽量把更多的体育事业经费用于发展体育事业。

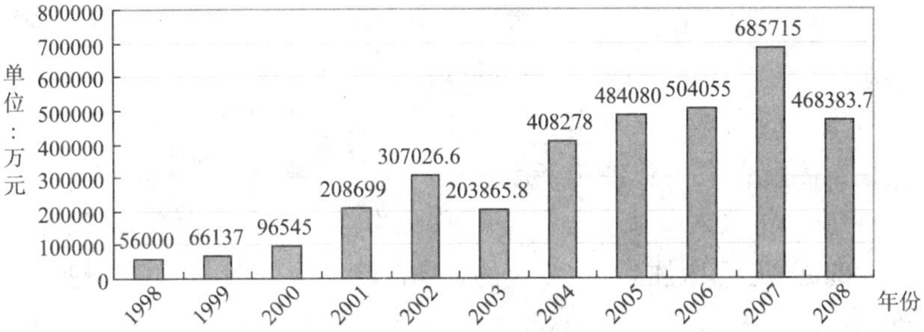

图 5-12 体育事业经费结余趋势图

5.3.4 体育事业经费支出的会计科目

根据财预字［1997］288 号《事业单位会计制度》及《体育事业单位财务制度》，我国体育事业经费支出的会计科目可分为事业支出、经营支出、对附属单位补助支出、自筹基本建设支出和上缴上级支出。我国体育事业经费支出的会计科目作了三次调整：1998—2001 年、2002—2007 年、2008 年。1998—2001 年我国体育事业单位按照《体育事业单位财务制度》对体育事业经费支出进行了分类，但 2002—2007 年我国体育事业经费支出项目作了一些调整，删除了上缴上级支出，增加了基本建设支出、其他生产建设支出、事业发展支出；2008 年体育事业经费支出与 1998—2001 年的经费支出构成相似，保留了 2002—2007 年删除的上缴上级支出，新增了其他支出，但删除了 2002—2007 年的基本建设支出、其他生产建设支出和事业发展支出。为了便于对历年体育事业经费支出数据进行比较，鉴于三个阶段中体育事业经费支出项目口径的不同，本研究只对 3 个阶段共有的 4 类支出即事业支出、经营支出、对附属单位补助支出和自筹基本建设支出进行分析。

1. 事业支出

事业支出是体育事业单位开展各项专业业务活动及辅助活动发生的实际支出，主要包括体育竞赛费支出、体育训练费支出、体育场馆支出、群众体育支出、行政办公经费等。事业支出是体育事业经费支出的主体，其支出规模和水平反映着体育事业发展的速度和规模，因此体育事业经费支出的重点应是事业支出。

1998 年以来事业支出呈不断增长的趋势，支出总额由 1998 年的 485075 万元增加到 2008 年的 3078847.2 万元，年均增长速度达到 20.3%。事业支出除 2003 年是负增长以外，其余年份都呈不同程度的增长（表 5-22）。如图 5-13 所示，事业支出的增长速度与体育事业经费收入及支出的变化趋势基本保持一致。事业支出在 1998—2001 年增长较快，2002 年增长速度下降到 4.16%，2003 年出现了负增长，2004 年起开始第二阶段的增长，2006 年增长速度加快，2008 年由于北京奥运会，事业支出的增长速度急剧上升，达到 79.8%。事业支出规模不断扩大的原因是多方面的，但从 2000 年、2004 年和 2008 年事业支出增长速度都较快的事实说明：备战奥运会是我国事业支出规模扩大的重要原因之一，也间接说明了我国体育事业经费主要用于奥运争光计划的实现。

表 5-22　　**事业支出情况一览表**

年　份	事业支出（万元）	事业支出增长速度（%）
1998	485075	
1999	552466	13.89
2000	710952	28.69
2001	919284	29.3
2002	957521.8	4.16
2003	945915.3	-1.21
2004	1059711	12.03

续表

年　份	事业支出（万元）	事业支出增长速度（%）
2005	1113153	5.04
2006	1359164	22.1
2007	1712335	25.98
2008	3078847.2	79.8

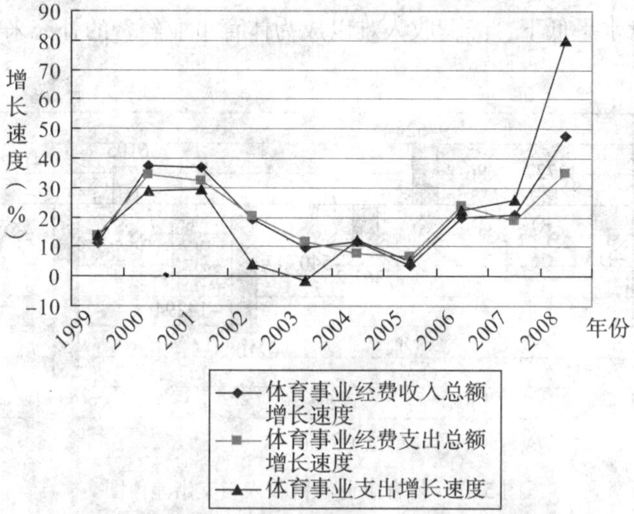

图 5-13　事业支出增长速度趋势图

2. 经营支出

经营支出是指体育事业单位开展非独立核算经营活动所发生的支出，这种经营活动是在体育专业业务活动及辅助活动以外开展的。体育事业单位开展经营活动的目的是充分利用现有的体育资源，通过向社会提供有偿的体育服务或产品，以获得更多的资金来弥补体育事业经费发展的不足，保障体育事业的发展。体育事业单位开展经营活动应实行收入和支出相配比的原则。通过对体育事业经营活动的收入和支出进行分析，可以大致了解体育事业单位的经济效益情况。从图 5-14 可以发现，我国体育事业单位的经营情况总体不太理想。从 1998 年到 2008 年的 11 年间，只有 1999 年、2000 年、2001 年、2006 年和 2008 年这 5 年是经营盈余，但收益额不高，平均盈余 4988. 5 万元，收益最高年份为 2001 年，盈余额为 9462 万元；而 1998 年、2002 年、2003 年、2004 年、2005 年和 2007 年这 6 年为经营亏损，亏损额都比较高，6 年平均亏损 13453. 7 万元，最高的亏损年份是 2007 年，其亏损额达到 28440 万元。体育事业单位整体经营出现透支的情况反映了我国体育事业单位经营水平低下，经营收入难以成为体育事业经费的补充来源。

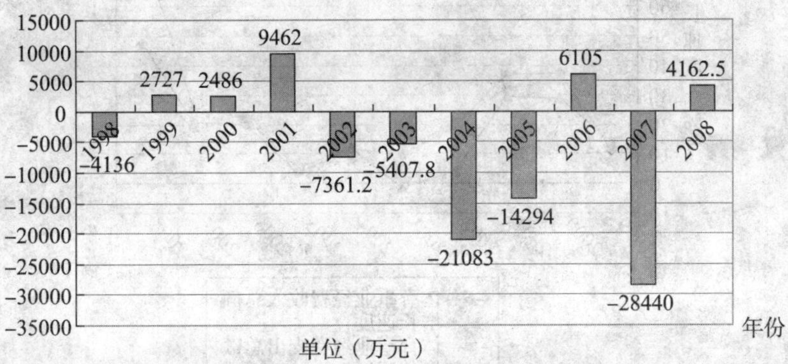

图 5-14 体育事业经营收入与支出差值图

3. 对附属单位补助支出

对附属单位补助支出是指事业单位发生的用非财政预算资金对附属单位的补助支出。由于对附属单位补助支出的资金是非财政预算资金，因此对附属单位补助支出的资金规模在一定程度上取决于非财政预算资金的收入情况。从对附属单位补助支出的柱形图（图 5-15）可以看出其与体育事业经费非财政收入的趋势图基本保持一致。1998—2001 年期间对附属单位补助支出随着体育事业经费非财政收入的不断增加而不断增多，即由 1998 年的 7212 万元增加到 2001 年的 40071 万元；2002—2005 年期间随着体育事业非财政收入的震荡起伏，对附属单位补助支出也逐年下降；2006年体育事业非财政收入由2005年的590289万元增加到828750万元，增长了40.4%，对附属单位的补助支出也由2005年的11799万元增加到2006年的31966万元，增长了170.9%。

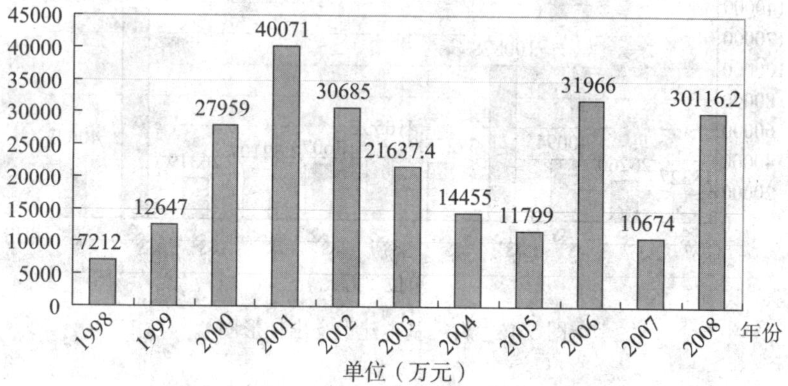

图5-15　对附属单位补助支出柱形图

4. 自筹基本建设支出

自筹基本建设支出是指事业单位经批准用财政补助收入以外的资金安排自筹基本建设支出。事业单位安排自筹基本建设支出必须在保证正常的事业支出需要及预算收支平衡的基础上进行。由于自筹基本建设支出的经费来源于体育事业经费的非财政收入，因此体育事业自筹基本建设支出与体育事业非财政收入的走势基本相同。1998年至2001年期间随着体育事业非财政收入的不断增加，自筹基本建设支出也不断增加。2002年体育事业经费的非财政收入下降了8.84%，自筹基本建设支出下降了63.05%，2003年体育事业经费的非财政收入增长了4.3%，自筹基本建设支出增长了10.13%，2007年体育事业非财政收入只上涨了0.2%，但自筹基本建设支出在基本建设支出、对附属单位补助支出、其他生产建设支出和事业发展支出减少的情况下比上年的支出增长了415%。2008年自筹基本建设支出在体育事业经费非财政收入增长的情况下反而下降了69.98%，这与当年体育事业支出增长了79.8%密切相关，可见自筹基本建设支出总额不仅与体育事业经费非财政收入休戚相关，也与体育事业经费支出结构有紧密的联系（图5-16）。

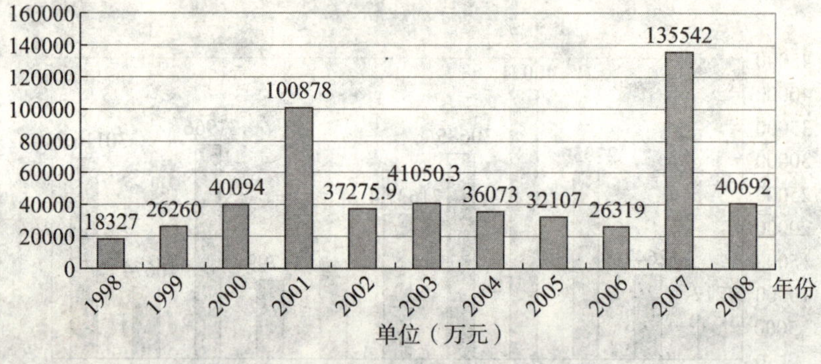

图5-16 自筹基本建设支出柱形图

5.3.5 体育事业经费的政府支出科目

体育事业经费的支出结构反映了体育事业财政支出的基本内容及其各类支出的相对重要性，体现了一定时期内体育事业财政活动的范围、支出责任及重点。财政支出结构的分类标准很多，本研究是按财政支出的具体用途对体育事业经费的支出进行分类，我国现行的政府预算收支科目也是采用此标准进行分类。由于2007年前后行政事业单位实行不同的政府收支分类科目，本研究以2007年为界，对体育事业经费的政府支出科目分别进行分析。

1. 2002—2007年体育事业经费的政府预算支出科目

根据财政部制定的《2001年政府预算收支科目》，2002-2007年我国体育事业经费支出科目主要包括体育基本建设支出、教育基建支出、科技三项费用、体育事业费、教育事业费、科学事业费、其他部门事业费、行政事业单位离退休经费、社会保障补助支出、政府机关经费、外交外事支出、国际组织支出和其他支出。

体育基本建设支出反映的是指中央和地方体育管理机构所属的

企业和事业单位的基建支出，体育基本建设支出占体育事业经费总支出的比重均值为 15.75%。体育基本建设支出在 2003 年和 2006 年增长较快，分别比上年增长了 49.72%和 58.05%，而 2004 年和 2007 年分别下降了 11.65%和 4.25%。

教育基建支出反映的是指体育系统所属的各类学校和教学仪器厂等企业和事业单位的基建支出，教育基建支出占体育事业经费总支出的比重均值为 0.69%。教育基建支出的涨跌起伏幅度非常大，2003 年、2005 年和 2007 年分别比上年增长了 269.91%、820.07%和 121.68%，而 2004 年和 2006 年又分别比上年下跌了 92.05%和 39.09%。

科技三项费用反映的是指新产品试制费、中间试验费、重要科学研究补助费等科学技术三项费用，科技三项费用占体育事业经费支出的比重平均约为 0.06%。科技三项费用每年支出情况差异很大，其中 2003 年、2004 年和 2007 年增长速度为正值，尤其是 2007 年，其增长速度达到 439%，2005 年和 2006 年的增长速度为负值。

体育事业费反映的是国家体育总局和地方体育系统的事业费。体育事业费是体育事业经费支出的主体，是政府体育事业公共财政保障的重点。体育事业费占体育事业经费支出的比重约为 67.27%。体育事业经费支出每年虽不断增长，但体育事业费支出占体育事业经费支出的比重呈不断下降的趋势。

教育事业费反映的是体育系统各类普通教育支出。教育事业费支出占体育事业经费支出的比重平均约为 7.68%。教育事业费除了 2006 年下降外，其余年份都在不断增加，2007 年的涨幅最大，增长速度达到 53.01%。

科学事业费反映的是用于与体育有关的自然科学、社会科学及科学技术普及和其他方面的支出。科学事业费支出占体育事业经费支出的比重平均约为 0.56%。科学事业费下降年份多增长年份少，2003 年科学事业费比上年增长了 54.91%，2004 年下降了 1.32%，2005 年小幅增长了 5.63%，但 2006 年大幅下降了 63.81%，2007 年又继续下降了 32.4%。科学事业费投入不足不利于我国体育事业的可持续发展。

其他部门事业费反映的是与统计、审计、国有资产管理、劳动保障等部门的相关业务费和事业费，以及行政机关事业费和党派团体事业补助费等支出。其他部门事业费支出占体育事业经费支出的比重均值约为0.48%，除2003年比上年下降了37.75%以外，其余年份都呈增长的趋势。

行政事业单位离退休经费支出反映的是实行归口管理的行政事业单位离退休经费。行政事业单位离退休经费支出占体育事业经费支出比重的均值约为2.22%，并呈逐年增长的趋势。

社会保障补助支出反映的是各级财政对社会保险基金、就业、全国社会保障基金和企业关闭破产等的补助。社会保障补助支出占体育事业经费支出的比重均值约为0.28%。2003年社会保障补助支出下降了21.08%，2004年起呈现不断增长的趋势，2007年增长了109.46%，增长速度很快。

政府机关经费反映的是各级体育行政部门的经费。政府机关经费支出的比重占体育事业经费支出的比重均值约为2.81%，并以年均27%的速度保持增长。

外交外事支出反映的是外交支出、地方外事费和对外宣传经费等方面的支出。外交外事支出占体育事业经费支出的比重均值约为0.72%。外交外事支出在2004年和2006年涨幅较大，分别达到38.79%和26.36%，而2003年和2005年小幅下跌，2007年继续保持增长的趋势。

国际组织支出反映的是国际组织会费、国际组织捐赠和国际组织股金及基金等方面的支出。国际组织支出占体育事业经费支出的均值约为0.02%，在体育事业经费支出比重中所占的份额很小。

其他支出反映的是政府一般预算支出中不能归入上述各类的支出。其他支出占体育事业经费支出的比重均值约为1.47%。其他支出每年的增长速度涨跌不均，2003年和2005年分别下跌了34.04%和17.33%，而2004年、2006年和2007年又分别上涨了76.13%、194.2%和56.09%，说明政府每年根据体育事业发展的需要调整其经费支出结构（表5-23）。

表 5-23　　**2002—2007 年体育事业经费支出科目表**(单位：万元)

年份	体育基本建设支出	教育基建支出	科技三项费用	体育事业费	教育事业费	科学事业费	其他部门事业费
2002	171683.4	5592.4	497.5	933751.3	94411.7	7968.4	7050.2
2003	257038.1	20686.9	617.5	956280.3	119619.5	12343.7	4388.9
2004	227091	1644	1064	1071479	132007	12181	4799
2005	249662	15126	749	1124668	142116	12867	6784
2006	394596	9213	582	1356777	124678	4657	13094
2007	377827	20423	3137	1617317	190766	3148	16236

年份	行政事业单位离退休经费	社会保障补助支出	政府机关经费	外交外事支出	国际组织支出	其他支出
2002	28411.2	3752.1	26099.9	9939	0	15580
2003	30833.6	2961.1	34618.8	9593.1	160	10276
2004	34410	3689	48448	13314	414	18099
2005	39462	4239	50450	11809	331	14962
2006	47302	5034	60092	14922	444	44018
2007	54011	10544	86108	15340	1162	68709

2. 2002—2007 年体育事业费政府预算支出科目

体育事业费支出是体育事业经费支出的最重要部分。体育事业经费支出的结构是否合理可以通过体育事业费来体现。体育事业费主要包括体育竞赛费、优秀运动队经费、业余训练费、体育场馆补助费和其他事业费。

体育竞赛费反映的是各级体育行政管理部门组织的、委托办的各种运动会和选拔竞赛经费。体育竞赛费支出占体育事业费支出的比重年均约为 9.17%，体育竞赛费年均增长率为 14.6%。2003 年体育竞赛费比上年下降了 31.38%，2004 年起体育竞赛费持续增加，2006 年和 2007 年分别上涨了 64.02%和 48.87%。

优秀运动队经费反映的是各级体育行政管理部门组织的、委托办的各种运动会和选拔竞赛经费。优秀运动队经费支出占体育事业费支出的比重平均约为25.61%，优秀运动队经费支出逐年增长，年均增长率为9.75%。

业余训练费反映的是青少年业余体校、重点业余体校、单项业余体校、体育场所办的业余体校经费，传统项目布局学校经费。业余训练费支出占体育事业费支出的比重平均约为8.6%，业余训练费支出逐年增长，年均增长率为12.87%。

体育场馆补助费反映的是各级体育行政管理部门所属体育场、体育馆、游泳池、有固定看台灯光球场等体育场地的补助经费，学校、单项运动学校的事业费。

体育场馆补助费支出占体育事业费支出的比重平均约14.65%，年均增长率为17.81%。体育场馆补助费除2003年下降3.03%，其余年份的支出都保持增长，尤其是2007年，体育场馆的补助费达到了61.09%。

其他事业费反映的是各级体育行政管理部门的群众体育活动费、宣传活动费，奖章、证章、证书费，干部培训经费等。其他事业费支出占体育事业费支出的比重平均约为41.98%。其他事业费逐年增加，年均增长率为41.98%（表5-24）。

表5-24　**体育事业费支出科目表**　（单位：万元）

年份	体育竞赛费	优秀运动队经费	业余训练费	体育场馆补助费	其他事业费
2002	101594.9	233617	79685.4	129399.1	389455
2003	69717.7	241478.5	83085.6	136476	425522.5
2004	77349	271389	91797	156823	474119
2005	82105	312115	100312	152075	478061
2006	134667	370200	106436	182308	563166
2007	200476	372057	145963	293675	605146

从上述体育事业费支出科目来看，体育竞赛费、优秀运动队经费和业余训练费都属于竞技体育的经费开支。体育行政部门所属体育场馆的主要功能是服务于竞技体育，用于运动员的训练、比赛等用，因此体育场馆补助费也主要是服务于竞技体育，这4项科目的平均比重总计达到58.03%。其他事业费包括除上述4项支出以外的经费，但其占体育事业经费支出的比重不足50%。鉴于群众体育在体育事业发展中的重要地位，本应作为体育事业经费支出单列的科目，但却包含在其他事业费之中，从中可推测出群众体育事业经费的支出较少。

3. 2008年体育事业费政府支出科目

根据财政部制定的《2007年政府收支分类科目》，2008年体育事业费支出科目包括体育竞赛费、体育训练费、体育场馆和群众体育。体育竞赛费反映的是综合性运动会及单项体育比赛支出；体育训练反映的是各级体育运动队训练补助及器材购置等方面的支出；体育场馆反映的是体育场馆建设及维护等方面的支出；群众体育反映的是业余体校和全民健身等群众体育活动方面的支出。2008年体育事业费支出3078847.2万元，其中体育竞赛费支出220570.5万元，体育竞赛费支出占体育事业费支出的比重为7.16%；体育训练费支出306072.5万元，体育训练费支出占体育事业支出的比重为9.94%；体育场馆支出381765.5万元，体育场馆支出占体育事业支出的比重为12.4%；群众体育支出691053万元，群众体育支出占体育事业支出的比重为22.45%。从体育事业费支出科目来看，体育事业费支出的效益不高。体育竞赛费、体育训练费、体育场馆及群众体育4项体育事业支出科目占体育事业费支出的比重只有51.95%，尤其是关系13亿人健康的群众体育事业经费占体育事业费支出的比重只有22.45%，占体育事业经费支出的比重仅为20.77%。群众体育支出中如果除去传统上被认为是属于竞技体育的业余体校的经费支出，那么真正用于全民健身的群众体育事业经费所占的比重会更低（表5-25）。

表 5-25　　2008 年体育事业主要支出科目表

体育事业费支出科目	支出金额（万元）	占体育事业支出比重（%）
体育竞赛费	220570.5	7.16
体育训练费	306072.5	9.94
体育场馆	381765.5	12.4
群众体育	691053	22.45

5.4 我国体育事业经费支出存在的问题

5.4.1 体育事业经费支出的科目不合理

体育事业经费支出中的事业支出规模是一国体育事业发展的决定性因素，是衡量一国体育事业发展的最重要指标。虽然 1998 年至 2007 年期间，事业支出呈不断增长的趋势，但事业支出占体育事业经费支出的比重却呈下降态势（表 5-26）。

表 5-26　　事业支出占体育事业经费支出的比重表

年份	事业支出（万元）	体育事业经费支出（万元）	事业支出占体育事业经费支出的比重（%）
1998	485075	534765	90.71
1999	552466	607727	90.91
2000	710952	815941	87.13
2001	919284	1082463	84.93
2002	957521.8	1304737.1	73.39
2003	945915.3	1459417.4	64.81
2004	1059711	1568639	67.56
2005	1113153	1673225	66.53

续表

年份	事业支出（万元）	体育事业经费支出（万元）	事业支出占体育事业经费支出的比重（%）
2006	1359164	2075411	65.49
2007	1712335	2464728	69.47
2008	3078847.2	3327020.6	92.54

2008 年事业支出占体育事业经费支出的比重之所以创历史新高，是因为我国举办北京奥运会各方面体育工作的需要。事业支出比重的下降不利于我国奥运争光计划的实现、全民健身计划的实施以及体育场馆的建设和维修，进而影响到体育事业的健康发展。

5.4.2 体育事业经费支出越位和缺位并存

我国体育公共支出的范围虽然较计划经济时期已经有了很大的变化，但与市场经济对政府体育职能的要求相比仍有较大的差距，这种差距主要表现在政府该管的事情没有管好，相反一些应由市场机制配置的商品政府却又以“公共产品”的名义来提供，造成目前我国体育公共支出越位和缺位的格局并存。

（1）体育公共支出的越位

第一，财政供养的人不断增多，支出负担加重。

虽然我国政府机构有过三次机构改革（1993 年、1998 年和 2003 年），而且成效显著，但我国体育行政机关工作人员却有不断增多的趋势。尽管 2000 年至 2002 年我国体育行政机关人员数不断减少，但自 2003 年起，体育行政机关工作人员逐年增加，尤其是 2008 年北京奥运会的举办，我国体育行政机关工作人员数急剧增加，增长速度达到 17.57%（表 5-27）。体育行政机关工作人员的不断增多，不仅使与财政供养人员有关的经费如政府机关经费、社会保障补助支出及行政事业单位离退休经费的绝对值逐年增长，而且财政供养人员经费的相对规模即占体育事业经费的比重也不断增加（表 5-28）。

表 5-27　　**体育行政机关人数表**

年份	行政机关人数（人）	增长速度（%）
1994	28057	
1995	27694	−1. 29
1996	27935	0. 87
1997	28980	3. 74
1998	29096	0. 4
1999	29635	1. 85
2000	29418	−0. 73
2001	28460	−3. 26
2002	23934	−15. 9
2003	24234	1. 25
2004	25281	4. 32
2005	25741	1. 82
2006	26453	2. 77
2007	27194	2. 8
2008	31973	17. 57

表 5-28　　**体育财政供养人员经费表**

年份	财政供养人员经费支出合计（万元）	政府机关经费（万元）	社会保障补助支出（万元）	行政事业单位离退休经费（万元）	体育事业经费支出（万元）	财政供养人员经费占体育事业经费支出的比重（%）
2002	58263. 2	26099. 9	3752. 1	28411. 2	1304737. 1	4. 47
2003	68413. 5	34618. 8	2961. 1	30833. 6	1459417. 4	4. 69
2004	86547	48448	3689	34410	1568639	5. 52
2005	94151	50450	4239	39462	1673225	5. 63

续表

年份	财政供养人员经费支出合计（万元）	政府机关经费（万元）	社会保障补助支出（万元）	行政事业单位离退休经费（万元）	体育事业经费支出（万元）	财政供养人员经费占体育事业经费支出的比重（%）
2006	112428	60092	5034	47302	2075411	5.42
2007	150663	86108	10544	54011	2464728	6.11

第二，体育公共支出过多参与了体育私人产品及部分准公共产品的生产。

市场经济条件下，私人产品由市场提供才能达到高效运行。但现阶段我国政府体育职能部门并未在体育资源配置中充分发挥市场的基础性作用，而是管办不分，在竞争性和经营性领域仍占有重要作用。如我国政府体育职能部门过多干预体育竞赛市场和体育培训市场，垄断重大竞赛的所有权，未能营造出体育产业发展所需要的良好环境。

政府没有处理好体育公共产品提供和生产的关系，政府提供体育公共产品并不等于政府直接参与生产，政府的提供责任主要包括由谁提供、提供什么、提供多少、何时提供、向谁提供以及哪些优先提供，而不是政府独家垄断体育公共产品的生产。现阶段我国政府体育职能部门对体育准公共产品的生产包揽太多，阻碍了社会力量进入体育市场，降低了体育资源配置的效率，既消耗了政府大量的财力，又影响了政府宏观调控体育职能的发挥。

此外，我国体育公共支出中还存在经营性投资支出过大，各种补贴过滥，对不具有公共产品性质的领域补贴过多，如对各类不属于公共产品或准公共产品的出版社、报社、中介机构等也进行了财政供给，而这些费用本都可通过自筹资金或市场收费等维持运转、补偿耗费。

体育公共经费支出的越位所造成的后果，一是挤占了稀缺的体育经费资源，分散了财力，使得体育公共支出不能充分保证体育领域中那些需要优先保障的项目，如建设群众体育场地设施、加快农村体育的发展等，造成体育公共支出宏观调控的下降和非意愿性缺位。二是不利于政府体育职能的根本转变和体育产业的发展。体育公共支出范围过宽，是因为政府的过度干预和政府体育职能转变不到位，从而影响了体育市场主体的培育和体育产业的发展，同时也会使应实行企业化管理的事业单位对政府产生依赖性，不利于其及时转变经营机制，走向市场。三是导致体育事业财政资金的使用效益低下。

(2) 体育公共支出的缺位

体育公共支出一方面介入了体育市场有效的领域，另一方面又在一些体育市场失灵的范围内没有尽到应有的责任，出现了体育公共支出缺位的现象。政府弥补市场失效的核心领域是体育公共产品的供给，但由于目前政府财力有限及政府越位的原因，政府尚未提供充分的体育公共产品来满足人们的体育公共需求，如我国体育法律法规体系还不完善、体育科学研究投入不足等，导致民生体育发展不足，体育财政资金使用效率不高，体育各项事业科技含量较低，影响了我国体育强国目标的实现。

第一，体育法律法规体系不健全。

体育法律法规体系是体育事业可持续发展的重要条件。改革开放以来，我国体育立法取得了很大的成就，1995 年《体育法》的颁布在我国体育事业发展史上具有里程碑的意义，标志着我国体育工作开始进入依法行政、以法治体的新阶段。体育法制建设所取得的成就还包括改革开放以来制定的近千部体育行政法规和部门规章，这些体育行政法规和部门规章为我国体育工作的开展提供了基本的规范保障。地方体育立法也成绩显著，为保障地方体育事业的发展作出了巨大贡献。在肯定体育法律法规建设所取得的成绩的同时，我们更应正视其存在的问题。1995 年所制定的《体育法》已适应不了新形势发展的需要，急需修改，但由于我国体育法制建设得不到国家的重视，《体育法》的修订迟迟排不上提案；体育法规立法层次较低、数量有限、效力低下；体育法规的规范性程度不高，各种法规和规章之间存在冲突的情况也屡见不鲜。体育法律法规的不健全不能有效界定体育行政部门的权力范围和约束体育行政人员的行政行为，公民的合法体育权利得不到有效保护；体育产业方面的政策不配套也跟不上体育产业发展的需要，阻碍了体育产业的繁荣和体育行政管理体制改革的进程。

第二，体育科学费支出不足。

科学技术是第一生产力，体育科学技术是推动体育事业发展的关键性因素。随着我国科教兴国战略的实施，依靠科技进步来发展体育事业已达成共识，国家每年都投入一定的科研经费来发展体育事业，全民健身运动的科学化程度和运动训练科学化水平不断提高，体育科学研究成果显著，有近600项体育科技成果获得国家科技进步奖和体育科技进步奖①。体育科学研究需要稳定的经费支持，但近年来我国体育科学研究并未得到充分重视，体育科研经费的相对规模在逐渐减小。

我国体育科学研究经费主要包括科技三项费用和体育科学费。2003年由于科技三项费用和体育科学费的支出比上年都有较大的增长，体育科研经费支出也大幅增加，其占体育事业经费支出的比例达到0.89%，之后体育科研经费投入的相对规模逐渐缩小，2006年和2007年的比重只有0.25%（表5-29）。我国体育科学研究经费与国外相比相差甚远，2002年芬兰体育教育科研与信息方面的财政支出占其总支出的比重达到4.4%，澳大利亚政府2006—2009年增加的体育预算中，急需体育科学研究的关键领域所增加的预算占总增加预算内拨款的比例达到15.62%。我国体育科学研究经费的不足不利于科技兴体战略目标的实施，影响我国体育的现代化进程。

① 国家体育总局. 2001—2010年体育科技发展规划［EB/OL］. http：//www.sport.gov.cn/n16/n41308/n41323/n41345/n41641/n44698/n44713/172536.html.

表 5-29 **体育科学研究经费支出表**

年份	体育科学研究经费支出合计（万元）	科技三项费用（万元）	科学事业费（万元）	体育经费支出（万元）	体育科学研究经费占体育经费支出比重（%）
2002	8465. 9	497. 5	7968. 4	1304737. 1	0. 65
2003	12961. 2	617. 5	12343. 7	1459417. 4	0. 89
2004	13245	1064	12181	1568639	0. 84
2005	13616	749	12867	1673225	0. 81
2006	5239	582	4657	2075411	0. 25
2007	6285	3137	3148	2464728	0. 25

5. 4. 3 我国体育事业经费支出的结构不均衡

公共财政的职能主要是满足社会的公共需要，对市场经济进行宏观调控，促进社会公平。但由于计划经济体制以来所形成的体育财政保障的强大惯性所产生的路径依赖，我国目前的体育事业公共财政保障的结构仍不合理，突出表现在以下三个方面：

1. 竞技体育和群众体育的投入结构不合理

政府注重的是政绩体育，民生体育关注较少。在体育经费的使用上，表现为竞技体育投入比重大，群众体育投入比重很小，导致与群众健身直接相关的公共体育场地设施匮乏、公益性社会体育指导员不足、体育的组织化水平不高、国民体质监测的覆盖范围还很有限。

（1）居民公共体育场地设施健身的需求与政府供给不足的矛盾

据第五次全国体育场地的普查数据显示，2003 年年底我国平均每万人拥有体育场地 6. 58 个，而 2002 年德国平均每万人拥有体育场地数 15.39 个，德国人均体育场地数是我国的 2 倍多①。我国体育系统所属体育场地虽有不断增加的趋势，体育场地的使用次数也降中有升，但体育系统的开放情况不甚理想，有下降的倾向，2007 年体育系统所属体育场地开放的比例只有 54%。我国体育场地数量本来就有限，而体育系统所属的体育场地开放率又不高，这势必造成居民可健身的场地数量更少。我国体育系统所属体育场地长期被占的情况每年都有发生，2005 年我国体育系统所属体育场地数 18832 个，其中长期被占的场地有 1327 个，长期被占的体育场地数占体育系统所属体育场地数的比例达到了 7%，这使我国原本紧张的体育场地的有效使用雪上加霜（表 5-30）。2008 年我国新建体育场地数 1106 个，其中部分开放 39 个，全天开放 979 个，不开放 88 个，新建的体育场地同样没有得到充分的利用①。

表 5-30　**体育系统所属体育场地数及使用情况表**

年份	所属体育场地个数	使用场次	其中：开放使用情况		其中：长期被占情况	
			开放数量	比例（%）	开放数量	比例（%）
2002	7479	2988175	5837	78	194	2.6
2003	8137	2362441	6936	85	145	1.8
2004	19126	2800770	10640	56	102	0.5
2005	18832	4138442	10118	54	1327	7
2006	16003	4362481	10877	68	105	0.7
2007	21170	4012550	11363	54	87	0.4

（2）公益性社会体育指导员满足不了人们的健身指导需求

随着《全民健身计划纲要》的顺利实施及《全民健身条例》的颁布施行，公益性社会体育指导员的人数也不断增加。2002

① 李丽，张林．体育公共服务：体育事业发展对公共财政保障的需求[J]．体育科学，2010，30（6）：53-58.

年我国公益性社会体育指导员人数为329532人，2008年公益性社会体育指导员增加到1042529人，2008年的公益性社会体育指导员是2002年公益性社会体育指导员的3.16倍，年均增长速度达到21.2%。随着公益性社会体育指导员人数的不断增多，人均公益性社会体育指导员指导的人数也在不断降低，2002年每个公益性社会体育指导员要指导3898人，而2008年减少到1274人，减少了3.06倍。但我国公益性社会体育指导员相对于我国不断增长的居民健身指导需求相比，人数仍较少。2008年即使加上职业社会体育指导员4420人①，我国社会体育指导员人均指导的人数才达到1268人。我国公益性社会体育指导员指导的人数与国外相比仍有较大差距，日本2007年共有235054名（包括体育辅导员）社会体育指导员，平均约553人就享有一名社会体育指导员②。

我国公益性社会体育指导员的水平不高，高级别的社会体育指导员非常少，绝大多数社会体育指导员的级别较低。2008年，我国国家级公益性社会体育指导员人数为1346人，占当年公益性社会体育指导员人数的比重只有0.13%；一级公益性社会体育指导员83127人，占当年公益性社会体育指导员人数的比重是7.97%；二级公益性社会体育指导员259410人，占当年公益性社会体育指导员人数的比重为24.88%；三级公益性社会体育指导员698646人，占当年公益性社会体育指导员人数的比重高达67.01%。国家级和一级公益性社会体育指导员占当年公益性社会体育指导员的比重只有8.1%，而二级和三级的公益性社会体育指导员人数占的比重达到了91.89%（表5-31），由此可见，我国公益性社会体育指导员的整体水平还非常低。此外，我国社会体育指导员的指导率也不高，指导率仅为59.11%，没有提供服务者的比例为40.89%，

① 国家体育总局体育经济司．体育事业统计年鉴［M］．2009（内部参考）．

② 吴昊．中日社会体育指导员制度的比较研究［D］．上海：华东师范大学，2008：6.

而日本的社会体育指导员指导率高达98%以上①。

表 5-31 **我国公益性社会体育指导员情况一览表**

年份	公益性社会体育指导员总数	全国人口数（万）	人均公益性社会体育指导员指导人数	国家级	一级	二级	三级
2002	329532	128453	3898	1787	26605	102438	198702
2003	434199	129227	2976	1707	31021	124715	276756
2004	631248	129988	2059	2354	57395	167736	403763
2005	669816	130756	1952	1827	43205	174647	450137
2006	707422	131448	1858	3007	46700	205687	452028
2007	853712	132129	1547	2981	55532	236026	558818
2008	1042529	132802	1274	1346	83127	259410	698646

资料来源：人口数据来源于中华人民共和国国家统计局［EB/OL］. http：//www. stats. gov. cn/tjsj/ndsj/2009/indexch. htm.

（3）我国群众体育的组织化水平不高

群众性体育组织是指从事与身体锻炼有关的社会机构与团体，是开展群众体育工作的组织保障。群众性体育组织水平的高低是衡量一国大众体育发展水平的重要指标之一。目前我国群众体育的组织水平还比较低，居民大多是自发地参与体育运动，体育活动的松散程度较高，凝聚力不强。2008 年我国体育俱乐部共有 17340 个，体育社团 22727 个，每 76587 人才能参加一个俱乐部，每 58434 人才拥有一个体育社团；青少年体育俱乐部 2242 个，而全国青少年人数有 3 亿多，每 133809 名青少年才能参加一个青少年俱乐部（表 5-32）。群众体育的组织化水平不高是制约我国群众体育发展

① 马进，田雨普．和谐社会构建中城乡群众体育统筹发展的思考［J］. 西安体育学院学报，2009，26（6）：665 667.

水平的重要因素之一。

表 5-32　　**2008 年体育组织数情况表**

名　称	数 量	全国人口数（万）	体育组织数与人口数的比值
体育俱乐部	17340	132802	1 : 76587
体育社团	22727	132802	1 : 58434
青少年体育俱乐部	2242	30000(全国青少年数)	1 : 133809

资料来源：人口数据来源于中华人民共和国国家统计局［EB/OL］. http：//www. stats. gov. cn/tjsj/ndsj/2009/indexch. htm. 全国青少年人数来源于［EB/OL］. http：//wenwen. soso. com/z/q101303170. htm.

（4）国民体质监测的覆盖范围还很有限

国民体质监测是系统掌握国民体质状况的一项有效工作，通过对监测对象进行体质测试，建立国民体质数据库，既可科学指导群众参与健身，提高群众体育的科学化水平，又可为体育行政部门制定相关决策及开展相关工作提供依据。为保证国民体质监测工作的客观、科学、有针对性，需要所监测的对象有一定的样本量，这样得出的数据分析才更科学，但 2008 年我国国民体质监测的人数还非常有限（表 5-33）。

表 5-33　　**2008 年相关省份国民体质监测情况一览表**

	人口数（万人）	累计受测人数（万人）	累计受测人数占人口数的比例（%）	本年度受测人员数（万人）	本年度受测人员数占人口数的比例（%）
北京	1695	61. 49	3. 63	10. 45	0. 62
天津	1176	43. 25	3. 68	9. 53	0. 81
上海	1888	50. 06	2. 65	10. 56	0. 56
江苏	7677	173. 54	2. 26	60. 34	0. 79

续表

	人口数（万人）	累计受测人数（万人）	累计受测人数占人口数的比例（%）	本年度受测人员数（万人）	本年度受测人员数占人口数的比例（%）
浙江	5120	31.86	0.62	7.79	0.15
广东	9544	49.50	0.52	24.80	0.26
山西	3411	13.39	0.39	0.92	0.03
安徽	6135	1.56	0.03	0.7	0.01
江西	4400	17.36	0.39	8.11	0.18
河南	9429	209.67	2.22	26.17	0.28
湖北	5711	38.02	0.67	5.35	0.09
湖南	6380	50.25	0.79	5.78	0.09
贵州	3793	7.26	0.19	2.85	0.08
云南	4543	41.77	0.92	8.40	0.18
陕西	3762	6.38	0.17	2.11	0.06
甘肃	2628	21.38	0.81	11.56	0.44
青海	554	0.34	0.06	0.34	0.06
宁夏	618	1.02	0.17	0.08	0.01

资料来源：人口数来源于相关省份统计局网站.

2008年我国累计受测人员数为1267.24万人，占我国总人口的比例只有0.95%。2008年我国本年度受测的人员数为285.31万人，当年受测人数占我国总人口的比例仅为0.21%。我们各省市的国民体质监测情况也是东部明显好于中西部，但即使是国民体质监测工作进展得最好的天津市，截至2008年累计的国民体质监测的人员数也只有43.25万人，占天津市人口数的比重仅为3.68%，而国民体质监测人员数最少的安徽省，累计监测的人员数为1.56万，占安徽省人口数的比例仅有0.03%。我国国民体质监测工作的现状不利于体育行政部门准确把握我国国民体质的总体状况，进而影响到全国群众体育工作的开展和相关决策的准确定位。

2. 区域体育发展不平衡

改革开放以来，我国区域间经济差距的轨迹整体上是先降后升。20 世纪 80 年代我国区域间的经济差距趋于缩小，而 20 世纪 90 年代以后，我国三大地带之间的差距逐步扩大，人均 GDP、人均可支配收入和政府财力都存在明显差距。经济发展水平决定体育事业的发展水平，东中西部的经济差距决定了三大区域的体育事业发展也呈现不平衡的发展格局。

人均体育事业经费是衡量各地区体育事业发展水平的重要指标，可以较客观地反映各地区的体育事业发展情况。从表 5-34 和表 5-35 可以看到，东部人均体育事业经费显著高于中西部。东部和中西部的人均体育事业经费虽有不断缩小的趋势，即由 2002 年的 8.55∶1∶1.28 降低到 2007 年的 4.13∶1∶0.97，可 2008 年三大区域的人均体育事业经费再一次加大到 6.25∶1∶1.19。但即使是三大区域人均体育事业经费差距最小的 2007 年，东部人均体育事业费是中部的 4.13 倍，是西部的 4.26 倍，差距仍较明显。通过数据我们进一步发现，中部人均体育事业经费不仅在总体上远低于东部人均体育事业经费，而且总体上也低于西部人均体育事业经费，这是因为在东部提速，西部大开发战略的实施下，中部经济发展“塌陷”，出现了“不东不西，不是东西”的特别现象。中部地区的经济发展速度不仅明显低于东部地区，也低于西部地区，经济总量和总体发展水平低于全国平均水平。

表 5-34　**东中西部省市人均体育事业经费情况表**　（单位：元）

年份	东部						中部		
	北京	天津	上海	江苏	浙江	广东	山西	安徽	江西
2002	68.2	41.1	61.8	11.4	18.6	20.5	5.9	3.6	2.4
2003	60.2	41.1	66.7	16.3	20.7	23.4	7.2	4.2	4

续表

年份	东部						中部		
	北京	天津	上海	江苏	浙江	广东	山西	安徽	江西
2004	74.5	38.7	99	13.5	21.3	20.	17.6	4.7	4.6
2005	70.8	39.7	71.1	16.7	21.7	21.1	12	5.4	7.5
2006	89.2	54.1	74.4	18.1	28.9	22.6	17.5	5.8	6.1
2007	136.4	30	97.4	21.4	33.4	25	39.3	6.7	9
2008	148	79.5	103.8	32.6	29.5	26.7	16.1	9.1	13.1
年份	中部			西部					
	河南	湖北	湖南	贵州	云南	陕西	甘肃	青海	宁夏
2002	2.8	5	6.2	2.59	5.28	5.58	5.25	5.04	9.36
2003	2.5	6.6	8.9	2.2	6.71	5.94	5.13	5.35	13.76
2004	3.8	7.5	4.7	2.54	6.8	7.02	6.61	11.95	10.08
2005	4.3	8.2	5.2	1.77	7.12	8.07	7.85	5.64	11.82
2006	5.6	12	8	5.94	8.53	9.44	9.26	26.92	17.89
2007	5.9	15.1	7.3	6.22	7.87	9.45	11.09	24.11	22.01
2008	6.3	13.3	9.3	6.14	7.47	12.31	9.89	23.95	20.29

注：人均体育事业经费根据各省各年体育事业经费及人口数计算所得，体育事业经费来源于《体育事业统计年鉴》，人口数来源于各省的官方统计网站。

表 5-35　**东中西部区域人均体育事业经费比较表**

年份	东部六省（元）	中部六省（元）	西部六省（元）	东中西部之比
2002	221.7	25.94	33.1	8.55 : 1 : 1.28
2003	228.41	33.38	39.09	6.84 : 1 : 1.17
2004	266.83	43.03	45	6.2 : 1 : 1.05
2005	241.12	42.63	42.27	5.66 : 1 : 0.99

续表

年份	东部六省（元）	中部六省（元）	西部六省（元）	东中西部之比
2006	287.21	54.9	77.98	5.23∶1∶1.42
2007	343.63	83.29	80.75	4.13∶1∶0.97
2008	420.09	67.17	80.05	6.25∶1∶1.19

注：人均体育事业经费根据各省各年体育事业经费及人口数计算所得，各省各年度体育事业经费来源于《体育事业统计年鉴》，人口数来源于国家统计局统计数据。

3. 城乡体育发展失衡

我国现行的财政体制是财权层层向上集中，而事权下移，到了最基层的乡镇一级财政，经费捉襟见肘。2000年农村人口占总人口的63.78%，但政府用于农村的财政支出仅占当年财政支出的7.75%。乡镇政府紧张的财政经费主要用于政府日常的正常运转，投入体育的经费极少，体育公共产品屈指可数，突出表现在农村体育场地设施和社会体育指导员两方面。第五次全国体育场地普查的数据显示乡（镇）村场地共有66446个，仅占全国体育场地的8.18%。2008年全国新建体育场地1106个，广大农村新建的体育场地共有658个，其中648个体育场地建在农村学校，村庄只有10个。我国目前社会体育指导员总数中的90%集中在城镇，而占国土面积83.5%的广大农村的社会体育指导员仅占10%①。农村体育场地设施的匮乏和社会体育指导员的不足严重影响了农民健身的积极性，不利于全民健康目标的实现。

4. 竞技体育系统内运动项目发展不平衡

政府财政投入的重点虽是竞技体育，但资金主要流向奥运争

---

① 田雨普，杨小明，刘开运．我国城乡群众体育统筹发展的战略［J］．体育学刊，2008，15（1）：9-13.

光类项目，对非奥运项目投入较少。政府对竞技体育的财政投入是以运动员为核心而延伸的，国家对相关运动项目的重视程度可以各项目的运动员人数来评价。以2008年奥运传统优势项目和非奥运部分项目优秀运动员的人数为例，我国奥运传统优势项目主要有跳水、举重、射击、体操、乒乓球和羽毛球6项，2008年这6项的优秀运动员共有4872人，其中在队的优秀运动员有4293人，而非奥运的6个项目的优秀运动员数只有234人，其中在队的优秀运动员仅有207人，奥运优势项目优秀运动员在队人数是非奥运项目的20.7倍（表5-36）。此外，我国竞技体育的基础性项目和业余训练投入较少。政府在职业体育和体育产业发展中存在制度性缺位。我国现阶段政府体育公共产品财政保障定位不清晰与我国政府公共财政的价值取向相悖，不利于体育的可持续发展。

表5-36 **2008年奥运和非奥运项目优秀运动员状态表** （单位：人）

奥运传统优势项目	总计	在队	待分	非奥运项目	总计	在队	待分
跳水	473	425	48	蹼泳	38	31	7
举重	771	645	126	滑水	28	24	4
射击	1592	1385	207	中国式摔跤	80	70	10
体操	647	562	85	登山	16	15	1
乒乓球	807	734	73	围棋	65	60	5
羽毛球	582	542	40	轮滑	7	7	

5.4.4 中央和地方政府的体育事权和财权不相匹配

1994年我国分税制改革的初衷是建立中央控制下的各级政府适当分权的财政关系，这是国际上市场经济国家通行的做法。但这一体制在改革的过程中，由于各种原因，离预定的初衷尚有一定的差距，存在不少问题。我国现行的分税制财政体制使我国的财权层层向上集中，事权却逐级下移，财权和事权不相统一。体育财权和事权不相统一可从中央和地方的财政收入比重及中央和地方的体育事业经费投入来比较说明（表5-37）。

表5-37 **中央和地方财政收入及体育事业经费投入比重表**

年份	中央和地方财政收入比重（%）		中央和地方体育事业经费投入比重（%）	
	中央	地方	中央	地方
1990	33.8	66.2	8.5	91.5
1991	29.8	70.2	7.9	92.1
1992	28.1	71.9	7.6	92.4
1993	22.0	78.0	8.9	91.1
1994	55.7	44.3	7.6	92.4
1995	52.2	47.8	9.5	90.5
1996	49.4	50.6	7.4	92.6
1997	48.9	51.1	11.8	88.2
1998	49.5	50.5	10.8	89.2
1999	51.1	48.9	10.8	89.2
2000	52.2	47.8	19.7	80.3
2001	52.4	47.6	21.0	79.0
2002	55.0	45.0	15.2	84.8
2003	54.6	45.4	18.4	81.6
2004	54.9	45.1	19.9	80.1
2005	52.3	47.7	15.3	84.7
2006	52.8	47.2	17.5	82.5

续表

年份	中央和地方财政收入比重（%）		中央和地方体育事业经费投入比重（%）	
	中央	地方	中央	地方
2007	54.1	45.9	11.8	88.2
2008	53.3	46.7	12.1	87.9

资料来源：中央和地方的财政收入比重来源于国家统计局［EB/OL］. http://www.stats.gov.cn/tjsj/ndsj/2009/indexch.htm；中央和地方的体育事业经费投入比重根据《体育事业统计年鉴》数据计算所得。

体育事业各项工作的开展都需要投入一定的人力、物力，需要一定的经费作保障，因此中央和地方的体育事业经费投入情况可在很大程度上反映中央和地方政府各自所承担的体育事权。由表5-37可知，1990年至1993年，中央和地方政府财政收入的比重平均为28.4∶71.6，中央和地方的体育事业经费投入比重平均约为8.2∶91.8，即地方政府以71.6%的财力承担了91.8%的体育事权，地方政府的财权和体育事权的比例为1∶1.3。1994年实行分税制以后，中央政府的财政收入超过地方政府的财政收入，中央和地方的财政收入比重平均为52.6∶47.4，中央和地方体育事业经费投入的比重平均约为13.9∶86.1，地方政府以47.4%的财力承担了86.1%的体育事权，两者的比例为1∶1.8。从1994年前后的地方财权和事权的比较可见，实行分税制后，地方的财权在大幅减少，但事权却没有相应地减轻，地方政府的财权和体育事权匹配不合理。

我国幅员辽阔，各区域的传统体育文化绚丽多彩，体育公共产品由各地方政府根据本地区体育资源、民俗体育文化提供，更能体现民意，满足当地居民的体育健身娱乐需求。由于地方财力有限，中央政府及省政府应根据地方所提供体育公共产品外溢性的大小及地方政府财力情况给予相应的转移支付，使各地能享受到大体均衡的体育公共服务。但目前的现状是中央和省政府并未承担相应的事权，中央政府和省政府对全民健身设施的投入明显不足。从2002

年至2007年全民健身设施各级政府投入与全民健身设施总投入的比重来看，国家投入的比重平均约为6.48%，省级投入的比重平均约为14.46%，地级投入的比重平均约为34.34%，县级投入的比重为44.72%，县级投入的比重较大（表5-38）。

表5-38　　**全民健身设施各级投资金额占总投资比重表**

年份	总计(万元)	国家投入		省级投入		地级投入		县级投入	
		数额(万元)	比例(%)	数额(万元)	比例(%)	数额(万元)	比例(%)	数额(万元)	比例(%)
2002	2234620	28916	1.29	106092	4.75	1459055	65.29	640557	28.67
2003	613865	47062	7.67	54261	8.84	101922	16.6	410620	66.89
2004	626291	29673	4.74	92204	14.72	129917	20.74	374497	59.8
2005	416802	28349	6.8	70193	16.84	145285	34.86	172975	41.5
2006	784467	39084	4.98	82170	10.47	291754	37.19	371459	47.35
2007	5312542	712942	13.42	1652838	31.11	1666534	31.37	1280228	24.1

中央政府在政府命名的群众体育场地建设中也未承担相应的财力。2008年政府命名的群众体育场地共有18328个，共投资9153409万元，投资主体包括中央、省级、地市和县区，投资金额来源于各级财政拨款、体育彩票公益金等。其中国家投资31621万元，占总投资的比重为0.35%；省级投入3496388万元，占总投资的比重为38.2%；地级投入1554319万元，占总投资的比重为16.98%；县级投入4071082万元，占总投资的比重为44.48%，可见县级政府承担的投资金额较多①。2008年县区级政府命名的群众体育场地中，中央只投入了14869万元，占县区级政府命名群众体育场地投资金额的比重只有0.27%，省级投入和地级投入占县区级政府命名群众体育场地投资金额的比重分别为7.96%和

① 国家体育总局体育经济司．体育事业统计年鉴［M］．2009（内部参考）．

18.65%，而县级投入金额达到4006730万元，占县区级政府命名群众体育场地投资金额的比重高达73.12%（表5-39）。

表5-39　各级政府命名群众体育场地投资金额及比重表

	总计（万元）	中央投入		省级投入		地级投入		县级投入	
		数额（万元）	比例（%）	数额（万元）	比例（%）	数额（万元）	比例（%）	数额（万元）	比例（%）
国家级	285792	8890	3.11	21111	7.39	217149	75.98	38642	13.52
省　级	3074605	3031500	98.6	42422	1.38	683	0.02		
地市级	309346	3862	1.25	7577	2.45	272880	88.21	25027	8.09
县区级	5479667	14869	0.27	436200	7.96	1021868	18.65	4006730	73.12

从上述政府命名群众体育场地投资金额可见，县级及以下政府承担了较多的事权，但财力又极其有限。县级政府为获得经费维持运转，提供必要的公共服务，只能通过各种手段去募集资金，甚至将负担转嫁到当地的居民身上，各种乱收费现象时有发生。

5.5　本章小结

我国体育事业经费收入以年均18.8%的速度保持增长，体育事业经费收入与GDP存在高度正线性相关。体育事业经费的收入结构包括财政收入和非财政收入，国家对体育事业的财政投入以年均20.2%的速度保持快速增长，1998年至2008年期间，体育事业财政投入占体育事业经费的比重均值为62.61%，是我国体育事业经费的主要来源。体育事业非财政收入曲折上升，但增长的后劲不足。事业收入是体育事业经费非财政收入的主要来源，体育彩票公益金持续增长，是我国体育事业收入的重要来源。

我国体育事业经费收入总量偏少，体育事业经费投入占GDP及国家财政支出的比重都非常低，两项比重均呈下降趋势。2002年至2008年体育事业经费投入占GDP的比重年均值仅为0.11%，与西方国家相差甚远。体育事业经费过多依赖于财政拨款，体育事业财政投入占体育事业经费的比重均值达到62.61%，而国外经济发达国家体育事业财政投入只占体育事业经费的很小部分。

体育事业经费支出以年均20.1%的速度保持增长，体育事业经费支出的绝对规模虽不断增长，但体育事业经费支出占GDP的比重徘徊在0.10%左右。体育事业费是体育事业经费支出的主体，是政府体育事业公共财政保障的重点，体育事业费占体育事业经费支出的比重约为67.27%。体育事业经费支出每年虽不断增加，但体育事业费支出占体育事业经费支出的比重呈不断下降的趋势。

体育事业经费支出的科目不合理，事业支出占体育事业经费支出的比重呈下降态势。体育事业经费支出结构不均衡，政府注重的是政绩体育，民生体育关注较少。区域体育、城乡体育发展不平衡。中央和地方政府的体育事权与财权不相匹配，中央政府和省政府对全民健身设施的投入明显不足。

6 我国群众体育公共财政保障的现状及存在的问题

改革开放以来特别是21世纪以来，随着城镇和农村居民家庭恩格尔系数的不断降低，城乡居民的消费结构逐渐发生转变，对群众体育公共产品的需求不断增加。但长期以来我国竞争体育优先发展战略的实施导致我国群众体育发展缓慢，群众体育公共产品供给不足，群众体育公共产品的供需矛盾日益突出，进而影响到我国社会主义和谐社会构建及体育强国建设的进程。

自2005年3月5日温家宝总理在《政府工作报告》中明确提出“要努力建设服务型政府”以来，建设服务型政府成为我国行政体制改革的基本目标。体育公共服务作为我国公共服务体系的重要组成部分，是当前建设服务型政府和推进公共服务均等化的重要内容。随着我国社会主义市场经济体制的逐步完善及全面建设小康社会进程的加快推进，完善体育公共服务体系，提供高质量的体育公共服务是社会主义市场经济及社会主义现代化建设对我国政府体育职能转变的本质要求，是体育强国建设的基本要求，也是公共服务型政府建设的必然要求。

体育公共服务满足的是社会体育公共需求，而群众体育是根据国家的体育方针和社会的需要，依据参加者的实际情况，通过多种多样形式进行的身体锻炼活动，目的是使广大职工、城镇居民、农民等通过锻炼达到健身、健美、休闲、娱乐、保健和医疗康复的目的，因此群众体育公共产品的供给对象是“广大职工、城镇居民、农民”，“全体社会成员”，是与广大居民关系最密切的体育公共产品，因此体育公共服务型政府重点提供的是群众体育公共产品。

6.1 我国群众体育公共财政投入的现状

6.1.1 我国群众体育公共财政投入的规模分析

1. 我国体育事业的财政投入

随着我国社会主义市场经济不断深入发展和中国加入 WTO，受西方新公共管理运动及新公共服务理论的影响，建设“服务型政府”成为中国政府改革的目标和发展战略。为顺应时代发展，满足人们不断增长的体育公共服务需求，提供体育公共服务已成为中国政府职能转变的重要内容，政府对体育公共服务的财政投入不断增长。体育事业财政投入年均增长速度达到 14.38%。2002 年我国体育事业财政投入为 88.63 亿元，2011 年体育事业财政投入增加到 297.04 亿元，2011 年的体育事业财政投入是 2002 年体育事业财政投入的 3.4 倍，体育事业财政投入为体育公共服务型政府的构建提供了稳定的财政保障（表 6-1）。

表 6-1　　**我国体育事业财政投入表**

年度	财政投入（亿元）	增长速度（%）
2002	88.63	45.84
2003	99.84	12.65
2004	113.53	13.71
2005	121.15	6.71
2006	132.81	9.62
2007	177.03	33.30
2008	243.55	37.58
2009	196.21	-19.44

续表

年度	财政投入（亿元）	增长速度（%）
2010	217.84	11.02
2011	297.04	36.36

2. 我国群众体育的财政投入

由于群众体育的公共产品属性和正外部性，世界各国政府都介入群众体育的发展，并给予相应的财政支持。韩国国民体育振兴公团于2009年投资3668亿韩元用于韩国体育振兴基金，其中1400亿韩元支持大众体育①，大众体育投入占韩国体育振兴基金的38.17%。英国2011年、2012年两年每年的体育拨款约为5000多万英镑，其中3000多万英镑分配给英格兰体育理事会（主要用于大众体育），1000多万英镑分配给英国体育理事会（主要用于竞技体育），大众体育财政拨款约占英国财政拨款的60%。为实现伦敦奥运会激励更多人参与体育的承诺，2012年年底英格兰体育理事会宣布在未来4年中，将拨款4.93亿英镑用于大众体育②。澳大利亚政府为进一步提高国民的体育参与率，于2010年5月宣布对大众体育新增拨款3.25亿澳元。2011年初，澳政府再次宣布未来4年间每年对各体育组织新增拨款共1100万澳元，用于资助各式大众体育活动并广泛实施社区体育计划③。

我国政府也依据不同时期的体育政策投入相应的财政资金保障群众体育的发展。但受我国经济发展水平制约及体育发展战略的影响，长期以来我国群众体育投入不足，群众体育的落后、薄弱成为

---

① 金仙女．利用闲暇的公共体育场所开展群体运动［EB/OL］. http://www.sportinfo.net.cn/show/title.asp?TID=21408.

② 张曙光、李晨．英国大众体育的现状与趋势［EB/OL］. http://www.sportinfo.net.cn/show/title.asp?TID=36514.

③ 汪颖．澳大利亚大众体育发展现状与成效［EB/OL］. http://www.sportinfo.net.cn/show/title.asp?TID=36515.

制约我国体育公共服务型政府构建及体育强国建设的短板，故引起了各级政府部门的关注并加大了群众体育的投入，2008 年至 2011 年我国体育事业经费中共投入 1392856.3 万元用于保障群众体育的发展①。2008 年是我国体育事业发展的特殊年——奥运年，国家加大了对各项体育工作的支持力度，体育事业经费收入由 2007 年 2600647 万元增加到 2008 年的 3839377.7 万元，其中财政拨款由 2007 年的 1770278 万元增加到 2008 年的 2435506 万元。2008 年体育事业财政投入比 2007 年增长了 1.38 倍，群众体育经费支出也以倍数增长，达到了 691053 万元。2009 年起国家对体育事业的财政保障恢复正常财政投入轨迹，2008 年群众体育经费支出是 2009 年的 3.26 倍，但 2009 年至 2011 年群众体育经费支出呈增长趋势（图 6-1）。

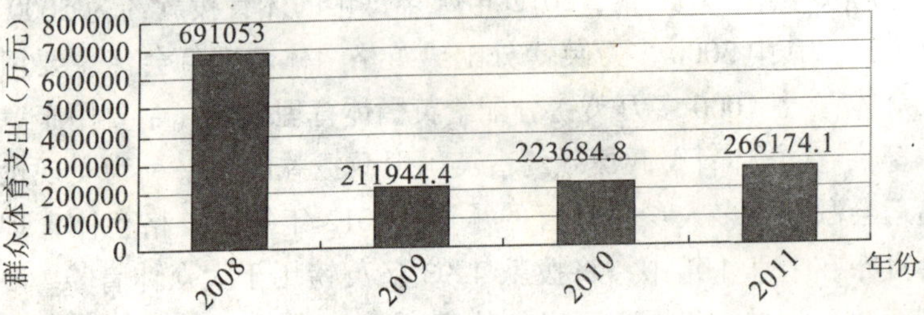

图 6-1　我国群众体育经费支出

6.1.2　体育彩票公益金中群众体育的支出

体育彩票公益金是政府非税收收入的形式之一，专项用于体育、社会福利等社会公益事业。为弥补体育事业发展经费的不足，我国不断加大体育彩票发行力度，体育彩票销售量以年均 32.8% 的速度保持增长。1994 年体育彩票销量只有 10 亿元，2011 年体育彩票的发行量达到 937.85 亿元，2011 年的体育彩票销量是 1994

① 本研究有关体育事业经费及体育场地设施、体育组织、社会体育指导员、国民体质监测等相关数据均来自于《体育事业统计年鉴》，故不在书中另外标注说明。

年体育彩票销量的94倍。体育彩票销量的不断增长使国家筹集的公益金也不断增多，体育彩票公益金的提取以年均34.3%的速度保持增长，增长速度超过体育彩票销售的增长速度。1995年体育彩票公益金的提取金额为2.25亿元，2011年体育彩票公益金的提取金额达到253亿元，2011年体育彩票公益金的提取额是1995年体育彩票公益金提取额的112倍（表6-2）。

表6-2 **体育彩票销量及公益金提取表**

年份	销售量（亿元）	销售量增长速度（%）	提取公益金（亿元）	提取公益金增长速度（%）
1995	10		2.25	
1996	12	20	2.87	27.6
1997	15	25	4.27	48.8
1998	25	66.7	7.60	78
1999	40.36	61.4	12.11	59.3
2000	91.14	125.8	27.46	126.8
2001	149.29	63.8	44.80	63.1
2002	217.73	45.8	76.21	70.1
2003	201.35	-7.5	70.47	-7.5
2004	154.20	-23.4	53.98	-23.4
2005	302.66	96.3	103.62	92
2006	323.63	6.9	106.06	2.4
2007	385.14	19	127.06	19.8
2008	456.15	18.4	137.02	7.8
2009	568.73	24.7	165.21	20.6
2010	694.46	22.1	191.94	16.2
2011	937.85	35	253	31.8

资料来源：中国彩票年鉴编辑委员会．中国彩票年鉴2011［M］．北京：中国财政经济出版社，2012.

1995年至2011年我国共筹集体育彩票公益金1385亿多元，对弥补我国体育事业经费短缺，促进我国体育事业的发展发挥着重要作用。从表6-3可以看到，我国体育事业经费中体育彩票公益金收入逐年增多，体育彩票公益金收入占事业收入的比重呈增长趋势，年均比重达到了63.92%，是事业收入的主要来源。体育彩票公益金收入占体育事业经费收入的比重也不断提高，年均比重为15.38%。2008年我国体育事业经费中体育彩票公益金收入为448838.0万元，占事业收入的比重为56.91%，占体育事业经费收入的比重为11.69%；2011年，体育事业经费中体育彩票公益金收入达到了885921.9万元，是2008年的1.97倍，占事业收入的比重达到86.74%，占体育事业经费收入的比重为18.42%。可见，体育彩票公益金已成为我国体育事业经费中事业收入的主要来源，是体育事业经费的重要来源。

表6-3　**我国体育事业经费中体育彩票公益金收入情况表**

年份	收入合计（万元）	事业收入（万元）	其中体彩公益金收入（万元）	体彩公益金收入占事业收入比重（%）	体彩公益金收入占体育事业经费收入比重（%）
2008	3839377.7	788690.7	448838.0	56.91	11.69
2009	3766216.3	1096014.0	583062.1	53.20	15.48
2010	4197962.2	1135285.9	667725.7	58.82	15.91
2011	4808305.9	1021299.8	885921.9	86.74	18.42

随着体育彩票公益金收入的不断增加，体育系统内彩票公益金对群众体育的支出也呈增长趋势，2008年体育彩票公益金中群众体育支出为213877.5万元，2011年增加到288917.0万元，年均增长速度达到10.5%，2011年体育彩票公益金中群众体育支出额是2008年群众体育支出额的1.35倍。体育彩票公益金中群众体育支出的不断增加使基本体育公共服务的供给有了稳定可靠的经费来源（图6-2）。

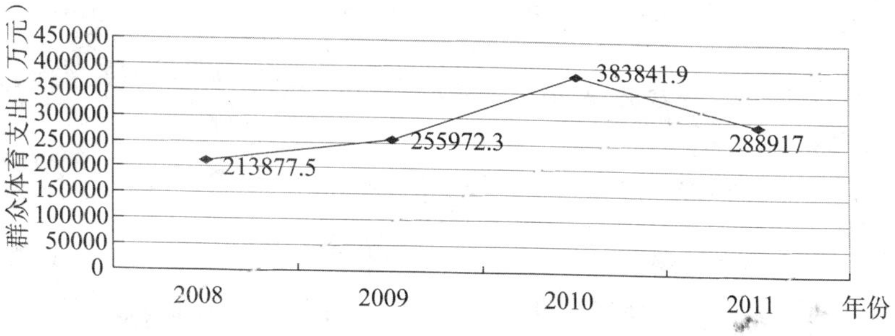

图 6-2　体育彩票公益金中群众体育支出

我国体育彩票一直倡导“公益体彩乐善人生”的公益理念，所筹集的公益金全部用于社会公益事业和体育事业的发展。在社会公益事业方面，体育彩票公益金主要支持社会保障、人道主义援助、红十字会、灾区重建、扶贫帮困、残疾人、基层文化建设等事业的发展。在体育事业方面，体育彩票公益金支持实施奥运争光计划和全民健身计划，具体用于体育场、群众体育和竞技体育三方面。群众体育主要用于全民健身和业余体校等方面的支出，具体用于全民健身路径工程、农民体育健身工程、“雪炭工程”、全民健身中心、全民健身基地、社区俱乐部建设、青少年俱乐部建设、学校场馆向社会开放补贴、社会体育指导员培训管理等。此外，体育彩票公益金还用于援藏援疆工作，以平衡区域间群众体育的发展。如 2012 年中央集中彩票公益金资助西藏自治区共计 12513 万元，其中“雪炭工程” 2800 万元，农民体育健身工程 1500 万元，第九套广播体操培训推广活动 30 万元，社会体育指导员 60 万元，青少年体育俱乐部 174 万元，青少年户外体育活动营地 50 万元，资助开展青少年体育活动及学校场馆开放 18 万元，补助地方改善体育设施项目 7616 万元，高水平体育后备人才 265 万元①，由此可见，体育彩票公益金在建立健全西藏公共体育服务体系，推进基本公共

① 西藏自治区体育局．西藏自治区体育局关于 2012 年体育援藏受援工作总结暨 2013 年体育援藏受援工作计划的报告［EB/OL］. http://www.sport.gov.cn/n16/n1077/n1467/n2019184/3550270.html.

体育服务均等化方面起到重要作用。

6.1.3 群众体育场地的财政投入

1. 2002—2007年我国全民健身活动设施投入

全民健身活动设施作为国家推广《全民健身计划》的重要物质基础，是广大人民群众进行体育锻炼，丰富人们社会文化生活的重要物质条件，因此全民健身活动设施的建设成为国家财政保障的重要内容。目前我国的全民健身活动设施包括室外全民健身公园及广场、室内全民健身中心、青少年俱乐部。室外全民健身公园主要包括健身路径、小篮板和乒乓球台，室内全民健身中心包括篮排球房、羽毛球房、乒乓球房、棋牌室、健身房及游泳池。

为了满足人们不断增长的健身场地需求，2002年至2007年期间我国共投入9988587万元用于全民健身活动设施的建设，全民健身活动设施的数量及占地面积逐年增加。2002年全民健身活动设施数量为74322个，2007年全民健身活动设施增加到470386个，比2002年增长了6.33倍。2002年全民健身活动设施的占地面积为27651436平方米，2007年全民健身活动设施的占地面积增加到80351374平方米，比2002年增长了2.91倍，全民健身活动设施数量及占地面积的不断增加使公共体育场地供给不足的问题得到一定程度的缓解（表6-4）。

表6-4 **我国全民健身活动设施建设情况表**

年度	投入金额（万元）	数量（个）	占地面积（m^2）
2002	2234620	74322	27651436
2003	613865	82716	26680744
2004	626291	131247	37245528
2005	416802	144696	39909260
2006	784467	233919	59001209
2007	5312542	470386	80351374

2. 2008—2011 年我国新建体育场地投入

长期以来，我国体育场地设施被认为是社会公共设施，只能由政府单一供给，政府集体育场地设施的供给与生产于一身，造成供给数量不多、资源浪费严重、供给效率低下，缺乏对消费者场地设施的需求回应。而2008年北京奥运会的举办改变了我国体育场地设施单一供给的现状，我国体育场地设施的供给体制进入了以政府主导、社会参与、市场运作的多元化供给新阶段。2008年至2011年，我国新建体育场地总投资额为1894.199亿元，而第五次全国体育场地普查中体育场地建设历年累计投入资金才1914.5亿元。2008年我国体育系统投入8219337万元新建体育场地，其中财政拨款955029万元，体育彩票公益金投入498854万元，社会捐赠401736万元，其他社会资本6363718万元，其他社会资本占到2008年体育系统新建体育场地资金的77.4%。而从2009年起，新建体育场地中有一半以上的资金来源于财政拨款，社会对公共体育场地设施的投资金额及比重都大幅度下降，说明我国公共体育场地设施多元化供给机制尚需进一步完善（表6-5）。

表6-5　**2008—2011 年我国新建体育场地投资金额表**

年份	总计（万元）	财政拨款		体彩公益金		社会捐赠		其　他	
		金额（万元）	比例（%）	金额（万元）	比例（%）	金额（万元）	比例（%）	金额（万元）	比例（%）
2008	8219337	955029	11.6	498854	6.1	401736	4.9	6363718	77.4
2009	739750	415101	56.1	16925	2.3	1883	0.3	305841	41.3
2010	8433059	4418466	52.4	1044655	12.4	19726	0.2	2950212	35.0
2011	1549844.5	853803.8	55.1	60520.4	3.9	24137.7	1.6	611382.5	39.4

3. 我国改（扩）建体育场地投入

为增加公共体育场地设施的供给，国家除了每年新建体育场地以外，还对现有的体育场地进行改（扩）建，以提高公共体育场地的供给质量。所谓改建体育场地是指在原有体育场地的基础上改造其结构，转变原有体育场地的功能；所谓扩建体育场地是指在原有体育场地的基础上扩大体育场地的规模，增加体育场地的相关设施与功能。2008年至2011年，我国共投入131.779亿元对体育场地进行了改（扩）建，改（扩）建资金来源于财政拨款、体育彩票公益金、社会捐赠及其他。2008年改（扩）建体育场地资金来源中财政拨款的金额达到了1268933万元，所占比重达到了99.6%；2009年和2010年改（扩）建体育场地资金中财政拨款的比重虽有所下降，但也分别达到了78.3%和58.9%；2011年改（扩）建体育场地资金主要来源于体育彩票公益金，所占比重达到了87.6%，由此可见，2008年以来我国改（扩）建体育场地资金的主要来源是财政拨款及体育彩票公益金，社会对改（扩）建体育场地的关注度不高（表6-6）。

表6-6　**我国改（扩）建体育场地投资金额表**（单位：万元）

年份	原投资金额					现投资金额				
	总计	财政拨款	体彩公益金	社会捐赠	其他	总计	财政拨款	体彩公益金	社会捐赠	其他
2008	679415	11736	666523	90	1066	1274633	1268933	5257	10	433
2009	18064	11478	2425	720	3441	15879	12430	2406	3	1040
2010	12290	6556	1208	250	4276	15579	9180	3253		3146
2011	4603.0	3231.5	1371.5	300.0	300.0	11703.0	1451.5	10251.5	350.0	200.0

4. 我国政府命名群众体育场地投入

政府命名群众体育场地是指各级政府部门命名的，由各级地方政府、企事业单位和社会投资或兴建，专用于开展群众性体育健身活动，向公众提供公益性体育健身服务，具有一定规模的多功能综合性体育设施。2008 年至 2011 年我国共投入 1515.03948 亿元用于政府命名群众体育场地的建设，其中中央投入 11.0856 亿元，占总投资额的 0.73%；省级投入 376.87929 亿元，占总投资额的 24.88%；地级投入 312.24745 亿元，占总投资额的 20.61%；县级投入 810.01234 亿元，占总投资额的 53.46%，可见县级承担了政府命名群众体育场地一半以上的财权（表 6-7）。

表 6-7 **我国政府命名群众体育场地投入表** （单位：万元）

年份	总计	中央	省级	地级	县级	其他
2008	9153409	31621	3496388	1554319	4071082	
2009	1784388	20749	50090	617895	1095660	
2010	3160864	41373	159515	607485	2352491	
2011	1051733.8	17113	62799.9	342775.5	580890.4	48155

5. 我国政府援建体育场地投入

政府援建体育场地是指由各级体育行政部门以投资、资助等方式，组织修建的体育场地，但其产权和管理权不归属体育系统，资金来源于财政拨款、体育彩票公益金及其他。2008 年至 2011 年，我国共投入 991.9326 亿元用于政府援建体育场地的建设，年均投入 247.98315 亿元，占地面积共 32931.57736 万平方米，场地面积 23857.03022 万平方米。政府援建体育场地资金中财政拨款 226.0284 亿元，占政府援建体育场地投资总额的比重为 22.79%；体育彩票公益金 689.6425 亿元，占政府援建体育场地投资总额的比重达到 69.53%；其他 76.2616 亿元，占政府援建体育场地投资总额的 7.69%，由此可见体育彩票公益金已成为政府援建体育场地的主要资金来源（表 6-8）。

表 6-8　　政府援建体育场地投入及场地规模表

年份	投入（万元）				场地规模（m^2）	
	总计	财政拨款	体彩公益金	其他	占地面积	场地面积
2008	7962129	1396702	6226963	338464	50911757	41106975
2009	625310	323926	170024	131360	118814442	93809927
2010	511051	206000	136161	168890	115916168	66360596
2011	820836	333656	363277	123902	43673406. 6	37292804. 2

6.1.4　我国群众体育公共产品的供给

随着国家对群众体育经费支出的不断增多及《全民健身条例》的颁布实施，群众体育场地、群众体育组织、群众体育活动、社会体育指导员及国民体质监测等民生体育公共产品供给不断增多，民生体育公共服务的供给与需求矛盾得到了一定程度的缓解。

1. 群众体育场地

(1) 新建体育场地

群众体育场地作为国家全面贯彻《全民健身条例》和实施《全民健身计划（2011—2015 年）》的重要物质基础，是广大群众进行体育锻炼、丰富人们文化生活的重要物质条件。随着我国经济的快速发展和人民生活水平的不断提高，居民的健身需求与群众体育场地供给不足的矛盾日益突出。为解决居民健身场地不足的问题，2008 年至 2011 年我国共新建体育场地 5341 个，占地面积 4104. 357 万平方米，建筑面积达到 1021. 478 万平方米，场地面积 1582. 764 万平方米，新建体育场地有效缓解了我国居民健身需求与公共体育场地供给不足的矛盾（表 6-9）。

表 6-9　　　　　　　　**我国新建体育场地规模**

年份	数量（个）	占地面积（m^2）	建筑面积（m^2）	场地面积（m^2）
2008	1106	7612196	1967354	4080080
2009	1416	7565041	2513109	3170133
2010	1622	9744796	2879413	4722674
2011	1197	16121539	2854905	3854749

我国新建的体育场地重点向群众体育场地倾斜，主要用于全民健身。2008 年我国新建体育场地 1106 个，其中用于全民健身的体育场地数量为 864 个，占新建体育场地数量的比重为 78.12%；2009 年我国新建的体育场地数量为 1416 个，用于全民健身的场地 1215 个，占当年新建体育场地数量的 85.81%；2010 年我国新建的体育场地数量为 1622 个，用于全民健身的场地为 1449 个，占当年新建体育场地数量的比重达到了 89.33%；2011 年新建的体育场地数为 1197 个，用于全民健身的场地为 969 个，占当年新建体育场地数量的 81.0%。2008 年以来用于全民健身的新建体育场地占新建体育场地数量的比重年均值达到了 83.6%（表 6-10），由此可见，民生财政下我国体育场地建设的重点已向群众体育场地建设倾斜。

表 6-10　　　　　　　　**我国新建体育场地用途表**

年份	合计（个）	训练竞赛		全民健身		教学		综合	
		数量（个）	比重（%）	数量（个）	比重（%）	数量（个）	比重（%）	数量（个）	比重（%）
2008	1106	50	4.52	864	78.12	29	2.62	163	14.74
2009	1416	52	3.67	1215	85.81	18	1.27	131	9.25
2010	1622	46	2.84	1449	89.33	15	0.92	112	6.91
2011	1197	93	7.77	969	80.95	28	2.34	107	8.94

（2）改（扩）建体育场地

2008年至2011年，我国共对233个体育场地进行了改（扩）建，原体育场地的占地面积2893355平方米，改（扩）建后的体育场地占地面积2786017平方米，占地面积减少了3.71%。原体育场地建筑面积为797253平方米，改（扩）建后的体育场地建筑面积增加到897937平方米，建筑面积增长了12.63%。原体育场地的场地面积为1055143平方米，改（扩）建后的体育场地的场地面积增加到1090686平方米，场地面积增长了3.37%。我国改（扩）建体育场地即减少了占地面积，缓解了土地供需矛盾，又增加了体育场地的建筑面积和场地面积，提高了土地资源和公共体育场地的利用率（表6-11）。

表6-11　**我国改（扩）建体育场地数及体育场地规模**

年份	数量（个）	原场地规模（m^2）			现行场地规模（m^2）		
		占地面积	建筑面积	场地面积	占地面积	建筑面积	场地面积
2008	74	1244690	231106	358144	1173016	305559	419984
2009	78	887406	269754	339734	879974	304693	351806
2010	75	541046	291768	354864	507377	245987	316586
2011	6	220213.0	4625.0	2401.0	225650.0	41698.0	2310.0

（3）政府命名群众体育场地

在各级政府的大力支持下，2008年至2011年我国共建设了101988个政府命名群众体育场地，占地面积40619.29223万平方米，场地面积达到10693.69643万平方米（表6-12）。政府命名群众体育场地主要包括全民健身活动中心、体育公园和全民健身基地。全民健身活动中心是指由国家体育总局或地方政府命名的，由各级地方政府、企事业单位和社会投资或兴建，专用于开展群众性体育健身活动，向公众提供公益性体育健身服务，具有一定规模的多功能综合性体育设施。全民健身活动中心包括国家体育总局命名和地方政府命名两种，而地方命名的形式又包括社区健身中心、健身活动中心、健身广场等多种形式。体育公园是指由国家体育总局或地方政府命名的，由各级政府、单位、企业或个人出资建设，以体育为主题，辖区内建有一定规模群众体育场地设施，已经建成并使用的各类公园或自然风景区。全民健身基地是指由国家体育总局或地方政府命名的，主要用于开展群众性体育健身活动，为公众提供公益性体育健身服务，规模较大的多功能综合性体育设施。政府命名群众体育场地的建设使公共体育场地供给的数量不断增多，供给质量不断提高，居民健身热情日益高涨。

表 6-12　　我国政府命名群众体育场地规模表

年份	数量（个）	占地面积（m^2）	场地面积（m^2）
2008	18328	135274663	32613314
2009	63918	125930164	32436585
2010	12162	128681697	34485203
2011	7580	16306398. 3	7401862. 3

（4）政府援建体育场地

政府援建的体育场地类型主要有健身路径、篮球场、乒乓球台、小篮板及其他。2008 年至 2011 年，政府援建的体育场地总数量为 1000435 个，其中健身路径 194136 个，占政府援建体育场地总量的 19. 41%；篮球场 284458 个，占政府援建体育场地总量的 28. 43%；乒乓球台 349016 个，占政府援建体育场地总量的 34. 89%；小篮板 153563 个，占政府援建体育场地总量的 15. 35%。其他是指除健身路径、乒乓球台和小篮板外，其他未达到标准体育场地要求，但又可供长期开展体育健身活动，较为固定的室内外体育场地；其他的场地数量为 19262 个，占政府援建体育场地总量的 1. 93%。政府援建体育场地建设有效满足了居民对健身场地的需求，推动了我国全民健身运动的广泛开展（表 6-13）。

表 6-13　**政府援建体育场地设施数量**

年份	总数	健身路径	篮球场	乒乓球台	小篮板	其他
2008	215755	37591	55704	73934	45533	2993
2009	366984	56080	93430	152946	58837	5691
2010	296327	60121	67152	113913	49193	5948
2011	121369	40344	68172	8223		4630

2. 群众体育组织

(1) 体育俱乐部

体育俱乐部伴随着现代工业兴起和社会文明的发展而产生并逐渐发展壮大，已有200多年的发展历史，现已成为世界各地最盛行的一种基层体育组织形式。我国自2004年国家体育总局开始使用体育彩票公益金开展创建社区体育健身俱乐部试点工作以来，体育俱乐部迅速发展起来。2008年我国体育俱乐部有17340个，2011年增长到19548个，年均增长速度为4.1%。俱乐部会员年均约8291036人，每年指导会员参加健身锻炼的教练员约有51066人，体育俱乐部年均办培训班的次数为42813次，年均参加培训班的人数达到4658806人；体育俱乐部年均组织体育健身活动93984次，年均有27107906人参加体育俱乐部组织的体育健身活动(表6-14)。我国体育俱乐部的发展在提高居民的健康水平，丰富居民的体育文化生活，增强居民的社会交往等方面起到了积极作用。

表 6-14　**体育俱乐部情况表**

年份	数量（个）	教练员数（人）	会员数（人）	年办培训班		年组织活动	
				年次数（次）	年人数（人）	年次数（次）	年人数（人）
2008	17340	43680	6400486	62574	4925486	94640	35488882
2009	18637	54456	10275782	37376	5876906	98197	27549152

续表

年份	数量（个）	教练员数（人）	会员数（人）	年办培训班		年组织活动	
				年次数（次）	年人数（人）	年次数（次）	年人数（人）
2010	18401	53096	9767784	34630	4603395	104889	31002562
2011	19548	53030	6720093	36672	3229435	78209	14391026

（2）体育社团

本研究所指的体育社团是指群众为达到强身健体的需求和满足体育爱好，自发或人为组织起来的由各级体育总会批准并在民政部门登记的体育组织，是体育活动的重要组织形式之一。随着我国体育管理体制改革的不断深化及各种社会体育活动的不断兴起，在政府的引导和推动下，我国体育社团发展速度增快。自2009年国务院颁布的《全民健身条例》中提出鼓励体育社团开展全民健身活动，体育社团发展更为迅猛。2008年年终审批注册的体育社团有22727个，而2009年年终审批注册的体育社团增加到33735个，比上年增长了48.4%；2010年年终审批注册的体育社团数虽比2009年下降了14.4%，为28868个，但2011年年终审批注册的体育社团数又增加到31118个，比上年增长了7.8%（图6-3）。我国体育社团的发展对提高我国群众体育的组织化水平发挥着重要作用。

3. 公益性社会体育指导员

随着人民生活水平的不断提高，群众的健身热情不断高潮，对公益性社会体育指导员的需求不断增多。为满足人们的体育健身指导需求，我国颁布了一系列体育法律法规，为社会体育指导员的培养提供了政策支持。1993年国家体委颁布了《社会体育指导员技术等级制度》，对社会体育指导员的作用和职责、条件与素质、培训和考核、等级称号的申请和审批等作了明确规定；1995年我国颁布的《中华人民共和国体育法》明确规定："国家实行社会体育

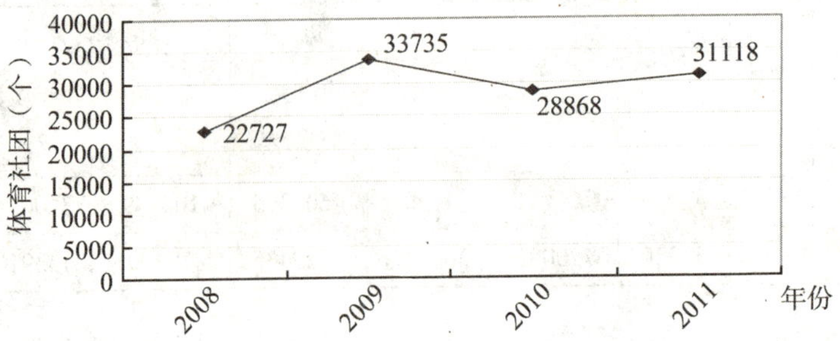

图 6-3　体育社团发展图

指导员技术等级制度。社会体育指导员对社会体育活动进行指导”。2009 年颁布的《全民健身条例》规定：“国家加强社会体育指导人员队伍建设，对全民健身活动进行科学指导。”“国家对不以收取报酬为目的向公众提供传授健身技能、组织健身活动、宣传科学健身知识等服务的社会体育指导人员实行技术等级制度。县级以上地方人民政府体育主管部门应当免费为其提供相关知识和技能培训，并建立档案。”这些政策法规的制定确立了我国公益性社会体育指导员的社会地位，保障了这支队伍的巩固和发展，2002 年以来我国公益性社会体育指导员本年度认证人数以年均 17.0% 的速度保持逐年增加，累计人数以年均 17.4% 的速度保持增长。随着公益性社会体育指导员人数的不断增长，人均公益性社会体育指导员指导的人数逐渐减少，2002 年一名公益性社会体育指导员要指导 3898 人，2011 年人均指导的人数下降到 968 人，减少了 75%，有效地提高了广大居民的锻炼效果（表 6-15）。

表 6-15　　**我国公益性社会体育指导员情况表**

年份	本年度认证人数（人）	累计人数（人）	全国人口数（万人）	人均公益性社会体育指导员指导人数（人）
2002	73895	329532	128453	3898
2003	113418	434199	129227	2976

续表

年份	本年度认证人数（人）	累计人数（人）	全国人口数（万人）	人均公益性社会体育指导员指导人数（人）
2004	173735	507565	129988	2561
2005	154860	669816	130756	1952
2006	135151	707422	131448	1858
2007	190601	853712	132129	1547
2008	221894	1042529	132802	1274
2009	209151	1092913	133450	1221
2010	272007	1263728	134091	1061
2011	304309	1392609	134735	968

资料来源：人口数据来源于中华人民共和国国家统计局：http：//www. stats. gov. cn/tjsj/ndsj/2012/indexch. htm.

4. 国民体质监测

国民体质监测是基本公共体育服务的重要内容，是检验《全民健身计划纲要》和《全民健身条例》实施的有效手段，是科技兴体在群众体育中的重要体现。为系统掌握我国国民体质现状和变化规律，我国于2001年和2003年分别发布了《国民体质监测工作规定》和《国民体质测定标准施行办法》，国民体质监测工作得到了各级体育行政部门、教育部门、卫生部门等的重视，并且定期以抽样的方式在全国范围内对居民进行测试，既提高了广大人民群众对体育锻炼的重视程度，促进其健康生活方式的形成，又可为我国有效开展民生体育工作提供科学依据。从表6-16可以看到，2008年以来，我国每年建立监测站，组建测试队，对居民进行体质监测，测试达标率呈增长趋势。2008年我国国民体质测试达标率为81.85%，2011年我国国民体质测试达标率增加到85.40%，可见，我国的国民体质监测工作在提高国民身体素质和健康水平方面已初见成效。

表 6-16 我国国民体质监测一览表

年份	总站(点)数(个)	组建测试队(支)	测试工作人员数(人)	累计受测人员数(人)	本年度受测人员数(人)	本年度测试达标人数(人)	本年度测试达标率(%)
2008	750329	2874	82767	12672380	2853123	2335254	81.85
2009	137948	2782	24985	13827929	2850985	2409864	84.53
2010	4745	3112	39898	16928268	3428650	2769933	80.79
2011	19206	2530	37335	13058063	2011712	1717984	85.40

6.2 我国居民群众体育公共服务的需求分析

为全面、客观地了解我国居民对公共体育服务的需求，课题组成员采取抽样调查的形式对我国东中西部地区城乡居民的群众体育公共服务需求进行调查。调查对象中城市有 2446 个，农村有 1661 个；东部地区有 1556 个，中部地区有 1393 个，西部地区有 1158 个。调查对象的性别比例基本相同，职业涉及在校学生，国家机关、党群组织、事业单位、企业单位普通办事人员和安全保卫、消防、邮电业务等人员，国家机关、党群组织、事业单位干部（科级及以上），专业技术人员，工人，个体工商户等，调查结果基本能反映现阶段我国居民的群众体育公共服务需求。

6.2.1 我国群众体育公共服务的总体情况

1. 我国居民对群众体育公共服务总体状况的满意程度

目前我国政府还主要是经济建设型政府，故当前政府提供的公共服务综合绩效整体处于偏低水平，居民对政府提供的群众体育公共服务满意度较低。调查结果显示，我国居民对群众体育公共服务总体状况满意的只有 534 人，占调查对象的比例为 14.1%；基本满意的人数为 721 人，占调查对象 19.0%；一般、不太满意和不满意的人数为2533人，占总调查对象的66.9%。可见我国政府应加快政府职能的转变，建设服务型政府，全面提升政府公共体育服务能力和水平。

2. 城乡居民对群众体育公共服务总体状况的满意程度

20世纪50年代以来，我国政府一直实行“双轨”制提供公共服务，城市中的水、电、路、学校、医院、图书馆、通信等公共产品，基本上由政府提供；而广大农村的大部分公共产品则由农民自筹资金供给，政府只给予少量的财政补贴。农民未享受到改革开放30多年来的社会发展成果，农村的教育、医疗、卫生、体育等公共服务质量严重落后于城市，导致城乡居民享受基本公共服务的不均等，农民对我国政府在农村提供的群众体育公共服务总体状况的满意度较城市低，农村所调查居民对群众体育公共服务总体状况满意与基本满意的人数占农村调查对象的比例为30.5%，而城市所调查居民对群众体育公共服务总体状况满意和基本满意的人数占城市调查对象的比重为35%，高于农村居民对群众体育公共服务的满意程度。从表6-17中还可以看到，农村所调查居民对群众体育公共服务总体状况持不满意的人数比例达到了22.4%，而城市所调查居民对群众体育公共服务总体状况持不满意的人数比例只有7.7%，远远低于农村的比例。为加快构建和谐社会，促进城乡一体化发展，现阶段政府应推进城乡群众体育公共服务均等化建设。

表6-17　**城市和农村对群众体育公共服务总体状况的满意程度**

			满意	基本满意	一般	不太满意	不满意
城乡分类	城市	人数（人）	284	498	868	414	173
		比例（%）	12.7%	22.3%	38.8%	18.5%	7.7%
	农村	人数（人）	250	223	445	286	347
		比例（%）	16.1%	14.4%	28.7%	18.4%	22.4%

3. 不同区域居民对群众体育公共服务总体状况的满意程度

改革开放以来，在“非均衡发展战略”指导下，我国实行了东部优先发展的经济倾斜政策，东部经济发展速度远远快于中西部，东、中、西部地区经济发展严重不均衡，东中西部区域间群众体育公共服务供给水平也因此严重不均，东中西部居民对群众体育公共服务的供给水平满意度因此存在差异。表 6-18 显示，东部地区对群众体育公共服务总体情况持满意和基本满意态度的所调查居民占调查对象的 45.2%，中部地区对群众体育公共服务总体情况持满意和基本满意态度的所调查居民占调查对象的 22.5%，西部地区对群众体育公共服务总体情况持满意和基本满意态度的所调查居民占调查对象的 31.3%，东部地区的居民对群众体育公共服务总体情况的满意度明显高于中西部。为缩小东西部的差距，中共中央于 2000 年开始实施西部大开发战略，西部地区经济发展速度快于中部地区，西部的群众体育公共服务供给情况总体好于中部，因此西部地区居民对群众体育公共服务总体情况的满意度又高于中部。

表 6-18　不同区域调查对象对群众体育公共服务总体状况的满意程度

			满意	基本满意	一般	不太满意	不满意
经济区划	东部地区	人数（人）	345	262	386	190	160
		比例（%）	25.7%	19.5%	28.7%	14.1%	11.9%
	中部地区	人数（人）	78	223	479	320	238
		比例（%）	5.8%	16.7%	35.8%	23.9%	17.8%
	西部地区	人数（人）	111	236	448	190	122
		比例（%）	10.0%	21.3%	40.5%	17.2%	11.0%

6.2.2 体育场地设施

1. 居民经常参加体育锻炼的场所

居民锻炼选择的场所可以在一定程度上反映当地公共体育场地设施服务供给的完善程度。从表6-19中可以看到，我国城市居民在绿地、公园或广场进行体育锻炼的比例达到43.3%，选择此场所的原因是其属于公益性质，不收场地费且锻炼时间上没有限制，环境比较好。其次是室外的小型运动场，选择此场所进行锻炼的人群占35.5%，再次是学校的体育活动场地，在此场所进行健身的人群达29.6%，说明随着《全民健身条例》的深入实施及体育彩票公益金民生性使用的不断加强，公共体育场地设施的建设和学校体育场地对外开放的程度都不断加强，所以选择这两类场地进行健身的人群不断增多。选择去收费场所健身的居民较少，这与我国经济还不太发达，人们的消费水平还比较低，商业性健身会所收费较高密切相关，同时也与人们的体育消费观念存在一定关联。

表6-19 **我国城市居民经常进行体育锻炼的场所**

	体育健身苑点	室外的小型运动场	体育中心(包括大、中型公共体育场馆)	绿地、公园或广场	商业性健身会所	学校的体育活动场地	自家庭院或室内	其他
人数(人)	495	865	494	1056	327	720	696	108
比例(%)	20.3	35.5	20.3	43.3	13.4	29.6	28.6	4.4

农村居民平时参加体育活动选择的场所排在第一位的是自家庭院或室内，比例达到45.1%，其次选择的锻炼场所是绿地、公

园、广场、空地，占调查对象的34.5%，两者比重达到了79.6%，选择公路旁进行体育活动的比重也达到了20.5%，可见由于农村的体育场地设施较少，大多数农民只能选择这些场所进行健身（表6-20）。

表6-20　　　我国农村居民平时进行体育活动的场所

	自家庭院或室内	绿地、公园、广场、空地	公路旁	室外的小型运动场	体育健身苑点	学校的体育活动场地	其他
人数（人）	744	569	338	333	243	480	87
比例（%）	45.1	34.5	20.5	20.2	14.7	29.1	5.3

2. 我国居民希望增加的体育场地设施

（1）我国居民对体育场地设施的满意度

通过居民对体育场地设施种类及数量的满意度调查，结果显示居民的整体满意度较差。我国居民对体育场地设施满意的人数为703人，占总调查对象的18.3%；基本满意的人数为929人，占总调查对象的24.2%；一般、不太满意、不满意的人数占总调查对象的57.5%。相对体育场地设施数量的满意度而言，居民对体育设施种类的满意度更差，满意的人数只有519人，占总调查对象的13.7%，基本满意的人数有885人，占总调查对象的23.3%；一般、不太满意、不满意的人数占总调查对象的63%。在“对居民参与体育活动急需改善的方面”意见进行调查，结果显示选择“增加体育锻炼场地”的人数有2541人，占调查对象的62.6%，排在第一位，可见体育场地设施仍是制约居民参与体育活动的主要瓶颈（表6-21）。

表 6-21 **调查对象对参与体育活动急需改善的方面的意见**

	增加体育锻炼场地	提高体育活动组织能力	增加专业健身指导方面	提供参与群众体育比赛或展示活动的机会	其他
人数（人）	2541	2091	2225	1527	144
比例（%）	62.6	51.5	54.8	37.6	3.5

（2）我国居民希望增加的体育场地设施

表 6-22 显示，城市居民希望增加的体育场地设施排在前四位的分别是健身房、游泳池、小型的体育健身苑点和综合性的体育健身中心；农村居民希望增加的体育场地设施排在前四位的依次是健身器械、综合文体室、乒乓球台和篮球场（表 6-23）。由此可见我国居民希望增加的体育场地设施大多集中在公益性体育场所上，这类场所免费对公众开放，而且距离锻炼人群居住地较近，方便居民进行健身活动。同时我们还可发现，农村居民所希望增加的是基本的体育场地设施，而城市居民希望增加的场地设施的标准更高，类型更多样化，由此也可折射出城乡体育场地设施供给的不平衡。

表 6-22 **城市居民希望增加的体育场地设施**

	篮球场地	足球场地	羽毛球场地	网球场地	乒乓球场地	排球场地	游泳池	健身房	小型的体育健身苑点	综合性的体育健身中心
人数（人）	536	252	617	413	397	90	694	701	682	666
比例（%）	22.0	10.3	25.3	17.0	16.3	3.7	28.5	28.8	28.0	27.4

表 6-23　　农村居民希望在村里增加的体育场地设施

	综合文体室	棋牌室	乒乓球台	台球室	舞厅	健身苑点	健身器械	篮球场	单双杠	门球场	秋千
人数（人）	581	296	401	249	272	367	618	371	143	92	223
比例（%）	35.2	17.9	24.3	15.1	16.5	22.2	37.4	22.5	8.7	5.6	13.5

3. 体育场地设施的便利性及开放时间

我国居民对现有体育设施的便利性及开放时间的满意度都较低。在对体育设施便利性的满意度调查中，感到满意的有 537 人，占调查人数的 14.2%；基本满意的人数为 766 人，占调查总人数的 20.3%；满意和基本满意的比例只占调查总人数的 34.5%。在体育设施开放时间的满意度调查中，满意的人数为 717 人，占调查人数的 19.1%；基本满意的人数为 838 人，占调查总人数的 22.4%，一般、不太满意、不满意的人数占调查总人数的 58.5%。在学校体育场馆对居民开放程度的调查中，选择“不开放”的人数为 1541 人，占调查人数的比例达到 38.0%；选择“开放，但时间不能满足锻炼需要”的人数为 928 人，占调查人数的 22.9%，两者比例达到了 60.9%，可见，一方面我国体育场地设施数量不足，而现有的体育场地设施又距离居民居住地较远，同时场馆开放情况不理想，居民的体育健身活动的权益得不到基本保障。

6.2.3　群众体育组织

1. 我国居民经常参与体育活动的组织情况

群众性体育组织是指从事与身体锻炼有关的社会机构与团体，是开展群众体育工作的组织保障。群众性体育组织水平的高低是衡量一国大众体育发展水平的重要指标之一。群众体育组织服务是我国公共体育服务的一项重要内容，是衡量我国政府群众体育公共服务供给能力的重要方面。调查发现，我国居民经常参与体育活动自发组织的居多，占所调查对象的一半以上，达到 54.9%，参与社团组织、单位主办体育活动的调查居民占调查对象的比例分别是 17.2%和 10.9%（表 6-24），可见目前我国群众体育的组织水平还比较低，居民大多是自发地参与体育运动，体育活动的松散程度较高，凝聚力不强。

表 6-24　**调查对象经常参与的体育活动的组织情况**

	自发组织	政府部门或居民（村民）委员会主办	社团组织	单位主办	其他
人数（人）	2208	365	692	438	545
比例（%）	54.9	9.1	17.2	10.9	13.5

2. 我国居民参加的群众体育组织

通过对居民参与群众体育组织情况的进一步调查发现，城市所调查居民未参与群众体育组织的人数为 875 人，占所调查对象的比重达到 36.5%，排在第一位；参与自发组织的健身团队的人数为 666 人，占所调查对象的 27.8%。农村所调查居民未参与群众体育组织的人数为 653 人，比城市所调查对象未参与组织情况的比例更高，占农村所调查对象的 39.8%；参与自发健身团队的人数为 399 人，占农村所调查对象的 24.3%。调查对象对体育活动组织的满意程度较低，对体育活动组织满意的比例为 15.2%，基本满意的比例为 17.7%，持满意和基本满意的人数占所调查人数的比重只有 32.9%，体育组织服务水平不高是影响我国体育公共服务体系建设的重要因素之一。

3. 群众体育组织面临的主要困难

我国长期实行的“大政府、小社会”的体育管理体制，抑制了体育组织的发展，虽然目前我国的体育管理体制正在由“大政府、小社会”向“小政府、大社会”转变，但计划经济时期所形成的体育管理体制的强大惯性仍使我国群众体育组织发展举步维艰。当前我国群众体育组织发展面临的困难表现为缺乏经费、无人问责、没有场地和设施、缺乏指导人员、组织管理滞后，没有激励机制等。研究认为，所调查居民认为群众体育组织面临的困难首先是缺乏经费，选择人数占所调查人数的49.7%，其次是无人问责，再次是缺乏指导人员，排在第四的是没有场地设施。可见，经费不足是制约群众体育组织发展的首要问题，群众体育组织面临的其他问题也主要是由于经费不足而引发，因此提高体育公共组织服务的供给水平关键在于拓展群众体育组织经费来源。

6.2.4 体育指导

社会体育指导员是组织和带领居民参加体育活动，指导居民科学健身，提高体育指导服务质量的重要力量。但研究发现，调查居民中有1652人没有接受过社会体育指导员的指导，且不知道有社会体育指导员，这类人群占总调查对象的41%；没有接受过社会体育指导员的指导，但知道他们存在的人数为1524人，占所调查对象的37.8%；而接受过社会体育指导员的指导，且经常进行业务指导的人数只有855人，占总调查对象的21.2%。我国居民对健身指导、培训和信息咨询的满意度较低，调查结果显示，调查对象对健身指导、培训和信息咨询满意的人数为505人，占所调查对象的13.5%；基本满意的人数为593人，占总调查对象的15.9%；一般、不太满意、不满意的人数占所调查对象的比例达到了70.6%。

6.2.5 群众体育活动和竞赛

群众体育活动是开展体育工作的重要内容。而群众体育中的竞赛，是群众体育活动的特殊表现形式，是推动群众体育活动发展的有效措施。通过开展经常性的群众体育活动和竞赛，可以提高人们参与体育活动的积极性和自觉性，形成良好的生活方式，不仅有利于个人身心健康，而且有利于形成良好的社会风尚，有利于单位、社区乃至整个社会的和谐和稳定，是个外部性很强的体育公共产品。调查结果表明：我国居民参与群众性体育比赛或展示活动的情况不容乐观。调查居民参与过群众性体育比赛或展示活动，且1年达到5次以上的有467人，比例只有11.5%；参与过群众性体育比赛或展示活动，可1年低于3次的人数为1142人，占调查对象的28.1%；没有参加过群众性体育比赛或展示活动，纯粹自娱自乐的人数达到2366人，比例为58.3%。其主要原因在于，我国居民体育活动服务的资金不足，政府投入较少，开展居民群众性体育及竞赛活动经费主要由区、街、居委会筹集，但群众体育活动的公益性使群众性体育比赛或展示活动筹集资金的能力较弱，因此群众性体育活动或竞赛服务提供得较少，居民参与体育活动大多处于自娱自乐状态。

6.2.6　国民体质监测

调查发现，大多数居民都没有享受到政府提供的国民体质监测服务。调查居民对国民体质监测服务满意的人占调查对象的12.7%，基本满意的占调查对象的16.7%，满意和基本满意的人数只占调查对象的29.4%，可见，居民对国民体质监测工作的满意度不高。

6.3　我国群众体育财政投入存在的问题

6.3.1　群众体育财政投入

1. 体育事业财政投入总量偏少

我国体育事业经费收入的绝对规模虽以年均14.53%的速度保持增长，但体育事业经费收入的相对规模却呈下降趋势（表6-25）。2002年至2011年体育事业经费投入与GDP的比值年均值仅为0.11%。2002年至2011年体育事业经费投入与政府财政支出的比值年均值仅为0.52%①，如果以体育事业经费中财政拨款与政府财政支出的比值来衡量，则公共体育服务投入的相对规模更小，比重仅为0.31%。

表6-25　**体育事业经费占GDP及国家财政支出的比重**

年份	体育事业经费（亿元）	全国GDP总量（亿元）	比重（%）	政府财政支出（亿元）	比重（%）
2002	141.81	120332.7	0.12	22053.15	0.64
2003	155.31	135822.8	0.11	24649.95	0.63
2004	173.75	159878.3	0.11	28486.89	0.61
2005	180.18	184937.4	0.10	33930.28	0.53
2006	215.68	216314.4	0.10	40422.73	0.53
2007	260.06	265810.3	0.10	49781.35	0.52
2008	383.94	314045.4	0.12	62592.66	0.61
2009	376.62	340902.8	0.11	76299.93	0.49
2010	419.80	401512.8	0.10	89874.16	0.47
2011	480.83	472881.6	0.10	109247.79	0.44

2. 体育事业经费来源仍较单一

虽然近年来我国体育事业经费来源逐渐多元化，但财政拨款仍是体育事业的主要经费来源。从表6-26可以看到，财政投入占体育事业经费的比重均值达到61.82%。虽然财政拨款占体育事业经费的比重有降低的趋势，但即使是比重最低的2010年，体育事业财政拨款占体育事业经费的比重仍达到了51.89%，而美国、法国、德国等经济发达国家体育事业财政投入只占本国体育全部经费

① 本研究有关全国GDP总量、政府财政收入与支出的数据均来源于中华人民共和国国家统计局［EB/OL］. http://www.stats.gov.cn/tjsj/ndsj/2012/indexch.htm. 故不在书中及表格中另外标注说明。

的三分之一左右①。

表 6-26　　我国体育事业经费的财政投入表

年份	体育事业经费（亿元）	财政拨款（亿元）	财政拨款占体育事业经费的比重（%）
2002	141.81	88.63	62.50
2003	155.31	99.84	64.28
2004	173.75	113.53	65.34
2005	180.18	121.15	67.24
2006	215.68	132.81	61.58
2007	260.06	177.03	68.07
2008	383.94	243.55	63.43
2009	376.62	196.21	52.10
2010	419.80	217.84	51.89
2011	480.83	297.04	61.78

3. 群众体育财政投入呈减少趋势

我国群众体育财政支出的绝对规模虽不断增长，但群众体育财政支出的相对规模却呈下降趋势。2009 年我国体育事业支出比 2008 年的事业支出降低了 5.82%，但 2009 年体育竞赛费、体育训练费及体育场馆支出经费反而比上年增加，由此导致当年群众体育经费支出的绝对规模急剧下降，即由 2008 年的 691053 万元锐减到 211944.4 万元，下降的幅度达到了 69.3%；群众体育支出的相对规模也由 2008 年的 22.5%下降到 7.3%。2010 年群众体育经费支出为 223684.8 万元，比上年增长了 5.5%，但群众体育经费支出占事业支出的比重只有 6.9%，相对规模比上年下

① 隋路．国家意愿与体育经济政策的形成［J］．体育学刊，2005，12（7）：4-7.

降了0.4%；2011年群众体育经费支出的相对规模虽有所提高，回升到2009年的相对规模水平，但占事业支出的比重仅为7.3%（表6-27），可见，群众体育仍然没有得到政府体育部门的充分重视，竞技体育仍是体育行政部门发展的重点，竞技体育优先发展的战略格局仍未改变。

表6-27 **体育事业主要支出科目表**

年份	事业支出（万元）	体育竞赛费		体育训练费		体育场馆		群众体育	
		支出（万元）	比重（%）	支出（万元）	比重（%）	支出（万元）	比重（%）	支出（万元）	比重（%）
2008	3078847.2	220570.5	7.2	306072.5	9.9	381765.5	12.4	691053	22.5
2009	2899548.2	255418.6	8.8	317595.3	11.0	422079.1	14.6	211944.4	7.3
2010	3259153.1	278400.6	8.5	342360.2	10.5	424435.4	13.0	223684.8	6.9
2011	3652094.6	337511.2	9.2	396264.5	10.9	507656.2	13.9	266174.1	7.3

6.3.2 体育彩票公益金使用的民生性不强

体育彩票公益金为我国体育事业，尤其是民生体育的发展所作出的贡献有目共睹，但体育彩票公益金在促进我国体育事业腾飞时，其公益金使用的民生性仍不强。根据《体育彩票公益金管理暂行办法》，国家体育总局使用的年度公益金总额的60%用于落实《全民健身计划》，40%用于《奥运争光计划纲要》，省级以下（含省级）可根据实际情况参照上述比例使用年度体育彩票公益金。

从我国体育系统公益金的使用情况来看，虽然2009年的彩票公益金支出总额比2008年减少了将近一半，可用于群众体育的支出却由2008年的213877.5万元增长到2009年的255972.3万元，支出比重由2008年的20.7%增加到2009年的45.9%；2010年体育彩票公益金中群众体育的支出比重增加到46.6%，民生性日渐彰显，但仍没有达到《体育彩票公益金管理暂行办法》所规定总额的60%用于落实《全民健身计划》的规定，而且2011年群众体育的支出占彩票公益金的支出又下降到38.0%，比上年的比重降低了8.6%（表6-28），体育系统彩票公益金使用的民生性有待进一步加强。

表6-28　　体育彩票公益金支出情况表

年份	使用总额（万元）	体育场		群众体育		竞技体育	
		金额（万元）	比重（%）	金额（万元）	比重（%）	金额（万元）	比重（%）
2008	1033197.8	588743.3	57.0	213877.5	20.7	230577	22.3
2009	557679.6	159690.1	28.6	255972.3	45.9	142017.2	25.5
2010	824225.1	233633.5	28.3	383841.9	46.6	206749.7	25.1
2011	759930.3	251078.3	33.0	288917.0	38.0	219935.0	28.9

体育场方面体育彩票公益金用于修建训练场地的支出占体育场总支出的比重均值达到78.4%，用于添置训练竞赛器材方面的支出占体育场总支出的比重均值为10.2%（表6-29），可见体育场体育彩票公益金支出主要支持竞技体育的发展，体育场体育彩票公益金支出的民生性有待进一步提升。

表6-29　　体育彩票公益金用于体育场馆情况表

年份	使用总额（万元）	用于修建训练场地		用于添置训练竞赛器材		其他	
		金额（万元）	比重（%）	金额（万元）	比重（%）	金额（万元）	比重（%）
2008	588743.3	532196.4	90.4	34781.5	5.9	21765.4	3.7
2009	159690.1	122392.5	76.6	15684.3	9.8	21613.3	13.5
2010	233633.5	168099.0	71.9	30958.4	13.3	34576.1	14.8
2011	251078.3	187215.6	74.6	29491.9	11.7	34370.8	13.7

6.3.3 中央与地方财权与群众体育事权配置不合理

随着我国财税体制改革的不断深化，财政过多集中在中央层面的格局得以改变，中央将财权逐步下放，地方的财权逐年增多，由2008年的46.7%增加到50.6%，但中央和地方财力与群众体育事权仍不匹配。由于群众体育各项工作的开展都需要一定的经费投入，因此中央和地方的群众体育经费支出可近似为中央和地方政府各自所承担的群众体育事权。2008年我国中央和地方的财力比重为53.3∶46.7，但当年群众体育事权完全由地方政府承担，2009年起，地方的财权虽逐年增加，但增加的幅度非常有限，地方群众体育事权虽比2008年有所减少，但平均比重仍达到了96.9%，几乎仍由地方政府承担（表6-30）。由于地方政府承担了几乎全部的群众体育事权，而地方的财政支出增长速度基本与地方政府的财政收入增长速度持平，地方财政收支缺口并没有减少，导致地方政府尤其是乡镇村群众体育公共产品供给不足。

表6-30　**中央和地方的财政收支及群众体育经费支出比重一览表**

年份	中央和地方财政收入比重（%）		中央和地方财政支出比重（%）		中央和地方群众体育支出比重（%）	
	中央	地方	中央	地方	中央	地方
2008	53.3	46.7	21.3	78.7	0	100
2009	52.4	47.6	20.0	80.0	5.9	94.1
2010	51.1	48.9	17.8	82.2	1.6	98.4
2011	49.4	50.6	15.1	84.9	1.7	98.3

中央和地方的财权与群众体育事权不匹配可进一步通过我国政府命名群众体育场地的投资情况来论证。从2008年至2011年我国政府命名的群众体育场地投资情况来看，中央的投资金额比重虽不断增加，但增加的幅度非常少，即使是投资金额比重最高的2011年，中央在政府命名群众体育场地的投资金额比重也只有1.63%，

相对于中央的财权而言，投资比重太低。2008年至2011年县级在政府命名群众体育场地投资中承担的事权比重逐年增加，由2008年的44.48%增长到2010年的74.43%，事权年均增长速度达到了29.4%。2011年县级群众体育场地投资比重虽然比上年有所降低，但也达到了55.23%，县级政府仍然承担与其财权不匹配的群众体育事权（表6-31）。

表6-31　**我国政府命名群众体育场地投资金额及比重表**

年份	总计（万元）	中央投入		省级投入		地级投入		县级投入		其他	
		数额（万元）	比例（%）	数额（万元）	比例（%）	数额（万元）	比例（%）	数额（万元）	比例（%）	数额（万元）	比例（%）
2008	9153409	31621	0.35	3496388	38.2	1554319	16.98	4071082	44.48		
2009	1784388	20749	1.16	50090	2.81	617895	34.63	1095660	61.4		
2010	3160864	41373	1.31	159515	5.05	607485	19.22	2352491	74.43		
2011	1051733.8	17113	1.63	62799.9	5.97	342775.5	32.59	580890.4	55.23	48155	4.58

6.3.4　区域群众体育发展不平衡

群众体育是增强国民体质的民生大计，群众体育的发展规模、速度和水平归根结底取决于经济发展水平。我国自实行“西部大开发战略”和“中部崛起战略”以来，区域经济发展差距逐渐缩小，但东部与中西部地区经济发展差距仍很明显，反映在群众体育发展上，表现为区域间群众体育经费投入差距较大。由于人均群众体育事业经费能较客观地反映各地基本公共体育服务的供给水平，故本研究选取东中西部18个省市的人均群众体育事业经费支出进行分析比较。从表6-32可以看到，2008年以来，东部六省市与中西部12个省的人均群众体育事业经费支出的差距仍十分明显，东部人均群众体育事业经费支出明显好于中西部。东部和中西部的群众体育发展差距虽有不断缩小的趋势，但即使是差距最小的2010年，东部人均群众体育事业经费支出是中部的2.47倍，是西部的2.68倍，差距仍较显著（表6-33）。

表6-32 东中西部省市人均群众体育事业经费支出情况表 （单位：元）

年份	东部						中部		
	北京	天津	上海	江苏	浙江	广东	山西	安徽	江西
2008	5.34	15.68	12.85	1.62	1.75	1.62	0.76	0.43	0.83
2009	3.81	1.73	13.32	1.92	2.26	1.3	1.58	0.68	0.88
2010	4.28	2.6	8.65	1.91	3.03	1.23	3.28	0.68	1.31
2011	5.27	3.07	11.42	2.25	2.64	2.26	1.92	0.8	1.41

年份	中部			西部					
	河南	湖北	湖南	四川	贵州	云南	陕西	甘肃	青海
2008	0.45	1.07	1.45	1.11	0.69	0.63	0.43	0.98	1.17
2009	0.44	0.98	1.31	1.19	0.92	0.72	1.18	3.01	1.85
2010	0.72	1.04	1.76	2.07	0.86	0.91	1.39	2.28	0.59
2011	0.95	2.01	0.8	1.87	0.94	2.04	1.39	1.05	0.1

注：人均群众体育事业经费根据各省各年群众体育事业经费及人口数计算所得。

表6-33 东中西部区域人均群众体育经费支出比较表

年份	东部六省（元）	中部六省（元）	西部六省（元）	东中西部之比
2008	38.86	4.99	5.01	7.79：1：1.004
2009	24.34	5.87	8.87	4.15：1：1.51
2010	21.7	8.79	8.1	2.47：1：0.92
2011	26.91	7.89	7.39	3.41：1：0.94

注：人均群众体育经费支出根据各省各年群众体育经费支出及人口数计算所得。

人均群众体育体育彩票公益金支出可进一步论证区域群众体育发展的不平衡。虽然近年来我国体育彩票公益金的使用越来越注重区域公共体育服务的均等化，但从表6-34中可以发现，东部和中西部间人均群众体育体育彩票公益金支出还存在一定的差距。2010年西部省份中由于陕西人均群众体育体育彩票公益金支出金额较大，达到12.71元，使得西部整体人均群众体育体育彩票公益金支出水平提高，并超过了东部；其余年份里，东部人均群众体育体育彩票公益金支出都高于中西部。通过研究还进一步发现，西部人均群众体育体育彩票公益金支出已超过中部的支出（表6-35），主要原因是在西部大开发战略的影响下，我国体育彩票公益金加大了对西部的投入力度，促使西部群众体育公共服务供给水平提升，并超过了中部。

表6-34　**东中西部省市人均群众体育体彩公益金经费支出情况表**　（单位：元）

年份	东部						中部		
	北京	天津	上海	江苏	浙江	广东	山西	安徽	江西
2008	3.39	4.07	2.76	3.52	4.08	2.47	0.70	0.44	1.22
2009	2.89	2.31	3.76	2.03	6.80	1.56	2.16	0.78	1.53
2010	2.78	2.34	2.70	3.49	4.90	1.47	2.22	1.02	1.92
2011	2.60	2.81	3.01	3.40	4.64	2.11	1.29	1.11	1.64

年份	中部			西部					
	河南	湖北	湖南	四川	贵州	云南	陕西	甘肃	青海
2008	0.91	1.27	1.31	0.89	0.58	5.86	0.76	1.4	1.53
2009	1.09	2.40	0.95	1.93	1.37	1.31	0.81	2.16	3.93
2010	1.84	2.67	1.33	1.39	2.18	0.98	12.71	2.02	2.49
2011	1.57	1.89	1.14	1.28	2.34	2.05	0.57	1.59	1.05

注：人均群众体育体育彩票公益金根据各省各年群众体育体育彩票公益金支出及人口数计算所得。

表 6-35　**东中西部区域人均群众体育体彩公益金支出比较表**

年份	东部六省（元）	中部六省（元）	西部六省（元）	东中西部之比
2008	20.29	5.85	11.02	3.47∶1∶1.88
2009	19.35	8.91	11.51	2.17∶1∶1.29
2010	17.68	11.0	21.77	1.61∶1∶1.98
2011	18.57	8.64	8.88	2.15∶1∶1.03

6.3.5　体育事业财政资金支出效率低下

1. 财政供养人员经费开支日益膨胀，挤占了群众体育公共服务资金

改革开放以来，我国经历了 1982 年、1988 年、1993 年、1998 年、2003 年和 2008 年 6 次政府机构改革，但我国体育行政机关工作人员却有不断增多的趋势，2002—2007 年我国财政供养人员经费占体育事业经费支出的比重不断增加①。从表 6-36 中可以看到，2008 年以来，我国体育系统从业人数不断增加，其中行政机关人数仍继续增长，增长速度超过体育系统从业人员数，致使行政事业单位的财务支出过快增长，年均增长速度达到 16.97%。行政事业单位财务支出主要包括工资福利支出、商品和服务支出、对个人和家庭补助支出、其他资本性支出；工资福利支出主要包括基本工资、奖金、津贴、社会保险；商品和服务支出主要包括办公费、福利费、劳务费、取暖费、差旅费。2008 年我国体育系统行政事业单位财务支出 2584351.0 万元，2011 年行政事业单位财务支出达到 4136381.8 万元，2011 年体育系统行政事业单位财务支出是 2008 年行政事业单位财务支出的 1.6 倍。体育系统财政供给人员

① 李丽，张林．体育事业公共财政支出研究［J］．体育科学，2010，30（12）：22-28.

过多，导致体育事业公共财政支出加重，挤占了急需的群众体育事业公共项目的经费。

表 6-36 **体育系统从业人员数及行政事业单位财务支出表**

年份	从业人员数（人）	从业人员数增长速度（%）	其中行政机关人数（人）	行政机关人数增长速度（%）	行政事业单位财务支出（万元）	行政事业单位财务支出增长速度（%）
2008	150575	1.79	31973	17.57	2584351.0	
2009	153398	1.87	32786	2.54	3134984.1	21.31
2010	155527	1.39	34741	5.96	3567034.7	13.78
2011	157343	1.17	36569	5.26	4136381.8	15.96

2. 群众体育公共服务供给不足

由于长期以来我国群众体育公共服务财政投入不足，导致与广大群众体育权益密切相关的公共体育场地设施、公益性社会体育指导员、群众体育组织、国民体质监测等民生体育公共服务供给不足，影响了我国体育强国的建设进程及社会主义和谐社会的构建。

（1）我国的公共体育场地设施满足不了人们日益增长的健身需求

新中国成立以来特别是改革开放以来，随着人们健身热情的不断高潮，我国持续加大体育场地设施的建设，体育场地数量不断增加，但我国人均体育场地设施仍较少。2003 年我国平均每万人拥有 6.58 个体育场地，德国平均每万人拥有的体育场地是我国人均体育场地数的 2 倍多①。2008 年我国有 104 万个体育设施②，平均

① 李丽，张林．体育公共服务：体育事业发展对公共财政保障的需求[J]．体育科学，2010，30（6）：53-58.

② 人民网．2008 年我国每万人拥有体育场馆 8 个，远低于发达国家[EB/OL]．http：//society.people.com.cn/GB/41158/9785164.html.

每万人拥有体育设施 7.83 个，而日本平均每万人拥有体育设施 17.43（2008 年日本总的体育设施数量为 222533 处①，人口数为 12770 万人），日本人均体育设施数是我国的 2.23 倍。由此可见，我国体育场地设施供给与西方发达国家相比仍有较大差距，我国体育场地设施的供需矛盾仍很突出。

虽然近年来我国新建的体育场地越来越向农村（尤其是村庄）倾斜，如 2010 年农村新建场地数为 1198 个，占当年新建体育场地数的比重达到了 73.86%；建在村庄的场地数为 1072 个，占新建总场地数的 66.09%，但由于长久以来农村体育场地数的严重匮乏（第五次全国体育场地数据普查显示分布在乡（镇）村的体育场地只占全国体育场地总数的 8.18%），新建在农村的体育场地数杯水车薪，难以有效解决农民健身场地难的问题（表 6-37）。

表 6-37 **我国新建体育场地情况表** （单位：个）

年份	新建体育场地数	城镇			农村			
		小计	城市	乡镇	小计	学校	村庄	其他场所
2008	1106	448	408	40	658	648	10	
2009	1416	456	439	17	960	954	6	
2010	1622	424	318	106	1198	121	1072	5
2011	1197	611	399	212	586	46	495	45

我国新建体育场地利用率不高。新建体育场地本身数量就极其有限，而这仅有的新建体育场地还没有得到充分的利用，不开放的体育场地年均比例仍达到 6.45%，部分开放的年均比例达到 5.13%（表 6-38）。新建体育场地开放不足影响了新建体育场地的使用效益。

① 李晨．2011 年日本体育现状调查［EB/OL］．http：//www.sportinfo.net.cn/show/title.asp？TID=32270.

表 6-38　　新建体育场地对外开放情况表

年份	新建体育场地数（个）	部分开放		全天开放		不开放	
		数量（个）	比例（%）	数量（个）	比例（%）	数量（个）	比例（%）
2008	1106	39	3.5	979	88.5	88	8.0
2009	1416	29	2.0	1254	88.6	133	9.4
2010	1622	114	7.0	1481	91.3	27	1.7
2011	1197	96	8.0	1021	85.3	80	6.7

我国体育场地数存量不足，每年新建的体育场地又数量有限，可每年仍有体育场地减少的现象发生。2008 年至 2011 年，我国共减少了 110 个体育场地，减少体育场地的占地面积共 1977416 平方米，原始投资金额达到 497987.3 万元。体育场地减少的原因主要是拆毁、被占、改变用途、废弃及其他；减少的体育场地中用于全民健身用途的数量较多，共 46 个，占减少体育场地总数的比重达到 41.82%。虽然减少体育场地数量在逐年降低，但 2011 年仍有 2 个体育场地因拆毁而减少，减少的体育场地原投资金额为 648.3 万元，占地面积达到 10458 平方米（表 6-39），体育场地的减少既浪费了我国有限的体育资金，又影响到我国全民健身运动的开展。

表 6-39　　我国减少体育场地数情况表

年份	合计（个）	主要用途（个）				场地面积（m^2）	原始投资金额（万元）
		训练竞赛	全民健身	教学	综合		
2008	49	8	17	3	21	1380815	208428
2009	41	8	18	3	12	158188	284830
2010	18	2	11		5	427955	4081
2011	2			1	1	10458.0	648.3

（2）公益性社会体育指导员满足不了人们的健身指导需求

① 公益性社会体育指导员数量有限

进入 21 世纪以来，我国公益性社会体育指导员数虽以较快的速度增长，可相对于人们日益增长的体育健身指导需求，公益性社会体育指导员仍显不足，与国外大众体育发达国家相比仍有较大的差距。2010年，日本约14.7万人通过了社会体育指导员的认证①，占当年日本人口数的比重为0.12%（日本2010年的人口数为12745.1万人），而该年我国认证的公益性社会体育指导员人数是272007人，占我国人口数的比重仅为0.02%。虽然我国人均社会体育指导员的人数在不断降低，但到2011年，我国平均每名公益性社会体育指导员仍要指导968人，而日本在2007年时每名社会体育指导员平均只指导553人②。

② 公益性社会体育指导员水平不高，指导率低

我国高级别的公益性社会体育指导员很少，2008年至2011年国家级和一级社会体育指导员占公益性社会体育指导员总数的比重年均各为0.12%和6.96%，三级公益性社会体育指导员占公益性社会体育指导员总数的比重年均达到了66.70%，社会体育指导员的水平不高影响了其健身指导的科学性（表6-40）。我国社会体育指导员的指导率仅为59.11%，没有提供服务者的比例为40.89%，可见，我国社会体育指导员的指导率较低，与日本存在巨大差距，日本的社会体育指导员指导率高达98%以上[①]。

表6-40　**我国各等级公益性社会体育指导员情况一览表**

年份	总数（人）	国家级		一级		二级		三级	
		人数（人）	比重（%）	人数（人）	比重（%）	人数（人）	比重（%）	人数（人）	比重（%）
2008	1042529	1346	0.13	83127	7.97	259410	24.88	698646	67.01
2009	1092913	1665	0.15	81417	7.45	277110	25.36	732721	67.04

① 李晨．2011年日本体育现状调查［EB/OL］．http：//www.sportinfo.net.cn/show/title.asp？TID=32270.

② 李丽，张林．体育事业公共财政支出研究［J］．体育科学，2010，30（12）：22-28.

续表

年份	总数（人）	国家级		一级		二级		三级	
		人数（人）	比重（%）	人数（人）	比重（%）	人数（人）	比重（%）	人数（人）	比重（%）
2010	1263728	1211	0.10	78334	6.20	345869	27.37	838314	66.34
2011	1392609	1343	0.10	86580	6.22	380102	27.29	924584	66.39

③ 我国公益性社会体育指导员城乡分布不均衡

公益性社会体育指导员城乡分配不均衡可通过城乡晨晚练站（点）配置的社会体育指导员来体现。从表6-41中可以发现，我国乡镇数量是街道数量的2倍多，可乡镇晨晚练站（点）配置的社会体育指导员平均比重只有45.2%，远远少于城市街道晨晚练站（点）配置的社会体育指导员数量。而农村的公益性社会体育指导员更少，所占比重仅为我国公益性社会体育指导员总数的10%[①]，我国乡镇村的社会体育指导员数与其所占的人口比重及健身指导需求极不相称，影响到我国城乡统筹战略目标的实现。

表6-41 **我国晨晚练站（点）配置社会体育指导员情况表**

年份	街道		乡镇		街道配置社会体育指导员		乡镇配置社会体育指导员	
	数量（个）	比重（%）	数量（个）	比重（%）	数量（人）	比重（%）	数量（人）	比重（%）
2008	22189	30.85	49727	69.15	192552	51.9	178334	48.1
2009	24704	31.02	54940	68.98	437831	51.9	405123	48.1
2010	24991	30.35	57357	69.65	495164	57.2	370411	42.8
2011	16268	31.16	35944	68.84	282532	58.2	202909	41.8

（3）我国体育的组织化水平不高

群众性体育组织的发展程度体现着一国大众体育发展水平的高低，即与该国体育社会化程度有关，也与政府的支持有着密切联系。虽然我国群众体育的组织化水平在不断提高，体育俱乐部和体育社团的数量都呈增加趋势，体育俱乐部及体育社团与人口数的比值也不断地降低，但从表6-42的数据来看，我国群众体育的组织化水平仍然非常低。2009年我国每71605人才能参加一个体育俱乐部，而当年德国每902人就能参加一个体育俱乐部（2009年德国有90767家体育俱乐部①，而当年德国的人口数为8188万人）；2011年我国每68925人才能参加一个体育俱乐部，每43298人才能参加一个体育社团。2010年德国的9万多个体育俱乐部拥有会员2700万人，相当于德国总人口的三分之一②，而当年我国体育俱乐部的会员数仅有9767784人，只占我国总人口数的0.73%。

表6-42　**我国体育组织数情况表**

年份	人口数（万人）	体育俱乐部		体育社团	
		数量（个）	与人口数的比值	数量（个）	与人口数的比值
2008	132802	17340	1：76587	22727	1：58434
2009	133450	18637	1：71605	33735	1：39558
2010	134091	18401	1：72872	28868	1：46450
2011	134735	19548	1：68925	31118	1：43298

由于我国体育俱乐部数量有限，因此体育俱乐部组织活动的年次数及年人数都相对较少。2008年至2011年，我国体育俱乐部全国范围内平均每天只组织257.5次活动；2010年体育俱乐部年组织的活动次数最多，可全国平均每天也只组织了287次体育活动，

① 侯海波．德国体育俱乐部2009/2010年度形势分析［EB/OL］．http：//www.sportinfo.net.cn/show/title.asp？TID=26553.

② 中国资讯网．德国奥林匹克体育联合会的运动干预系统延伸至新的目标人群［EB/OL］．http：//www.sportinfo.net.cn/show/title.asp？TID=27439.

2010 年全国地级以上城市有 287 个①，俱乐部平均每个地级市只组织了一次活动。2008 年至 2011 年，年均参加体育俱乐部组织活动的人数为 27107906 人，占我国人口数的比重仅为 2.03%；体育俱乐部年组织活动参与人数最多的是 2008 年，但参与活动的人数仅占当年总人口数的 2.67%（表 6-43），较低的组织化水平影响了我国全民健身组织网络的建设进程，制约了我国群众体育的发展。

表 6-43　　**我国体育俱乐部组织活动情况表**

年份	人口数（万人）	年组织活动数量（次）		年参与活动人数	
		次数	日均次数	人数（人）	与当年人口数比重（%）
2008	132802	94640	259.3	35488882	2.67
2009	133450	98197	269.0	27549152	2.06
2010	134091	104889	287.4	31002562	2.31
2011	134735	78209	214.3	14391026	1.07

（4）我国国民体质监测人数的覆盖率还非常有限

我国的国民体质监测工作在监测国民体质变化情况、修订全民健身实施计划、指导国民科学健身及提高全民族的身体素质等方面成效显著。但从我国国民体质监测的人数来看，国民体质监测的覆盖范围还非常有限。2008 年至 2010 年我国国民体质监测累计受测人员数虽不断增加，累计受测人员数占总人口数的比例由 2008 年的 0.95%增加到 2010 年的 1.26%，但增长过慢，国民体质监测累计受测的人员非常少。2011 年我国当年受测的人员数为 2011712 人，比 2010 年当年受测的人员数减少了 1416938 人；2011 年累计受测人员数占总人口数的比重只有 0.97%，比上年下降了 0.29%（表 6-44）。

① 中华人民共和国国家统计局［EB/OL］. http：//www.stats.gov.cn/tjsj/ndsj/2011/indexch.htm.

表 6-44 我国国民体质监测人数情况表

年份	本年度受测人员数（人）	累计受测人员数（人）	累计受测人员占总人口比例（%）
2008	2853123	12672380	0.95
2009	2850985	13827929	1.04
2010	3428650	16928268	1.26
2011	2011712	13058063	0.97

6.4 本章小结

2009 年至 2011 年体育事业经费中群众体育经费支出呈增长趋势，体育彩票公益金中群众体育支出年均增长速度达到 10..5%。2008 年至 2011 年，我国新建体育场地总投资额为 1894.199 亿元，政府命名群众体育场地总投资额 1515.03948 亿元，政府援建体育场地总投资额 991.9326 亿元。2008 年至 2011 年我国共新建体育场地 5341 个，改（扩）建体育场地 233 个，政府命名群众体育场地 101988 个，政府援建体育场地 1000435 个。2011 年体育俱乐部 19548 个，年终审批注册的体育社团数 31118 个，一名公益性社会体育指导员人均指导的人数为 968 人。但我国群众体育财政投入呈减少趋势，体育彩票公益金使用的民生性不强，中央与地方财权与群众体育事权配置不合理，区域群众体育发展不平衡，财政供养人员经费开支日益膨胀，群众体育公共服务供给不足导致体育事业财政资金支出效率低下。

7 我国体育事业公共财政保障体系

体育事业是公共财政保障的对象，体育事业经费本质上满足的是人们的体育公共需求，但我国体育事业经费支出不尽如人意。在全面建设小康社会及体育强国建设的历史进程中，哪些是体育公共需求，如何借鉴国外体育事业公共财政保障的经验，根据我国体育事业公共财政保障的现状及存在的问题，合理界定政府体育事业公共财政保障的范围及保障的优先顺序，是本研究力求解决的现实问题。本章运用德尔菲法构建出体育事业公共财政保障的内容体系，进而采用层次分析法确定我国体育事业公共财政保障内容的优先顺序。

7.1 体育事业的概念内涵

“体育事业”是使用频率很高的一个概念，常见于体育行政部门的文件、学术文献及新闻媒体中，但有关体育事业的概念至今却还未达成共识，各学者仁者见仁、智者见智。“事业”一词在《现代汉语词典》中的释义为：“指没有生产收入，由国家经费开支，不进行经济核算的社会活动①。”从《现代汉语词典》对“事业”的解释来看，“事业”是关系我国全体人民利益的，不以营利为目的的，以教育、科学、文化、卫生、体育等为基本内容的活动。“事业”在本质上是归属于社会公共事务的范畴，与政治或经济方面的事务无关。体育事业是事业的下位概念，在词典中没有发现有

---

① 中国社会科学研究院语言研究所．现代汉语词典［M］．5版．北京：商务印书馆，2005：1246.

关体育事业的词条，有学者依据事业的概念，把体育事业界定为没有生产收入，由国家财政支持生产或创造的具有公益性、福利性公共产品的组织单位的集合。

计划经济体制下，国家统包统管各项事业包括体育事业的发展，对体育事业内涵和外延的认识容易达成一致。但随着社会主义市场经济体制的逐步深入和完善，体育事业的发展格局逐步由政府一家办转变为政府、企事业单位、社会团体和个人共同兴办。反映在财政保障制度上，体育事业经费来源的结构逐步由计划经济时期的“拨款型”结构向“结合型”结构转变。国家鼓励体育事业与市场经济相结合，充分开发体育的经济价值，这就和“事业”概念中的“没有生产收入……社会活动”相背离。在此背景下，学术界展开了有关体育事业与体育产业关系的研究，有关体育事业的概念出现了百家争鸣的局面，归纳起来共有 4 种观点，第一种观点是以鲍明晓为代表的“体育产业等同于体育事业说，认为体育产业与体育事业是两个并列的概念”①；第二种观点是以张岩②和丛湖平③为代表的“体育产业和体育事业不相容说”；第三种观点是以赵炳璞为代表的“体育事业包含体育产业说”④；第四种观点与第三种观点持相反意见，认为“体育产业包含体育事业说”，如杨年松认为“体育产业=体育企业+体育事业”⑤。

上述关于体育事业的概念都是特定历史条件下客观存在的反映，都有其合理性，本研究对此不做过多的评价。但概念是动态

① 鲍明晓．对我国体育产业热点问题的思考［J］．体育科学，1999，19（4）：49-52.

② 张岩．体育产业概念的三种涵义及其适用范围［J］．体育文化导刊，2001（5）：23-24.

③ 丛湖平．体育产业若干界说的辨析及相关问题的讨论［J］．中国体育科技，2001，37（12）：2-4.

④ 赵炳璞，蔡俊五，李力研，等．体育产业政策体系研究［J］．体育科学，1997，17（4）：1-7.

⑤ 杨年松．体育产业与体育事业、体育产业化、体育市场化及其相互关系［J］．成都体育学院学报，2005（1）：19-21.

的，应随时代的发展不断赋予新的内涵。随着我国公共财政体制的逐步建立及国际“服务行政”的公共行政改革对我国服务型政府构建的要求，体育事业的概念被赋予新的含义，其内涵和外延也发生了新的变化。本书认为在目前国内外新时代背景下，体育事业是市场经济体制下人们体育公共需求的集合。从体育事业概念的内涵来看，体育事业是人们有关体育方面的公共需求的集合，其本质属性是公共性，主要体现在：① 体育事业的服务对象是社会的所有成员，所以带有公众性；② 体育事业的服务内容涉及所有社会成员共同的体育需求，每一个社会成员都可以享受这种利益，所以带有公用性；③ 体育事业的服务目标是实现社会成员的共同利益，因而具有公益性①。所谓概念的外延是指事物的适用范围或量的规定性，因此体育事业的外延是指人们各种各样的体育公共需求，不仅包括有形的体育公共需求，如公共体育场地设施、社会体育指导员等，也包括无形的体育公共需求，如体育法律法规、中华体育精神、体育文化等。

7.2 体育事业的属性及外部性

7.2.1 体育事业的公共产品属性

根据公共产品的特征，体育事业具有公共产品的属性，主要表现在以下两方面：

第一，体育公共产品的非排他性。

体育最本质的功能是强身健体。通过发展体育事业，不仅丰富了人们的业余文化生活，更重要的是可使中华民族的整体身体素质得以提高，而中华民族整体身体素质的提高使每个公民受益，增强了抵抗疾病的能力，提高了人们学习、工作的效率，这种受益具有非排他性。体育场地设施的排他技术虽然不高，排他成本也很低，

① 朱仁显．公共事业管理概论［M］．2版．北京：中国人民大学出版社，2003.

但体育场地设施是开展体育活动最基本的物质载体，为发挥体育的最大功效，我国对基本的公共体育场地设施一般实行免费开放。不收费的公共体育场地设施具有消费的非排他性，即公共体育场地设施一旦竣工使用，所有的公民都可到公共体育场地健身，使用公共体育场地设施，具有效用的共享性。公共体育场地设施在其容纳的人数范围内具有消费的非竞争性，一个人使用公共体育场地设施并不会减少其他任何人对公共体育场地设施的消费机会或消费数量，增加一名健身者的边际成本为零；但当公共体育场地设施的消费人数超过其容纳限度时，即会产生拥挤成本，增加一名健身者会影响到其他健身者使用该公共体育场地设施，为解决拥挤问题，办法之一是公共部门能兴建新的公共体育场地设施以满足人们的健身场地需求。

第二，体育公共产品的非竞争性。

体育的俱乐部产品以非竞争性为主要特征，但在非竞争性上表现不充分。公益性的体育健身俱乐部及青少年体育俱乐部虽然在消费上可以通过收取一定的费用实现排他，但只是在俱乐部场馆设施容纳的范围内具有消费的非竞争性，增加一名健身者到俱乐部健身，不会减少其他消费者对该俱乐部场地设施的消费或使用，新增健身消费者使用该俱乐部场地设施产生的边际成本为零。但当俱乐部健身的消费者超过俱乐部容纳的范围时，体育俱乐部新增的消费者会影响到其他健身消费者对该俱乐部场地设施的使用，出现拥挤问题，产生拥挤成本。

体育的无形产品如精英体育所创造的精神产品，能以巨大的内在感召力深深震撼着每一个炎黄子孙，催人奋发向上、开拓进取、勇于创新，人们对其消费即不存在拥挤问题，也不可能实现排他，其效用为全体社会成员所享用和消费，属于体育的纯公共产品。

7.2.2 体育事业具有很强的正外部性

外部性也称外部效应，是一个经济主体的行为对另一个经济主体的福利产生的外部影响，而施加这种影响的主体却没有为此付出代价或因此而获得补偿①。根据外部性产生的后果对承受者是有益还是有害，可以分为正外部性和负外部性。如果一个经济主体的经济活动使其他经济主体获得额外的经济收益，而受益者却没有因此承担任何成本，这样的外部性就是正外部性或称外部经济性。

体育事业具有很强的正外部性。体育事业的快速发展为我国的经济建设、政治建设、社会建设、文化建设和人的全面发展作出了重要贡献；在构建社会主义和谐社会的历史进程中，体育事业对促进社会公平正义、人与人之间的诚信友爱、人与自然、人与社会之间的和谐成绩显著。体育可强筋健骨、内调心智，沟通人际、亲和社会，能为和谐社会培土；体育及相关产业的发展可拉动内需、调整产业结构、增加就业机会，能为经济发展增利；我国运动员在以奥运会为代表的重大国际比赛中的精彩表现，向世界成功展示了一个和平、友善、开放、进取的中国新形象，能为世界和平与友谊助力；“人生能有几回搏”、“团结起来，振兴中华”、“冲出亚洲，走向世界”，我国历代体育健儿在新中国体育发展历程中为我国社会所留下的宝贵精神财富，能为中华民族精神添彩。

由于体育事业具有公共产品和正外部性的特征，必然会导致市场供给失灵，因此支持体育事业的发展是政府义不容辞的责任。但各国国情不同，经济发展阶段不同，体育事业公共财政保障的目标、任务、内容及保障的优先顺序会有所差异，因此如何构建适合我国国情的体育事业公共财政保障体系是当前亟须解决的财政难题。

7.3　体育事业公共财政保障的原则、目标与任务

7.3.1　体育事业公共财政保障的原则

(1) 国情原则

一国体育事业公共财政保障的内容、水平和方式一般会受到该

① 罗必良．新制度经济学［M］．太原：山西经济出版社，2005.

国政治、经济和社会等因素的影响。不同的国家及同一国家在不同的历史发展阶段，由于其生产力结构、所有制结构及市场经济发达程度的不同，体育事业公共财政保障会呈现出鲜明的国情特色和时代特征。我国目前还处于社会主义初级阶段，市场经济不发达，市场基础薄弱，因此我国社会主义市场经济在发展过程中会出现早期市场经济发展过程中所表现出的所有市场失灵，再加上我国计划经济体制的痕迹及政府体育事业发展的意愿，与当前西方发达国家相比，我国体育事业公共财政保障的范围会比它们更宽泛。我国体育事业公共财政保障的范围不但包括体育市场失灵的领域，如体育场地设施的建设，公益性社会体育指导员的培养等，而且还承担着体育市场体系的培育、扶持体育企业的品牌建设等，而这些方面在国外成熟的市场经济国家都可以通过市场来解决。同时，我国还是一个经济转型和体制转轨的发展中国家，还必须投入很大的精力和财力用于调整竞技体育和群众体育、区域之间、城乡体育等发展的各种不平衡问题。

虽然理论上我国体育事业公共财政保障的范围要比西方发达国家更宽泛，但由于我国经济发展水平还不高，教育水平同中等发达国家相比还有较大的差距，人们的体育意识不强，体育消费水平较低，政府的财政实力还不够雄厚，因此我国体育事业公共财政保障的数量和质量还达不到西方发达国家的水平，只能满足人们最基本的体育公共需求和核心需求。

(2) 公共原则

尽管当今市场经济国家体育事业公共财政保障的形式各异，保障的范围和重点也不尽相同，但其基本模式是相同的，即以满足社会的体育公共需求作为界定政府体育事业公共财政保障的范围。体育公共需求是指满足社会有关体育方面的公共利益的需求，这种共同利益具有不可分割性。体育公共需求是一种整体需求，具有受益的外在性和需求整体性的特征，一般只有通过公共机制才能满足，而这种公共机制的运行主要是通过公共财政来实现。公共财政从本质上来说是满足社会的公共需求，因此满足社会的体育公共需求即公共原则是体育事业公共财政保障的最根本原则。

（3）协调发展原则

改革开放以来我国体育的整体实力得到全面提升，体育的核心表现也不断彰显，但我国体育在快速发展中积累了一些结构性矛盾，表现为区域间、城乡间体育发展水平差距的不断增大，奥运项目与非奥项目、业余体育与职业体育、优势项目与基础和球类项目之间、冬季项目与夏季项目之间发展水平的不均衡，这些结构性矛盾如不分解，必然会影响到我国体育强国目标的实现。失衡的中国体育事业迫切需要协调来匡正，发展的中国体育事业迫切需要协调来支撑。只有坚持体育事业的协调发展及全面推进，调整体育事业公共财政保障的结构，加大对群众体育、农村体育及业余体育的投入，才能缩小体育发展中存在的结构性失衡，体育各方面的发展才能良性互动，我国体育现代化的目标最终才能得以实现。

（4）导向原则

公共财政对体育事业的投入是我国体育事业可持续发展的重要保障，是目前我国体育事业经费的主要来源。但现阶段我国政府的财政收入能力还不强，国家的财政预算总量有限，国家对现阶段重点保障的社会保障体系、教育、医疗卫生等关系民生的公共服务领域的投入还存在较大的资金缺口，因此在一段时期内对体育事业的财政预算不可能有较大的增长。为弥补体育事业经费发展的不足，我们应灵活使用财政资金，充分发挥财政资金的导向作用，引导社会资金投向体育事业领域，形成政府、社会和个人共同举办体育事业的格局。现阶段强调对体育产业给予一定的财政投入，是为我国体育市场主体的逐步成熟及体育市场体系的进一步完善创造良好的外部条件，以积极引导国内外资金兴办体育产业，繁荣我国的体育市场，进而形成一批在全球具有影响力的体育企业品牌、体育产品品牌和体育赛事品牌。

7.3.2　体育事业公共财政保障的目标

以科学发展观为统领，认真贯彻落实政府构建社会主义和谐社会的要求，健全适应和谐社会发展的体育事业公共财政保障体系，坚持以人为本，逐步扩大体育事业公共财政保障的覆盖领域和范围，增加对民生体育的公共财政保障能力，把增强人民体质，提高全民族身体素质作为体育事业公共财政保障的根本目标；建立稳定长效的财政监督机制，实现群众体育与竞技体育、城乡体育、区域体育协调发展，逐步形成比较完备的覆盖全社会的体育公共服务体系，基本实现体育公共服务的均等化，进一步推动我国由体育大国向体育强国迈进。

7.3.3 体育事业公共财政保障的任务

（1）不断加大体育事业的财政投入。建立体育事业财政资金投入稳定增长的保障机制，政府应随着国家财政收入的增加，不断加大对体育事业的财政投入力度，提高体育事业财政支出占 GDP 及政府财政支出的比重；将全民健身事业纳入为民办实事的重点项目，全民健身事业发展纳入国民经济和社会发展规划，全民健身事业经费列入地方政府的财政预算。

（2）不断扩大体育事业公共财政的保障范围。政府一方面要不断扩大体育事业公共财政保障的内容，在提供基本体育公共服务的基础上，不断增加非基本体育公共服务的内容；另一方面要不断扩大体育事业公共财政的覆盖范围，使体育事业公共财政的保障范围覆盖到广大农村，农村的公共体育健身设施和体育健身组织不断增加、体育健身指导队伍的数量与质量得到明显提高，农民参与体育健身活动的合法权益切实得以实现。

（3）加大对体育事业重点领域的投入力度。优化体育事业公共财政的支出结构，加大对民生体育尤其是广大人民群众最基本的体育需求的投入力度，确保基本体育公共服务均等化。

7.4 体育事业公共财政保障的范围

体育事业公共财政保障的合理边界应约束在市场失灵的范围内，凡是市场能解决的，或是市场提供更有效率的，则尽量使用市场方式解决。体育事业公共财政保障的范围主要界定在提供体育公共产品、矫正外部效应、培育体育市场及克服信息不对称等方面。

7.4.1 提供体育公共产品

公共产品是社会必需的产品，满足的是社会大多数人的消费需求。由于公共产品具有消费的非排他性、消费的非竞争性和效用的不可分割性，无法消除“免费搭车”现象，对私人生产者来说，生产这类产品无法获取利润，从而导致市场不提供或只提供少量公共产品，社会成员的正常消费需求无法得到满足，一般只能由政府或国家公共财政加以解决。体育事业具有公共产品的属性，体育公共产品满足的是社会大多数成员的体育公共需求，这就导致市场价格无法引导资源进入体育公共产品的生产领域，体育公共产品市场供给不足，只能由政府干预才能解决，因此体育公共产品的提供是政府公共财政活动的主要领域。

7.4.2 矫正外部效应

外部效应的存在使私人收益和社会收益出现不对称，生产者的私人收益小于实际产生的全部社会收益，资源配置便会发生扭曲而达不到帕累托最优。理性经济人追求的是个人利益的最大化，很少会从事收益外溢的活动，而市场机制却难以解决个人利益和社会利益相背离的矛盾，市场供给失灵产生，导致具有正外部效应的产品提供不足，此时就需要政府采取适当的方式给予干预。体育事业具有很强的正外部效应，因此存在市场提供失灵的问题，政府应对具有正外部效应的体育产品的供给采取政府提供、政府与市场共同提供或市场提供等方式，通过财政拨款、财政补贴或政府购买等保障措施，促使生产者生产的体育公共产品外部效应内在化，解决该产品在社会上供给不足的问题，进而使该产品的产量达到社会有效水平。

7.4.3 培育体育市场、健全体育市场体系

市场经济条件下，市场机制能够有效运行的前提是有完善的市场体系，能够保证经济主体获得与其经济行为有关的信息。但我国体育产业还处于起步阶段，市场不完善的领域还很广泛，市场主体

还很不成熟。在这种不健全的体育市场体系下，许多信息就无法充分获取，很多体育商品也无法由市场提供或无法由市场充分提供。对于体育市场失灵、市场秩序不规范的问题，还需要政府的干预和介入才能解决和弥补。政府应进一步加强现代体育市场体系和信用体系的建设，制定体育市场规则，营造体育市场健康发展、各种所有制体育企业公平竞争的法制环境。

7.4.4 克服信息不完全

在信息不完全的体育市场里，生产者和消费者获取不到充分的市场信息，不能正确评价体育产品，生产者和消费者的决策可能出现偏差而降低效率，出现因信息不足或失灵而导致的竞争失效、市场失灵。20 世纪 90 年代兴起的保龄球市场的大起大落，就是经营者在缺乏相应的消费需求信息的情况下，一哄而上，最后导致供过于求，恶性竞争，保龄球市场迅速陨落。体育消费者由于不了解体育商品的信息而上当受骗也屡见不鲜，因此政府在改进信息不完全、提高市场竞争效率方面应该有所作为，应向社会提供有关体育商品供求状况、价格变动趋势，加强与体育有关的各方面的信息库建设。

7.5 体育事业公共财政保障的内容构建

体育事业公共性的本质属性决定了它不可能完全通过市场来提供，而需要政府大量参与，进行统筹与管理，并给予相应的公共财政支持。体育事业公共财政保障的原则与范围为我国界定了体育事业公共财政保障的内容。理论的研究是为了更好地指导工作实践，为使国家体育总局及各级体育行政部门能更好地使用财政资金，履行体育公共服务的职能，提高财政资金的使用效率，本研究也试图从群众体育、竞技体育和体育产业三方面工作出发，根据公共产品及外部性等市场失灵的特征，借鉴国外经验，在查阅相关文献的基础上，结合我国的国情、现阶段政府的体育职能及政府今后体育职能改革的方向，初步拟定出体育事业公共财政保障的内容体系。为使体育事业公共财政保障的内容体系更趋科学合理，本研究运用德尔菲法构建体育事业公共财政保障的内容体系。但体育事业公共财政保障的内容是动态的，将随着经济的发展和人们的公共需求改变而发生变化。不同的国家和同一国家不同的历史时期，由于经济发展水平不同，体育事业公共财政保障的内容会有所差异。

7.5.1 体育事业公共财政保障内容体系的构建方法——德尔菲法

德尔菲法（Delphi Method）是20世纪60年代初由美国兰德公司的预测学家霍梅尔和戈登提出的。德尔菲法又称为专家意见法，是采用匿名方式，通过调查问卷咨询及收集专家的意见，每次问卷调查后，将汇总结果连同新的调查问卷再反馈给各个专家，请专家以此为参考再提出自己的观点，如此反复实施，直到专家的意见基本一致，即可得到预测结果。

德尔菲法由于采用背靠背的通信方式征询专家的意见，既能集思广益，充分发挥各位专家的作用，取各家之长，又能避免专家会议法中权威人士影响他人的意见或是有些专家碍于情面而不愿意表达不同意见等缺陷。该方法有4个特点：① 隐秘性。问卷采用匿名方式，可使专家不受其他专家的影响独立完成问卷，充分表达自己的观点，无须顾忌自己的威望会受到损害。② 专业性。德尔菲法所吸取的专家一般都是本领域中理论或实践的专家，具有扎实的理论功底和丰富的实践经验。③ 反馈性。德尔菲法一般须经过2~4轮调查，每次调查时需将各位专家的意见汇总，进行一些简单的统计分析，如平均数、标准差和变异系数等，然后将这些统计结果连同下轮问卷反馈给各位专家，作为预测参考。④ 收敛性。专家的意见都可用统计方法进行定量处理，而且预测过程经过几轮的反馈，专家们的预测结果逐渐趋同。

近十几年来，最初产生于科技领域的德尔菲法被广泛运用于其他领域，如军事预测、医疗保健预测、人口预测、教育预测、经营和需求预测等。此外，德尔菲法还用来进行评价、决策、规划工作和管理沟通，逐步成为一种重要的规划决策工具。目前，德尔菲法不仅广泛运用于预测领域，而且还广泛应用于各种评价指标体系的建立。德尔菲法在体育领域中也得到了一定程度的运用，国外已普遍运用德尔菲法研究体育领域内的问题，但国内将德尔菲法研究体育领域内的问题还相对滞后。通过期刊网全文数据库查询，发现仅有的一些研究主要限于某一方面评价指标体系的建立，运用德尔菲法对体育事业公共财政保障内容的研究还未见到。

7.5.2 体育事业公共财政保障内容的建立

1. 第一轮专家调查问卷的形成

本研究根据国内外文献资料、体育事业“十一五”规划、体育事业“十二五”规划草案、国办发［2009］23号《国务院办公厅关于印发国家体育总局主要职责内设机构和人员编制规定的通知》对国家体育总局主要职责的规定，结合目前我国体育行政部门群众体育、竞技体育和体育产业三大块的工作，形成了体育事业公共财政保障内容体系的草案，共4个领域，19个指标。在此基础上，笔者还就形成的草案进行了小范围的预调查，并根据专家提出的合理建议作了适当的修改，最终形成了《体育事业公共财政保障内容体系的专家调查表（第一轮）》（见附件1）。

2. 咨询专家的选择

Brown B. 指出：选择专家是德尔菲法预测成败的关键①。拟选专家的经历应是在理论或实践方面与研究问题相关的人，选择专家所采取的方法不是随机抽样，而是通过有目的的程度选择。选取专家的人数根据研究项目的规模而定，专家人数太少，可能使学科不具有代表性，而选取的人数太多，又使调查工作难以组织，而且加大了数据统计处理的难度。据有关文献报道，德尔菲法咨询专家的

---

① Brown B. DelPhi Process: A Methodology used for the elicitation of opinions of experts. *The Rand Corporation*, 1968.

人数控制在 10~30 人左右为宜①。

本次研究所选取的专家主要基于两方面的考虑：一是体育事业财政保障方面的专家和学者；二是从事与体育事业财政保障方面相关的政府官员。根据上述两方面的考虑，本研究遴选出 13 位专家，但由于有 3 位专家在德尔菲法第一轮中就退出，只有 10 位专家参与了本次调查，故本研究只列出参与调查的 10 位专家的名单（见表 7-1）。参与调查的专家中绝大部分都具有博士学位、正高职称（表 7-2），专家中从事专业年限最低的为 10 年，最高的为 39 年，平均 23.4 年，他们分别工作在与体育事业公共财政保障有关的教学、科研、实务领域及行政管理方面，10 位专家中有 4 位专家表示对评价内容很熟悉，6 位专家表示熟悉，没有专家表示对评价内容不熟悉，可见专家的意见和建议具有较好的代表性。

表 7-1　**咨询专家成员一览表**

姓　名	工 作 单 位
鲍明晓	国家体育总局体育科学研究所
虞重干	上海体育学院
邱伟昌	上海市体育局
李南筑	上海体育学院
陈锡尧	上海体育学院
陈林祥	武汉市体育局
曹可强	上海师范大学
马志和	浙江仙居县人民政府
王子朴	首都体育学院
肖林鹏	天津体育学院

① 黄海燕．体育赛事综合影响的事前评估研究［D］．上海：上海体育学院，2009：86.

表 7-2　　咨询专家基本情况一览表

项　　目		人数（人）	百分比（%）
年龄	40 岁以下	1	10
	41~50 岁	5	50
	51~60 岁	1	10
	61 岁以上	3	30
文化程度	大学	1	10
	硕士	2	20
	博士	7	70
专业技术职称	副高	2	20
	正高	8	80
从事的专业	教学科研	7	70
	行政管理	3	30

（1）专家的积极系数

专家的积极系数是指专家咨询表的回收率。专家咨询表回收率的高低说明专家对该研究关心的程度，两次专家咨询的积极系数如表 7-3 所示。

表 7-3　　咨询专家的积极系数

轮　次	发出专家问卷	回收专家问卷	回收率
第一轮	13	10	76.92%
第二轮	10	10	100%

（2）专家权威程度

评价结果是否可靠主要取决于专家的权威程度，故在处理评价结果时，首先需要考虑专家评价问题时的权威程度。专家权威程度受两方面因素的影响，一是专家对问题的熟悉程度，二是专家对方案作出判断时的依据。专家对问题的熟悉程度分为很不熟悉、较不熟悉、一般、较熟悉、熟悉和很熟悉6个等级。判断依据包括实践经验、理论分析、国内外同行的了解和直觉。判断系数大小的不同表明判断依据对专家影响程度也不同，当判断系数总和为1时，表明判断依据对专家的影响程度很大；当判断系数总和为0.8时，表明判断依据对专家的影响程度为中等；当判断系数总和为0.6时，表明判断依据对专家的影响程度较小。专家对问题的熟悉程度和各判断依据量化值见表7-4和表7-5。专家权威程度等于专家熟悉程度系数与专家判断系数的算术平均值，其计算公式为 $C_r=\frac{C_s+C_a}{2}$，其中 C_r 表示专家权威程度，C_s 表示熟悉程度，C_a 表示判断系数。

表7-4　　专家对问题的熟悉程度系数表

熟悉程度	C_s
很不熟悉	0.0
较不熟悉	0.1
一般	0.3
较熟悉	0.5
熟悉	0.7
很熟悉	0.9

表7-5　　判断依据及影响程度量化表

判断依据	对专家判断的影响程度		
	大	中	小
实践经验	0.5	0.4	0.3
理论分析	0.3	0.2	0.1
国内外同行的了解	0.1	0.1	0.1
直觉	0.1	0.1	0.1

本次研究的专家权威程度是根据专家自填的“专家对问题的熟悉程度表”和“判断依据及影响程度量化表”。根据各专家对各内容的判断依据及影响程度评价，对照量化表，利用算术平均值综合各位专家的意见，得出各指标的“专家判断依据”的数据（表7-6）。

表 7-6　　专家的判断系数表

	群众体育	竞技体育	体育产业	其他
理论分析	0. 271	0. 243	0. 285	0. 243
实践经验	0. 429	0. 443	0. 429	0. 428
国内外同行的了解	0. 1	0. 1	0. 1	0. 1
自觉	0. 1	0. 1	0. 1	0. 1

根据权威程度的计算公式，结果如表 7-7 所示。4 项一级评价内容的专家权威程度的平均值分别为 0. 857、0. 836、0. 864 和 0. 814，超过 0. 8，说明咨询专家的权威程度较高。

表 7-7　　专家权威程度结果

指标名称	熟悉系数 C_s	判断系数 C_a	权威系数 C_r
群众体育	0. 814	0. 9	0. 857
竞技体育	0. 786	0. 886	0. 836
体育产业	0. 814	0. 914	0. 864
其他	0. 757	0. 871	0. 814

3. 德尔菲法专家咨询的结果

（1）第一轮专家咨询结果

本研究的德尔菲法问卷分为两部分，第一部分是将初步归纳的保障内容制定结构性问卷，问卷只分为“同意”、“不清楚”、“不同意”三种选项供咨询专家勾选。第二部分在结构性问题之后设有“新增（建议）项目”，以使专家充分表达自己的观点，检查评价内容是否有疏漏等不妥之处。从调查的总体情况来看，大多数评价内容得到了专家的认同，只有少数评价内容专家的意见分歧比较大，具体咨询结果如下：

① 一级评价内容的咨询结果

本次调查设立的体育事业公共财政保障内容的一级评价内容包括群众体育、竞技体育、体育产业和其他4项内容。从调查结果来看，专家对群众体育、竞技体育的认可率均为100%，对体育产业的认可率为90%，说明专家对这三项保障内容给予了充分的肯定。

其他类的评价内容只有6位专家表示同意，另4位专家对此没有作出评价。专家不选择的理由是体育行政部门的工作只分为群众体育、竞技体育和体育产业三大块，其他类的评价内容和此三项评价内容不存在并列关系。在此需要说明的是，其他类的评价内容和群众体育、竞技体育及体育产业确实不在同一层次，笔者在设计一级评价内容时也考虑到这个问题，但由于其他类中的体育法制建设、体育文化建设、体育人才培养、体育科技与教育等内容贯穿于整个体育工作中，如果把它们分别归入到体育工作的三大块去，势必导致二级评价内容的数量膨胀，给专家评价及问卷的统计处理带来很大的工作量及难度，鉴于此，笔者设计并保留了这项评价内容。

② 二级评价内容的调查结果

群众体育的二级评价内容包括群众体育场地设施、群众体育组织、群众体育活动和竞赛。专家对群众体育场地设施、群众体育活动和竞赛的认同率达到100%，对群众体育组织的认可率为80%，说明专家对群众体育的二级评价内容都给予了较高的肯定。有专家提出增设“居民体质健康水平测试”及“体育公共信息提供”的评价内容，而本研究对群众体育公共财政保障的内容是从“三边工程”角度设计的，而且其他类的体育科技与教育中包括了国民体质监测的内容，故不设置此项评价内容。其他类中的体育公共信息平台建设包括了群众体育、竞技体育、体育产业等有关体育工作的公共信息建设，另外德尔菲法问卷在设计其他类的评价内容时已经对此作了说明，故不在体育三大类工作中另外增设。

竞技体育的二级评价内容包括运动训练、运动竞赛、运动场馆设施、运动员社会保障体系及职业体育。专家完全认可运动训练、运动竞赛、运动场馆设施和运动员社会保障体系，但对职业体育的意见分歧很大，10位专家中只有4位专家对此持同意的态度，其余6位专家持不同意的意见。不同意的专家认为职业体育应该完全进入市场，按市场经济的规律进行运作，不属于国家体育事业公共财政保障的范围，建议删除此项指标，笔者采纳专家的意见，在第二轮专家问卷中将删除此项指标。有的专家在此提出增加“竞技体育科技攻关与服务”的评价内容，由于群众体育甚至体育产业中都包含着体育科技攻关与服务的内容，因此本研究在一级评价内容中的其他类的二级评价内容中设置了体育科技与教育项，此项评价内容包含了体育各方面工作中有关科技类的内容，故在此不增设“体育科技攻关与服务”的内容。

体育产业的二级评价内容包括体育产业结构的优化、体育产业基地、体育产业品牌建设及服务平台的建设4项。专家对体育产业结构的优化、体育产业基地和服务平台的建设认可率达到70%以上，对体育产业品牌建设的意见较分散，有6位专家持同意意见，1位专家表示不清楚，另3位专家选择不同意。这里需说明的是，体育市场主体在打造体育品牌的过程中具有很强的正外部性，而体育产业品牌建设是体育强国的核心表现，因此在我国体育市场发育程度还不成熟的阶段，体育市场主体在品牌建设的过程中国家应给予一定的财政保障，财政保障并不等同于财政拨款或财政补贴，给予税费优惠政策也属于财政保障的范围。有专家在此评价内容中提出增加“体育产业信息服务与公共政策服务”，由于体育产业财政保障内容体系中“服务平台的建设”包括体育政策服务的内容，故不再增设。体育产业信息服务不增设的理由同上。

其他类的二级评价内容包括体育法制建设、体育标准与认证事务、体育文化建设、体育人才培养、体育信息平台建设、体育科技与教育、反兴奋剂、对外交往与宣传8项，专家对此8项内容的认同率达到90%以上，意见基本趋于一致（表7-8）。

表 7-8 **第一轮专家咨询调查结果表**

评价内容	同意	不清楚	不同意	同意比例（%）
1 群众体育	10			100
1.1 群众体育场地设施	10			100
1.2 群众体育组织	8	1	1	80
1.3 群众体育活动和竞赛	10			100
2 竞技体育	10			100
2.1 运动训练	10			100
2.2 运动竞赛	10			100
2.3 运动场馆设施	10			100
2.4 运动员社会保障体系	10			100
2.5 职业体育	4		6	40
3 体育产业	9	1		90
3.1 体育产业结构的优化	7	2	1	70
3.2 体育产业基地	7	2	1	70
3.3 体育产业品牌建设	6	1	3	60
3.4 服务平台的建设	9	2		90
4 其他	6			60
4.1 体育法制建设	10			100
4.2 体育标准与认证事务	9		1	90
4.3 体育文化建设	9	1		90
4.4 体育人才培养	9	1		90
4.5 体育信息平台建设	10			100
4.6 体育科技与教育	10			100
4.7 反兴奋剂	10			100
4.8 对外交往与宣传	10			100

③ 体育事业财政专项资金保障内容的专家咨询结果

专项资金是财政部门或上级部门下拨的具有特殊用途或专门指定用途的资金。专项资金要求进行单独核算，专款专用，不能挪作他用。在我国目前体育事业发展结构不平衡的情况下，体育专项资金的使用更有利于提高财政资金的使用效率，实现我国体育公共服务的均等化，促进我国体育事业的全面发展。基于此，本研究通过相关文献资料、政府文件的检索，初步拟定出体育事业财政专项资金的保障内容。体育事业财政专项资金保障的一级评价内容也是从群众体育、竞技体育、体育产业和其他 4 项进行的，由于前面已对一级评价内容进行了分析和说明，此项专家咨询只对二级内容的重要性进行评价。二级评价内容按照“非常重要”、“重要”、“一般”、“不重要”、“非常不重要”分别给予 5、4、3、2、1 的分值，表 7-9 是本次专家咨询各二级评价内容在重要性方面的得分均数、标准差和变异系数。其中算术均数表示专家对评价内容意见的集中程度，评价内容的算术均数越大，说明该项内容的重要性越高。变异系数表示专家对评价内容意见的协调程度，变异系数的大小反映了专家对该评价内容相对重要性的波动程度，变异系数越小，说明专家对该评价内容的协调程度越高，一般认为变异系数大于或等于 0.25，则该评价内容的专家协调程度不够①。

表 7-9　**体育事业财政专项资金保障内容第一轮专家咨询结果表**

保障内容	具体保障内容	专家咨询结果统计		
		均数	标准差	变异系数
群众体育专项资金	全民健身路径工程	4.6667	0.4714	0.101
	雪炭工程	4.3333	0.8165	0.1884
	农民体育健身工程	4.2222	0.7857	0.1861
	青少年体育俱乐部	4.3333	0.6667	0.1539
	民族传统体育保护工程	4.2222	0.6285	0.1489
	中小学校体育设施对外开放专项补贴	4.8889	0.3143	0.0643

① 邢禾，何广学，刘剑君．德尔菲法筛选结核病防治知识调查指标的研究与预试验评价［J］. 中国健康教育，2006，22（2）：93.

续表

保障内容	具体保障内容	专家咨询结果统计		
		均数	标准差	变异系数
竞技体育专项资金	全国体育后备人才培养工程	4.7778	0.4157	0.087
	119 项目工程	4.2222	0.6285	0.1489
	国家队老运动员、老教练员关怀基金	4.3333	0.6667	0.1539
体育产业专项资金	体育产业引导资金	3.8889	1.0999	0.2828
其他专项资金	高层次体育人才培养工程	4	0.9428	0.2357
	国家体育总局重点实验室建设	4	0.6667	0.1667
	群众体育公共信息网络工程	4.5556	0.4969	0.1091
	体育社会科学重点研究基地	3.7778	1.0304	0.2728

群众体育方面的财政专项资金保障内容包括全民健身路径工程、雪炭工程、农民体育健身工程、青少年体育俱乐部、民族传统体育保护工程、中小学校体育设施对外开放专项补贴，此 6 项保障内容的算数均数均在 4.2 分以上，变异系数均小于 0.25。有专家提出群众体育的财政专项保障内容应增加民康工程，因为国家体育总局 2005 年以来就开始划拨专款保障此项工程的建设。民康工程即民族地区健康工程，保障的对象是我国 5 个少数民族自治区、30 个自治州适用的体育设施的建设。笔者采纳专家的意思，在第二轮专家问卷中增加民康工程的保障内容。

竞技体育方面的财政专项资金保障内容包括全国体育后备人才培养工程、119 项目工程、国家队老运动员与老教练员关怀基金，此三项保障内容的得分均数均在 80 分以上，专家意见的协调程度较高，变异系数均小于 0.25。

体育产业方面的财政专项资金是设立体育产业引导资金。体育产业引导资金的得分不到 80 分，变异系数大于 0.25，说明专家对体育产业引导资金的意见分歧较大，但笔者认为我国体育产业的发展才刚刚起步，体育市场仍处于培育阶段，体育企业的市场竞争力不强，因此设立体育产业引导资金是必要的。

其他方面的财政专项资金保障内容包括高层次体育人才培养工程、国家体育总局重点实验室建设、群众体育公共信息网络工程、体育社会科学重点研究基地，其中高层次体育人才培养工程、国家体育总局重点实验室建设和群众体育公共信息网络工程的算术均数均在 80 分以上，变异系数小于 0.25，但体育社会科学重点研究基地的重要性得分不到 80，变异系数也大于 0.25。由于体育社会科学是推动体育理论创新，促进体育决策民主化、科学化，推进体育发展的重要力量，其研究能力和成果是体育综合实力的重要组成部分，因此我国体育财政专项资金对体育社会科学研究进行保障是必要的。

（2）第二轮专家咨询结果

① 体育事业公共财政保障内容的调查结果

第一轮专家咨询问卷统计结果得出之后，结合专家的建议，重新拟定第二轮体育事业公共财政保障的内容，第二轮德尔菲法专家问卷的结构与第一轮问卷的结构基本相同。为使专家意见收敛，第二轮问卷结构只分为“同意”和“不同意”两种选项供咨询专家勾选，同时要求持不同意的专家解释其不同意的理由（修改后的评价内容见附件 2）。

德尔菲法第二轮之后，需要对每一轮专家的意见进行一致性检验，Murry 和 Hammous 认为，当咨询专家对问卷中选项的认同率达到 80%以上时，称为通过一致性检验①。此外，由于每两轮问卷中专家小组成员的态度可能会发生改变，因此必须对其稳定度进行计算，以确保对所评价的项目达到稳定状态。Murry 和 Hammous 针对评价项目的稳定度也提出了一个标准，计算公式为稳定度＝填答改变人数/总填答人数，判定的标准是稳定度低于 20%[①]。

① Murry J W, Hammous J O. Delphi: A versatile methodology for conducting qualitative research. *The Review of Higher Education*, 1995, 18 (4): 423-436.

当问卷中的部分评价项目的意见达到一致程度时，德尔菲法问卷是否结束调查的依据是问卷的整体稳定程度。通过查阅德尔菲法的相关文献，得知当问卷中所有题项的稳定度平均值≥70%时（如果专家小组成员填写的指标有 30 个，其中 21 个指标的稳定度≤20%，则稳定度平均值为 21÷30=70%），德尔菲法问卷调查即可停止①。问卷回收后，需先对问卷做一致性检验，然后做稳定性检验①。第二轮专家咨询结果如表 7-10 所示。

表 7-10　　**第二轮专家咨询调查结果表**

评价内容	同意	不同意	同意比例（%）
1 群众体育	10		100
2 竞技体育	10		100
3 体育产业	9	1	90
4 其他	8		80
1.1 群众体育场地设施	10		100
1.2 群众体育组织	9	1	90
1.3 群众体育活动和竞赛	10		100
2.1 运动训练	10		100
2.2 运动竞赛	10		100
2.3 运动场馆设施	10		100
2.4 运动员社会保障体系	10		100
3.1 体育产业结构的优化	8	2	80
3.2 体育产业基地	8	2	80
3.3 体育产业品牌建设	8	2	80
3.4 服务平台的建设	9	1	90

① Buss A R. A delphi study of educational telecollabortive projects: Identifying critical elements and obstacles. *Journal of Educational Computing Research*, 2001, 24 (3), 235-248.

续表

评 价 内 容	同意	不同意	同意比例（%）
4.1 体育法制建设	10		100
4.2 体育标准与认证事务	9	1	90
4.3 体育文化建设	10		100
4.4 体育人才培养	10		100
4.5 体育公共信息平台建设	10		100
4.6 体育科技与教育	10		100
4.7 反兴奋剂	10		100
4.8 对外交往与宣传	10		100

经过两轮的问卷，已有各项评价内容的专家同意率皆在 80% 以上，整体稳定度低于 20%，说明专家对评价内容的意见已趋于稳定，故不再进行下一轮的专家咨询调查，“我国体育事业发展的公共财政保障内容体系”方案如图 7-1 所示。

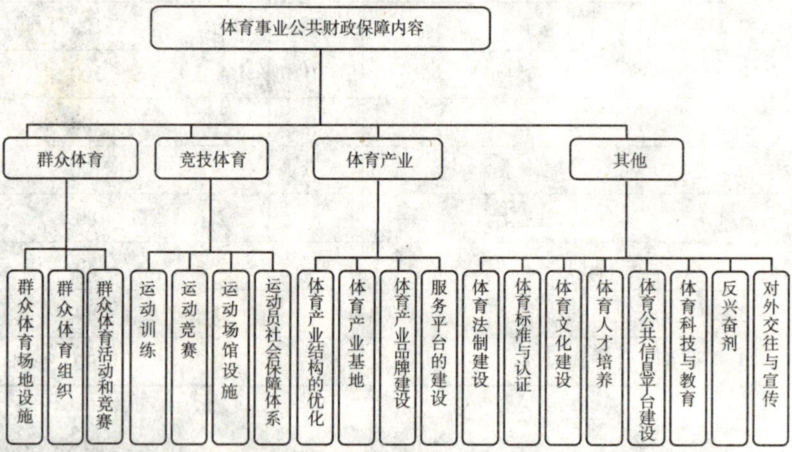

图 7-1 我国体育事业发展的公共财政保障内容体系层级结构

② 体育事业财政专项资金的调查结果

对第一轮专家意见汇总并将统计结果反馈给参加第一轮咨询的专家，对财政专项资金保障内容的重要性再次评价，计算各保障内容得分的均数、标准差和变异系数，结果见表7-11。从第二轮的统计结果来看，专家仍对体育产业引导资金和体育社会科学重点研究基地的协调程度较低，这也说明此两项内容相比其他保障内容的重要性要低，但并不代表它们就不需要财政专项资金的保障。

表7-11 **体育事业财政专项资金保障内容第二轮专家咨询结果表**

保障内容	具体保障内容	专家咨询结果统计		
		均数	标准差	变异系数
群众体育专项资金	全民健身路径工程	8.5	1.8028	0.21
	雪炭工程	8.2	1.833	0.22
	农民体育健身工程	7.8	1.6613	0.21
	青少年体育俱乐部	8.2	1.077	0.13
	民族传统体育保护工程	7.9	1.1358	0.14
	中小学校体育设施对外开放专项补贴	8.4	1.4156	0.17
	民康工程	7.6	1.4283	0.19
竞技体育专项资金	全国体育后备人才培养工程	7.8	1.47	0.19
	119项目工程	7.4	1.3565	0.18
	国家队老运动员、老教练员关怀基金	7.1	1.4457	0.2
体育产业专项资金	体育产业引导资金	6.6	1.6852	0.26
其他专项资金	高层次体育人才培养工程	6.7	1.2689	0.19
	国家体育总局重点实验室建设	6.5	1.5	0.23
	群众体育公共信息网络工程	8.5	1.6279	0.19
	体育社会科学重点研究基地	6.6	2.0591	0.31

7.5.3 体育事业公共财政保障内容优先顺序的确定

为合理配置体育事业公共财政资源，提高体育事业公共财政资金的使用效益，在目前我国体育事业财政资金缺乏的情况下，应合理确定体育事业公共财政保障的优先顺序，这就需要了解各个保障内容在体育事业公共财政保障中的相对重要程度，即各个保障内容的权重。权重值的确定直接影响着体育事业公共财政保障评价的结果，因此如何科学地确定各保障内容在体育事业公共财政保障内容体系中的权重是非常关键的。

目前确定指标权重的方法较多，根据权数计算时原始数据的不同，大致可分为两类，一类是主观赋权法，另一类是客观赋权法。主观赋权法的原始数据主要由专家根据经验判断得到，如层次分析法、模糊评价法等，因此主观随意性较大；客观赋权法的原始数据来源于各指标在评价中的实际数据，如主成分分析和因子分析法、变异系数法等，这些方法不需要征求专家的意见，避免了主观因素的影响，使系数具有绝对的客观性，但缺点是得出的权重系数有时与指标的实际重要程度相悖。主观赋权法虽是通过自身经验对指标进行赋权，但专家可根据实际情况对各指标权重系数进行合理排序，因此也具有客观基础，所得出的权重系数同样具有科学性。

借鉴相关的文献资料，根据本研究的需要，在咨询了相关专家学者后，决定采用主观赋权法中的层次分析法（AHP）来确定体育事业公共财政各保障内容的权重。

1. 层次分析法

(1) 层次分析法的基本思想

层次分析法（analytic hierarchy process，AHP）于20世纪70年代由美国运筹学家T. L. Saaty等人提出，是一种定性与定量相结合的多准则决策方法。它将一个复杂问题有关元素分解成目标、准则和方案等层次，运用两两比较的方法确定各评价指标的相对重要性，然后对各指标的权重进行计算以确定不同决策方案的排序。层次分析法简洁、实用，数学原理严密，虽在操作过程中运用了线性代数的方法，但自身的柔性色彩仍十分突出。它不仅简化了系统分析和计算，而且还可使决策者的思维过程保持一致性，因而应用领域相当广泛，Saaty 认为层次分析法可用以评定优先顺序、评选最佳方案、备选方案的产生、结果预测、风险评价、绩效衡量等。

目前国内普遍使用层次分析法选择最佳方案与评定优先顺序。因为层次分析法能将较为模糊或复杂的决策问题通过定性或定量相结合的方法加以确定，而很多的决策问题通常表现为对一组方案进行排序，本研究“体育事业公共财政保障的优先顺序”就属此类问题。

（2）层次分析法的步骤

① 构造层次分析结构

首先要将因素条理化，并将其分解成不同层次的要素，构造出一个递阶的层次分析结构模型。

② 构造两两判断矩阵

在建立层次结构模型后，请专家对各层元素的重要性进行两两比较，构造出比较判断矩阵。判断矩阵反映的是本层次与上一层次有关的因素之间相对重要性的比较，是计算相对重要性的重要依据。

为了使决策判断定量化，层次分析法中有一个常用的 1~9 标度方法，如表 7-12 所示。

表 7-12 **判断矩阵标度及其含义**

重要性等级	C_{ij} 赋值
两元素相比，具有同样的重要性	1
两元素相比，前者比后者稍重要	3
两元素相比，前者比后者明显重要	5
两元素相比，前者比后者强烈重要	7
两元素相比，前者比后者极端重要	9

续表

重要性等级	C_{ij}赋值
表示上述判断中的中间值	2，4，6，8
若因素 i 与因素 j 的重要性之比为 A_{ij}，则因素 j 与因素 i 的重要性之比为 $1/A_{ij}$	倒数

层次分析法是专家组成员对判断矩阵的各要素进行两两比较，在回收问卷进行统计时，需要对专家群体成员的决策进行整合。整合方式一般包括几何平均数、算术平均数、调和平均数、指数平均数、均方根、均方幂，其中几何平均数和算术平均数较为常用。几何平均数主要用于计算比率或速度平均，在一些合理的假设下，Saaty 建议整合专家成员偏好使用几何平均数更为恰当，而非采用算术平均数。因此如果某一专家两两比较的判断值为 a，而另一专家的判断值为 $1/a$，则该因素的平均值应为 $\sqrt{a\times\frac{1}{a}}=1$，而不是 $\frac{a+1/a}{2}$，所以当 n 个专家的判断值为 $X_1,X_2,\cdots,X_n$时，其平均值应是$\sqrt[n]{X_1\ X_2\cdots\ X_n}$。

③ 层次单排序

层次单排序是指根据判断矩阵计算出相对于上一层次某因素而言本层次与其有联系的因素的相对重要性次序的相对权重。其计算步骤如下：

第一步，计算判断矩阵每一行元素的乘积 M_i：

$$M_i=\prod_{j=1}^{n}a_{ij},\ i=1,2,\cdots,n$$

其中 a_{ij}是矩阵中的元素。

第二步，计算 M_i的 n 次方根$\overline{W_i}$，其中 n 为矩阵的阶数。

第三步，对向量$(W_1,W_2,\cdots,W_n)^{\mathrm{T}}$ 归一化：

$$W_i=\frac{\overline{W_i}}{\sum\limits_{j=1}^{n}\overline{W_j}},$$

则 $W=(W_1,W_2,\cdots,W_n)^{\mathrm{T}}$即为所求的特征向量。

第四步，计算判断矩阵的最大特征根 $\lambda_{\max}$：

$$\lambda_{\max}=\sum_{i=1}^{n}\frac{(AW)_i}{nW_i},$$

其中 $(AW)_i$ 表示向量 AW 的第 i 个元素。

第五步，各层次一致性检验。

在层次分析法中，专家在判断评价内容时保持判断思维的一致性非常重要，这样才能保证得出的结论合理。所谓判断思维的一致性是指专家在判断评价内容的重要性时，保持判断之间协调一致，避免相互矛盾的结果出现。但在多阶判断的条件下，思维不一致的情况极易发生，只不过不一致的程度有所差别，要求所有判断都完全保持一致性不太可能，特别是规模大因素多的问题更是如此，因此判断时大体上保持一致性即可，这就需要对构造的判断矩阵进行一致性检验。判断矩阵的一致性检验可以一致性指标 CI 和一致性比率 CR 的大小进行判断。Saaty 认为 CI 和 CR 的值宜在 0.1 左右，这样才能保证获得满意的一致性，且值越小判断矩阵的一致性越好。

一致性指标：$\mathrm{CI}=\dfrac{\lambda_{\max}-n}{n-1}$。

对于不同阶的判断矩阵，人们作出判断的误差也不同，对其 CI 值的要求也会不同，因此在对不同阶的判断矩阵进行一致性检验时，还需引入平均随机一致性指标 RI 值（表 7-13）。

表 7-13　　**判断矩阵平均随机一致性指标（RI）**

n	1	2	3	4	5	6	7	8	9
RI	0.00	0.00	0.58	0.90	1.12	1.24	1.32	1.41	1.45

当判断矩阵为 2 阶以下时，RI 值是形式上的，因为 2 阶以下的判断矩阵具有完全的一致性。当判断矩阵在 3 阶（含 3 阶）以上时，需要对判断矩阵的随机一致性比率进行计算，其公式为：

$$\mathrm{CR}=\frac{\mathrm{CI}}{\mathrm{RI}},$$

当 CR 的值小于 0.1 时，则矩阵的一致性令人满意，否则就需要调整判断矩阵。

2. 数据处理及结果

(1) 体育事业公共财政保障内容优先顺序的数据处理与结果

本次研究共发放11份专家调查问卷，回收11份问卷，回收率为100%。发放的专家中有10位是参与两轮德尔菲法的咨询专家，另一位也是体育财政保障界的权威专家，调查结果具有较好的权威性。在整理11位专家的决策时，需要整合他们的偏好。Williams P. L. 和 Webb C. 建议采用几何平均数对专家的决策意见进行整合，然后构建判断矩阵①。笔者采纳 Williams P. L 和 Webb C. 对专家意见整合的建议，采用几何平均数处理数据，结果如表7-14~表7-18所示。

表7-14 **体育事业公共财政一级保障内容的判断矩阵表**

G	A_1	A_2	A_3	A_4	W
A_1	1	3.0065	7.1245	4.8116	0.5780
A_2	0.3326	1	4.0854	2.4066	0.2439
A_3	0.1404	0.2448	1	0.7792	0.0734
A_4	0.2078	0.4155	1.2834	1	0.1047

注：$\lambda_{max}=4.0353$，CI=0.0118，RI=0.90，CR=0.013<0.10。

表7-15 **群众体育二级保障内容的判断矩阵表**

A_1	A_{11}	A_{12}	A_{13}	W
A_{11}	1	4.0361	3.4055	0.6464
A_{12}	0.2478	1	1.7967	0.2061
A_{13}	0.2936	0.5566	1	0.1475

注：$\lambda_{max}=3.0638$，CI=0.0319，RI=0.58，CR=0.055<0.10。

① Will iams P L, Webb C. The Delphi technique: a methodological discuss. *Journal of Advances Nursing*, 1994 (19): 180-186.

表 7-16 竞技体育二级保障内容的判断矩阵表

A_2	A_{21}	A_{22}	A_{23}	A_{24}	W
A_{21}	1	1.0549	1.0063	0.3893	0.1805
A_{22}	0.9480	1	0.4817	0.2886	0.1356
A_{23}	0.9937	2.0760	1	0.5509	0.2325
A_{24}	2.5689	3.4650	1.8153	1	0.4514

注：$\lambda_{max}=4.0414$，CI=0.0138，RI=0.90，CR=0.015<0.10。

表 7-17 体育产业二级保障内容的判断矩阵表

A_3	A_{31}	A_{32}	A_{33}	A_{34}	W
A_{31}	1	3.3817	1.7152	0.5969	0.3209
A_{32}	0.2957	1	0.6682	0.4607	0.1292
A_{33}	0.5830	1.4966	1	1.1120	0.2335
A_{34}	1.6753	2.1706	0.8993	1	0.3164

注：$\lambda_{max}=4.1635$，CZ=0.0545，RI=0.90，CR=0.061<0.10。

表 7-18 其他二级保障内容的判断矩阵表

A_4	A_{41}	A_{42}	A_{43}	A_{44}	A_{45}	A_{46}	A_{47}	A_{48}	权重
A_{41}	1	4.3867	2.914	1.6477	3.3755	2.9453	2.6438	4.8101	0.2977
A_{42}	0.228	1	1.2251	0.6849	1.3538	0.5368	0.6862	1.1695	0.0844
A_{43}	0.3432	0.8162	1	1.0078	1.6435	1.2383	0.8655	2.1279	0.1119
A_{44}	0.6069	1.4601	0.9923	1	2.4058	1.2211	1.1516	2.7501	0.1445
A_{45}	0.2963	0.7387	0.6085	0.4157	1	0.5869	0.6784	1.1465	0.0701
A_{46}	0.3395	1.8629	0.8075	0.8189	1.7039	1	1.2211	2.1484	0.1201
A_{47}	0.3782	1.4574	1.1554	0.8683	1.4741	0.8189	1	1.3272	0.1094
A_{48}	0.2079	0.855	0.4699	0.3636	0.8722	0.4655	0.7535	1	0.0619

注：$\lambda_{max}=8.1206$，CI=0.0172，RI=1.41，CR=0.0122<0.10。

根据上述每个判断矩阵的评价结果，可见 CI 及 CR 值均小于 0.1，所有判断矩阵都通过一致性检验。由于每个二级矩阵相对的下一级的保障内容数不同，即使该矩阵在该层中的重要性较大，但如果该层对应的下层元素较多，则下层因素相对于本层的重要性可能不大，在矩阵的总体排序中的重要性可能也较低，从而影响到决策的科学性。本研究中的其他类的保障内容就存在这个问题，鉴于此，笔者不对保障内容进行层次总排序，只计算出下级元素相对于与之相关的上一级因素的权重。体育事业公共财政保障内容的优先顺序如表 7-19。

表 7-19 **体育事业公共财政保障内容的优先顺序表**

	保障内容	权数 WA_i	具体保障内容	权数 WA_{ij}
体育事业公共财政保障内容体系（1.0）	群众体育	0.5780	群众体育场地设施	0.6464
			群众体育组织	0.2061
			群众体育活动和竞赛	0.1475
	竞技体育	0.2439	运动训练	0.1805
			运动竞赛	0.1356
			运动场馆设施	0.2325
			运动员社会保障体系	0.4514
	体育产业	0.0734	体育产业结构优化	0.3209
			体育产业基地	0.1292
			体育产业品牌建设	0.2335
			服务平台的建设	0.3164
	其他	0.1047	体育法制建设	0.2977
			体育标准与认证事务	0.0844
			体育文化建设	0.1119
			体育人才培养	0.1445
			体育公共信息平台建设	0.0701
			体育科技与教育	0.1201
			反兴奋剂	0.1094
			对外交往与宣传	0.0619

(2) 体育事业财政专项资金保障内容优先顺序的数据处理与结果

本次问卷采纳了专家的意见，群众体育中增加了民康工程的保障内容。本次问卷的设计采用专家对各保障内容打分的方法，然后利用算术平均数集中专家的意见，其计算公式为

$$a_j = \frac{1}{n}\sum_{i=1}^{n} a_{ji} \quad j = 1,2,\cdots,m,$$

式中，n 为咨询专家的数量；m 为保障内容总数；a_j 为第 j 个保障内容的权数平均值；a_{ji} 为第 i 个专家给第 j 个保障内容的打分值。

然后，对保障内容进行归一化处理。归一化的公式如下：

$$a'_j = \frac{a_j}{\sum_{j=1}^{m} a_j}。$$

本问卷所咨询的专家均来自上述层次分析法中的专家，因此他们的评价意见具有较好的权威性，通过对 11 家专家的意见综合，体育事业财政专项资金保障内容的优先顺序如表 7-20。

表 7-20　**体育事业财政专项资金保障内容的优先顺序表**

保障内容	具体保障内容	均数	权重（%）	排序
群众体育专项资金	全民健身路径工程	8.5	7.47	1
	雪炭工程	8.2	7.21	3
	农民体育健身工程	7.8	6.85	5
	青少年体育俱乐部	8.2	7.21	3
	民族传统体育保护工程	7.9	6.94	4
	中小学校体育设施对外开放专项补贴	8.4	7.38	2
	民康工程	7.6	6.68	6
竞技体育专项资金	全国体育后备人才培养工程	7.8	6.85	5
	119 项目工程	7.4	6.5	7
	国家队老运动员、老教练员关怀基金	7.1	6.24	8
体育产业专项资金	体育产业引导资金	6.6	5.8	10

续表

保障内容	具体保障内容	均数	权重（%）	排序
其他专项资金	高层次体育人才培养工程	6.7	5.89	9
	国家体育总局重点实验室建设	6.5	5.71	11
	群众体育公共信息网络工程	8.5	7.47	1
	体育社会科学重点研究基地	6.6	5.8	10

7.5.4 体育事业公共财政保障内容的分析

1. 群众体育的公共财政保障内容

群众体育的公共财政保障内容主要是民生类的体育公共产品，直接关系到广大人民群众的切身利益，是当前广大人民群众最迫切需要的体育公共产品。以“建身边场地、抓身边组织、办身边活动”为内涵的“三边工程”，是政府贯彻以人为本，构建亲民、便民、利民体育服务体系的核心内容，因此群众体育场地设施、群众体育组织、群众体育活动和竞赛应属于我国体育事业公共财政保障的内容。

（1）群众体育场地设施

体育场地设施是群众从事体育健身活动的基本物质条件，是实施全民健身活动的物质载体。没有体育场地设施，群众体育的开展就成为无源之水、无本之木，因此国外体育市场化程度较高的国家都把体育场地设施作为重要的公共产品给予重点保障。群众体育场地设施具有准公共产品的性质，不收费的公共体育场地设施属于公共资源，如体育公园，在消费上具有非排他性，但却具有竞争性，即不收费的公共体育场地设施的健身人数超过限度后，即产生拥挤成本。而不以营利为目的的收费的体育场地设施在消费上不具有竞争性，但可以很顺利地实现排他，属于俱乐部产品。群众体育场地设施的保障重点是政府命名的群众体育场地，主要包括全民健身活动中心、体育公园、全民健身基地；政府援建体育场地，包括健身路径、篮球场、乒乓球台和小篮板等。

（2）群众体育组织

群众体育组织是指从事与身体锻炼有关的社会机构与团体，是开展群众体育工作的组织保障。群众体育组织如体育社团、协会等通常是有共同体育兴趣爱好的人自由组织在一起，从而形成相对应的受益群众，具有共同受益的特点。人们在参与体育社团的过程中，不仅个人受益，增强了自身体质和体能，增进了健康，而且还可形成以社团为中心的向心力和凝聚力的团队精神，对社会主义精神文明建设和和谐社会的构建都发挥着重要作用，具有很强的正外部性。

（3）群众体育活动和竞赛

群众体育活动是开展体育工作的重要内容。而群众体育中的竞赛，是群众体育活动的特殊表现形式，是推动群众体育活动发展的有效措施。通过开展经常性的群众体育活动和竞赛，可以提高人们参与体育活动的积极性和自觉性，形成良好的生活方式，不仅有利于个人身心健康，而且有利于形成良好的社会风尚，有利于单位、社区乃至整个社会的和谐和稳定，是个外部性很强的体育公共产品。

2. 竞技体育的公共财政保障内容

新中国成立以来特别是改革开放以来，我国把竞技体育作为促进体育事业发展、提高国际地位的突破口，举全国之力全方位保障竞技体育的发展，使竞技体育在很短的时间内跻身于世界前列，其发展水平超越了我国经济发展水平。随着社会主义市场经济体制的建立及公共财政体制的逐步完善，体育事业的发展也要遵循市场规律，在重视社会效益的同时也要追求经济效益。体育公共财政支出主要是满足人们的体育公共需求，因此竞技体育的公共财政保障范围也要随之发生变化。现阶段竞技体育的公共财政保障内容主要包括运动训练、运动竞赛、运动场馆设施、运动员社会保障体系。

（1）运动训练、运动竞赛和运动场馆设施

训练是竞技体育的核心和基础，运动训练尤其是各项目国家队的训练是实现我国奥运争光计划的前提和基础，没有运动训练就不可能实现我国的奥运争光计划，其重要性不言而喻。

竞赛是竞技体育发展的“指挥棒”。参与奥运会等国际性竞技体育比赛是所有运动员的梦想，是运动员训练的动力源泉所在。运动竞赛是实现奥运争光计划的最直接手段，同时运动训练的效果也只有通过运动竞赛才能得到检验。

场馆设施是竞技体育训练和竞赛的基本物质条件，没有体育场馆设施，运动训练和竞赛只能是空中楼阁。

综上所述，运动训练、运动竞赛和运动场馆设施是拉动竞技体育发展的三驾马车，缺一不可。新时期它们仍是发挥体育的政治功能、创造体育精神产品的重要载体，其产生的综合效益可惠及国内的每一个人，是我国体育事业公共财政保障的重要内容。

(2) 运动员社会保障体系

运动员是竞技体育最重要的人力资源，但运动员也是一个高淘汰率、高风险的青春职业，运动员社会保障体系的建立健全与否直接关系到奥运争光计划的实现。运动员社会保障体系的建立可维护运动员的长远利益，促进运动员全面发展，解决运动员及家人的后顾之忧，使运动员能安心训练，是竞技体育的民生工程，具有显著的正外部性，属于体育事业公共财政保障的范围。

3. 体育产业方面的保障内容

体育产业是国民经济的新增长点。体育产业的发展对扩大内需、调整产业结构、拓宽就业渠道等具有推动作用。目前我国体育产业的发展仍处于起步阶段，体育市场发育不成熟，产业结构不合理，仍需要政府的扶持。现阶段体育产业方面的公共财政保障内容主要包括体育产业结构的优化、体育产业品牌和服务平台的建设。

(1) 体育产业结构的优化

经济学理论和国外发达国家的经济发展实践证明，经济发展的过程也是产业结构不断优化升级的过程，两者具有同步性，产业结构的不断优化升级是经济发展的助推器，因此，体育产业结构的合理与否直接影响着体育产业发展的速度和规模。我国目前体育产业结构仍不合理，体育服务业的发展滞后于体育用品业等外围产业的发展，而以健身娱乐业和竞赛表演业为核心的体育服务业具有很强的关联效应，其发展能带动体育用品、体育服装、体育旅游等外围产业的发展，具有很强的正外部性，国家应在体育产业发展的起步阶段采取政府补贴或优惠政策等措施扶持体育服务业的发展。

（2）体育产业基地

体育产业已成为国外发达国家国民经济的支柱产业之一，但在我国还处于起步阶段，企业数量多、规模小，生产的产品主要是低端产品或为外商贴牌生产，产业链条形态不明显，研发能力差，产生的经济效益不高。而体育产业基地的建设，可弥补以上种种不足。体育产业基地在政府的规划和引导下，通过吸引各类企业进驻，形成集研发、生产、服务于一体的开放型、多功能、综合型的体育产业聚集区，可产生辐射效应、示范效应和引导效应，能促进我国体育产业的快速发展。

（3）体育产业品牌建设

当今国际社会的经济竞争已发展为品牌的竞争，品牌是一种无形资产，是衡量国家竞争力的重要指标。目前我国体育品牌的创建和运营都非常滞后，体育产业中发展最快的体育用品业的品牌建设也不容乐观，除了国产品牌“李宁”外，中国大部分体育用品市场都被国外体育品牌如 NIKE、ADIDAS 等挤占，更不用说国内品牌打入国际市场。体育品牌是体育强国的核心表现之一，是我国占领中国市场，进军国际市场的重要工具。但体育品牌的建设不是一蹴而就的，会受到资金、技术、文化等各方面条件的限制，故体育产业在全新打造体育品牌的过程中，国家应给予相应的财政保障。

（4）服务平台的建设

发展经济应尊重市场规律，但在现实生活中，由于存在着不完全竞争、外部效应、垄断、信息不充分等，存在着市场失灵，还需要政府的适度干预，对新兴产业的培育更是如此。体育产业是幼稚产业，这就需要政府在体育产业中介组织的培育、对外体育服务贸易平台的搭建、体育市场的监管等方面扶持和引导体育产业的发展。

4. 其他类的体育事业公共财政保障内容

我国其他类的体育事业公共财政保障内容主要包括体育法制建设、体育标准及认证事务、体育文化建设、体育人才培养、体育信息平台建设、体育科技与教育、反兴奋剂工作、对外交往与宣传等。

(1) 体育法制建设

体育法制建设是促进体育事业规范、有序发展的制度保障。制度本身就是一种公共产品，它作用于每一个人，为一个共同体的所有人所享有，具有消费的非排他性和非竞争性，属于纯公共产品的范畴。

目前我国体育法制建设方面的公共产品主要包括：① 体育立法：体育法的修订、《体育仲裁条例》、体育竞赛管理及赛风赛纪方面的法制建设等；② 体育行政执法与检查监督：体育法的实施，全民健身工作、体育场地设施的建设与管理、反兴奋剂、体育市场管理、奥林匹克标志保护等重点领域的执法监督检查；③ 体育法制宣传教育和理论研究：体育法制的学习与培训，编制法制宣传教育教材，开展法制宣传教育活动，体育新法规、体育法制工作经验、典型体育案例等方面的宣传报道，体育法制理论研究；④ 体育行业作风建设；⑤ 专门化的体育法律服务机构和体育仲裁制度的建立。

(2) 体育标准与认证

标准是工业文明的产物，产品和服务的质量是由标准体系的作用来保证的。通过开展体育标准和认证事务，可规范体育产品和服务的质量、体育服务准入条件，规范体育设施和设备的质量、从业人员职业资质及体育市场竞争条件，从而满足不同消费者的体育需求，保障人身财产安全及体育资产，合理利用体育人力资源，优化体育市场环境，促进体育市场经济健康有序发展，因此体育标准与认证事务的正外部性作用显著，国家应给予相应的财政保障。

(3) 体育文化建设

体育文化是指人们在体育活动中所创造的思想观念、思维模式、制度、行为模式、物质产品等，包括精神文化、制度文化、物质文化①。体育文化以其自身的健康自然、公平正义、规则至上、积极进取、团结友爱、以人为本等特点，在全面建设小康社会和社会主义和谐社会的构建中发挥着重要作用。

体育文化是体育软实力的重要组成部分，而体育软实力在提高民族素质，展现中华民族传统文化，加强与世界各国的友好交往方面起着重要作用。体育软实力从根本上说是文化的影响力，因此我国应转变观念，重视体育文化的建设，加大体育文化建设的财政保障力度，以提高我国体育文化在国际上的影响力，在世界体坛中取得应有的话语权。

(4) 体育人才培养

随着世界经济一体化和知识经济发展进程的不断加快，人力资源逐渐取代物力资源，成为知识经济时代的第一资源。2003 年 12 月中共中央、国务院召开的全国人才工作会议上指出人才问题是关系党和国家事业发展的关键问题，把“人才强国”提高到与“科教兴国”和“可持续发展”同等重要的战略高度。体育作为世界各国综合国力的具体体现，其竞争在一定程度上也就是体育人才的竞争。我国现阶段通过各种形式培养的体育人才数量不少，但拥有多学科知识的复合型的高质量人才并不多，大多数体育人才并不符合社会及体育事业发展的需要，体育人才供需矛盾仍很突出，影响到我国体育事业的各项建设，政府应将其作为体育事业公共财政保障的重要内容。

(5) 体育公共信息平台建设

随着信息化社会的来临，体育改革的不断深入发展，体育公共信息平台建设成为体育公共服务的重要内容。体育信息化建设可以

---

① 杨文轩，冯霞．体育文化在社会主义精神文明建设中的地位和作用［J］．体育学刊，2006（1）．4-7.

提高体育管理、决策、训练等各项活动的效率和水平，解决体育产品的生产者和消费者信息不对称的问题，促进体育市场的健康发展，可以推动政府信息公开，服务民众，增强政府与民众的互动，同时还可起到民众监督政府的作用。

（6）体育科技与教育

科学技术是第一生产力，是经济发展的决定性因素。在体育领域，科技决定体育事业发展的质量和效益，也就是说，21 世纪我国体育事业发展速度的快慢、质量的高低、效益的好坏，在很大程度上取决于体育科技进步的程度和创新的能力，因此国家应大力扶持体育科技、教育的发展。目前体育科技、教育方面的公共财政保障内容主要包括体育科学研究、群众体育和竞技体育重点领域和关键技术的研究、体育院校的建设、体育研究领域中的科技成果推广与应用、国民体质监测。

（7）反兴奋剂

兴奋剂是竞技体育的毒瘤。使用兴奋剂不仅危害运动员的身心健康，而且损害奥林匹克精神，破坏体育竞赛公平竞争的原则，影响了我国的精神文明建设，具有很强的负外部性。世界各国都很重视反兴奋剂工作，制定了反兴奋剂方面的法律法规，并给予相应的财政支持，我国也应把反兴奋剂工作纳入体育事业公共财政的保障范围。

（8）对外交往与宣传

对外交往可增进我国与世界各国的友好与理解，提升中国体育的国际影响力，扩大中国在国际体坛上的话语权；可更多地参与国际体育事务、学习其他国家和港澳台地区体育发展的经验，促进我国的体育事业与国际接轨。

体育宣传可传播普及体育科学知识，通过倡导科学、健康、文明的生活方式，转变人们的体育价值观念，提高人们的健身意识；可有效维护社会的稳定，为体育事业的发展创造良好的舆论氛围和社会环境（表 7-21）。

表 7-21　　我国体育事业公共财政保障内容体系表

保障内容 / 类别	项　目	具体内容
群众体育	群众体育场地设施	政府命名群众体育场地，政府援建体育场地，公共健身设施
	群众体育组织	体育俱乐部，体育协会，体育活动点（体育活动中心），基层体育社团
	群众体育活动和竞赛	“五个亿万人群健身活动”，“全民健身周”活动，“全民健身日”活动，特殊人群体育活动，全民健身体育竞赛
竞技体育	运动训练	各项目国家队的训练，省市专业运动队的训练，后备人才选拔与培养
	运动竞赛	奥运会、亚运会、全运会、全国城市运动会，各单项等国际、国内重大赛事
	运动场馆设施	公共体育场馆，各级专业队训练的场馆设施，国家训练基地的建设，青少年训练的场地设施
	运动员社会保障体系	运动员职业辅导，技能培训，就业指导，创业扶持，医疗和工伤保险
体育产业	体育产业结构的优化	体育服务业、体育用品业的提升，中小体育企业的扶持，体育无形资产的开发
	体育产业基地	体育产业基地的建设，体育产业基地的管理
	体育产业品牌建设	体育赛事品牌，俱乐部品牌，体育企业品牌，体育用品品牌，体育服务贸易品牌，体育骨干企业
	服务平台的建设	体育产业中介组织，对外体育服务贸易平台的搭建，体育市场的监管

续表

类别 \ 保障内容	项　目	具 体 内 容
其他	体育法制建设	体育立法、体育行政执法和检查监督，体育法制宣传教育和理论研究，体育行业作风建设，专门化的体育法律服务机构和体育仲裁制度的建立
	体育标准与认证	体育产品和服务的标准化建设，体育服务质量认证制度，体育行业特有职业技能鉴定
	体育文化建设	运动员文化教育，教练员培训，中国教练员学院和网站的建立，国家体育总局体育文化发展中心建设，中华民族传统体育文化的挖掘、整理、保护和推广
	体育人才培养	体育管理人才，体育科研人才，体育产业经营管理人才，体育教育人才，优秀运动员，优秀教练员，竞赛组织管理和体育裁判人才，社会体育指导员，国际体育组织人才
	体育公共信息平台建设	体育事业统计，体育产业统计，体育信息化建设，对外体育服务贸易统计和信息研究
	体育科技与教育	体育科学研究，群众体育和竞技体育重点领域和关键技术的研究，体育院校的建设，体育研究领域中的科技成果推广与应用，国民体质监测
	反兴奋剂	反兴奋剂宣传，反兴奋剂医疗队伍的建设，兴奋剂的检查
	对外及港澳台地区的交往与宣传	国际体育文化交流，与国际组织及港澳台地区的体育交流，体育新闻宣传

7.5.5 体育事业公共财政保障内容体系的评价

(1) 与我国体育强国目标的建设相一致

在我国，体育强国目标的提出由来已久。20 世纪 80 年代初在全国体育工作会议上曾提出过“本世纪末把我国建设成为世界体育强国”的目标，但因中国体育代表团兵败汉城而搁浅，这与当时人们把体育强国的主要标准定位于在世界大赛上获得优异成绩的片面认识密切相关。2008 年 9 月 29 日胡锦涛总书记在北京奥运会、残奥会总结表彰大会上发出了推动我国由体育大国向体育强国迈进的号召，明确了新时期我国体育事业发展的目标，为体育未来的发展指明了方向。总书记发出的体育强国建设的号召是党中央、国务院站在中华民族伟大复兴的战略高度上，对国内外形势进行综合分析后所作出的重大战略决策，符合我国经济社会发展的总体要求及广大人民群众的愿望，标志着我国体育事业的发展进入新的历史阶段。

目前，国际上对体育强国的判定还没有统一的标准，体育强国的概念主要是在我国被提及，我国学者对体育强国的认识仁者见仁，但基本达成共识，认为体育强国的主要特征表现为群众体育的普及程度高、竞技体育的综合实力大、学校体育受到政府重视、体育产业发达。体育强国中群众体育方面的评价指标主要表现为经常参与体育活动的人口比例、人均公共体育场地的数量或面积、社会体育指导员的数量、国民体质的合格率；竞技体育方面的综合实力主要表现在我国运动员在奥运会上获得的金牌总数位次及奖牌总数位次、世界高水平单项比赛位次；学校体育方面的评价指标主要包括学生体质健康标准达标率、学生每天锻炼一小时落实率；体育产业方面的评价指标主要包括体育产业总值占 GDP 的比重、人均体育消费占人均收入的比重、体育产业从业人数占全国就业人数的比例。

一国是否为体育强国不仅表现为群众体育、竞技体育、学校体育、体育产业等硬实力，还包括体育法制建设、体育文化、国际体育交流与合作等软实力。体育法制建设及执法监督体系是否完善，具有中国特色和国际影响的体育思想、体育发展理念等体育文化的国际影响力，我国对外交往和参与国际事务的程度，国际体育话语权的强弱等方面软实力也是体育强国的重要评价内容。体育强国的全面建设需要创新型的公共财政保障体系来支撑，本研究所构建的体育事业公共财政保障内容体系既包括群众体育、竞技体育、体育产业等硬实力方面的内容，又包括体育法制建设、体育文化建设、对外交往与宣传等软实力方面的内容，与我国体育强国的建设目标相一致。

（2）符合我国民生财政的改革目标

新中国成立60多年来，我国的财政运行模式的轨迹经历了建设财政到公共财政，再到民生财政。20世纪90年代以前，我国财政是典型的建设财政，财政支出结构以经济建设为重心。之后，逐步走向公共财政，支出安排指向市场不能提供的公共服务和公共产品。党的十七大上，胡锦涛总书记提出了“加快推进以改善民生为重点的社会建设”的战略目标，标志着我国民生时代的来临，财政运行模式开始走进民生财政新时代。

民生财政是在现阶段改革和经济发展背景下对公共财政的继承与发展，是公共财政的具体化和深化。当前我国已进入构建社会主义和谐社会的新阶段，民生问题是构建和谐社会的核心问题。民生问题能否顺利解决，需要多方面的努力，其中财政是最重要的主线，这就需要相应的财政制度和政策安排——民生财政的保障。民生财政是以人为本的财政，保障的是公民的基本需求，实现的是公民基本消费均等化，旨在提高社会的总福利水平，着眼于人的全面发展，因此民生财政更能体现社会主义的本质属性，是与社会主义市场经济体制相匹配的财政运行模式。

民生财政实施到体育事业财政支出结构上，主要是向民生体育倾斜。民生体育是近3年体育界人士才提出的新名词，指的是体育层面的人民生计，是人民大众对于自身体育权益的一种呼唤，是群众最迫切的体育需求。民生体育在内容上主要是指民生视域下的群众体育，也包含竞技体育中涉及民生问题的部分内容①。

我国长期以来实行竞技体育优先发展战略，竞技体育水平在短期内得以迅速提高，现已成为竞技体育强国，但群众体育却发展缓慢，群众体育的落后、薄弱已成为我国体育强国建设的短板。竞技体育中涉及民生问题的是运动员的社会保障体系，但目前运动员社会保障体系不完善，退役运动员再就业困难；专业运动员的文化教育质量不高，进入高校深造门槛太高；运动员在役时缺乏就业指导和技能培训，退役时职业技能培训针对性不强；运动员保险覆盖面小、保障程度低，保险基金严重不足，来源渠道单一；运动员社会保障体系的滞后使运动员的切身利益得不到切实维护，影响到社会的公平与公正。基于现阶段我国民生体育的发展现状，本研究所构建的我国体育事业公共财政保障的优先顺序，提出群众体育优先发展，竞技体育应优先保障运动员社会保障体系发展的建议符合我国财政改革朝民生财政发展的趋向。

(3) 符合国际体育发展的全球视野

当今世界正处在大发展大变革大调整时期，和平与发展仍是当代世界的主题，全球化是当今世界发展的重要趋势，各国综合国力竞争和各种力量较量更趋激烈，体育作为反映国家综合实力强弱的重要指标越来越受到各国的关注。

体育是人类共同的语言，具有超越国界、超地域的世界性特征。它可以越过各种国际政治及外交领域的障碍，打破地域环境与人文壁垒，达到改善各国关系，实现国家之间的友好往来，对外扩张本国文化的作用，成为国家实现其国家利益的手段。当今世界，随着全球化和信息化进程的不断加速，为控制世界体坛，国外主要体育发达国家之间的竞争愈演愈烈。这种竞争不只表现为在奥运会、世界杯足球赛等竞技体育领域中取得优异成绩的竞争，还表现为大众体育和体育产业领域的竞争，是包括竞技体育、大众体育和体育产业在内的综合实力的竞争。

---

① 沈克印，周学荣，李荷皎．民生体育建设的理论诉求与路径选择[J]．武汉体育学院学报，2010，44（2）：84-88.

全球化进程中的国际体育呈“大众化”趋势。美国、德国、日本等发达国家对大众体育的重视程度远远超过本国的竞技体育①。美国实现了大众体育、学校体育与高水平竞技体育有机结合的机制，政府承担的体育管理职能偏重于大众体育工作，参与体育管理的主要方式是修建体育设施②。德国的体育管理体制虽是体育社团主导型，但各级政府都支持大众体育的发展，并负责建造、维修学校及俱乐部的体育场地设施；德国的大众体育十分普及，国民健身热情高涨，上到70岁老人，下到几岁的小孩都投入到这一活动，并加入各种体育协会。日本在1964年举办东京奥运会后，出台了《关于增进国民健康和体力的对策》，将大众体育作为国家体育政策关注的重点，体育工作重心由竞技体育转移到了大众体育。这些国家的大众体育不再只是单一提高身体素质的功能，它还具有建设和谐社会、推进社会消费、拉动社会产业、解决处理社会公平、倡导社会公平的综合功能。

体育产业的国际竞争主要表现在优质赛事资源的争夺及体育产业国际市场的争夺。由于体育集政治影响力、经济生产力、社会亲和力及文化传播力于一体，越来越多的国家将体育赛事作为国家营销、城市营销的媒介，竞相申办以奥运会、足球世界杯为代表的优质赛事资源。国外体育发达国家不断加快体育职业化、商业化及市场化步伐，具有品牌优势的职业体育俱乐部、职业体育联盟纷纷向他国输出赛事，即开拓了国际市场，又宣扬了本国的文化和价值观，对世界各国潜移默化地施加影响。改革开放以来，特别是进入21世纪以来，我国体育事业成就辉煌，在国际体坛的影响力日益提升，但我们必须清醒地认识到，我国群众体育发展仍十分缓慢，体育产业还处于起步阶段，竞技体育水平发展尚不平衡，体育的综合实力与国外相比仍有较大的差距，体育强国的建设任重而道远，

① 虞荣娟．中美德日大众体育比较研究［J］．体育文化导刊，2010（4）：40-44.

② 赵爱国．中美体育管理体制比较研究［J］．体育文化导刊，2010（11）：33-36.

因此本研究从反思我国体育事业公共财政保障的现状角度构建出的体育事业公共财政保障内容体系，符合国际体育发展的全球视野。

7.6 本章小结

本章通过两轮德尔菲法专家咨询，构建出体育事业公共财政保障内容体系及体育事业财政专项资金的保障内容体系，保障体系共包括 4 个一级保障内容（群众体育、竞技体育、体育产业和其他）。体育事业公共财政保障内容体系包括 19 个二级保障内容，分别是群众体育场地设施、群众体育组织、群众体育活动和竞赛、运动训练、运动竞赛、运动场馆设施、运动员社会保障体系、体育产业结构的优化、体育产业基地、体育产业品牌建设、服务平台的建设、体育法制建设、体育标准与认证、体育文化建设、体育人才培养、体育公共信息平台建设、体育科技与教育、反兴奋剂、对外交往与宣传；体育事业财政专项资金的保障体系包括 15 个二级保障内容，分别是全民健身路径工程、雪炭工程、农民体育健身工程、青少年体育俱乐部、民族传统体育保护工程、中小学校体育设施对外开放专项补贴、民康工程、全国体育后备人才培养工程、119 项目工程、国家队老运动员与老教练员关怀基金、体育产业引导资金、高层次体育人才培养工程、国家体育总局重点实验室建设、群众体育公共信息网络工程、体育社会科学重点研究基地。

在保障内容体系的基础上，本章运用层次分析法得出体育事业公共财政保障各内容的权重系数，从而确定出体育事业公共财政保障的优先顺序。结果显示：4 项一级保障内容的权重系数相差比较大，群众体育的权重系数最高（0.5780），其次是竞技体育（0.2439）、其他（0.1047），体育产业的权重系数最低（0.0734）。群众体育的权重系数远远高于竞技体育、其他及体育产业，说明我国体育事业公共财政要优先保障群众体育的发展。在群众体育矩阵中，群众体育场地设施的系数最高（0.6464），其次是群众体育组织（0.2061），最后是群众体育活动和竞赛（0.1475），表明我国群众体育公共财政优先保障的是体育场地设施的建设，由于群众体育在一级保障内容中的权重系数最大，说明群众体育场地设施是我国体育事业公共财政优先保障的对象。体育事业财政专项资金保障内容的优先顺序依次是全民健身路径工程及群众体育公共信息网络工程、中小学校体育设施对外开放专项补贴、青少年体育俱乐部及雪炭工程、民族传统体育保护工程、农民体育健身工程、民康工程、119项目工程、国家队老运动员与老教练员关怀基金、高层次体育人才培养工程、体育产业引导资金及体育社会科学重点研究基地，排在最后的是国家体育总局重点实验室建设。

8　完善我国体育事业公共财政保障体系的对策建议

综观我国体育事业发展史，发现体育事业经费短缺一直是困扰我国体育事业发展的突出问题。体育事业经费短缺既有收入来源问题，也有经费支出的结构和效率问题，同时还有政府提供体育公共产品的方式问题等。为解决我国体育事业发展所需经费短缺的瓶颈问题，实现我国建设体育强国的奋斗目标，就必须围绕着体育事业经费收入、支出等方面进一步完善我国体育事业发展的公共财政保障体系。

8.1　坚持理论创新

8.1.1　政府树立提供体育公共服务的新理念

进入21世纪以来，“服务行政”的公共行政改革浪潮席卷全球，顺应这一时代要求，服务型政府的构建成为我国政府改革的战略目标选择①。党的十六大以来，加强公共服务已成为我国政府职能转变的方向和重要内容。党的十六届六中全会通过的《中共中央关于构建社会主义和谐社会若干重大问题的决定》中强调，要建设服务型政府，强化社会管理和公共服务职能；以发展社会事业和解决民生问题为重点，优化公共资源配置，注重向农村、基层、欠发达地区倾斜，逐步形成惠及全民的基本公共服务体系。党的十

① 刘文萃．基于新公共服务理论的我国服务型政府建设问题探析［D］．济南：山东大学，2006.

七大报告进一步提出要健全政府职责体系，完善公共服务体系；必须在经济发展的基础上，更加注重社会建设，着力保障和改善民生，推进社会体制改革，扩大公共服务，完善社会管理。体育公共服务型政府的构建是我国服务型政府构建的重要内容之一，其核心内涵是以公民为本位多元化提供体育公共服务，追求公共利益，因此体育公共服务型政府的构建是政府体育职能转变的时代需求。

在国际“服务行政”公共行政改革浪潮背景下，为完善我国体育公共服务的提供机制，政府首先要理念创新，因为理念创新是一切创新的先导，理念的转变对于构筑体育公共服务型政府来说比其他转变更具有先导性的决定意义。政府应把完善体育公共服务的供给放到财政改革的大思路中去研究，放在实现公共服务均等化和构建和谐社会的大背景中去考虑，要以跳出体育看体育的大局眼光来完善体育公共服务的供给机制，避免纠缠于与其他事业的比例之争、指标之争。体育公共服务供给机制的完善，关键取决于政府职能的转换和到位，取决于完善省以下财政体制以及转移支付制度，取决于振兴基层财政，取决于中部崛起、西部开发、东北振兴及社会主义新农村建设的整体进程。中西部和农村体育公共产品的供给不足，仅仅是东中西部之间、城乡之间公共产品供给差距的一个方面，因此完善中西部和农村体育公共服务的提供应和发展中西部经济、农村经济，实现公共服务均等化，整体提升中西部和农村包括教育、医疗等方面的全面公共服务结合起来考虑。体育公共产品供给的增加，服务水平的提升及供给质量的提高，不仅取决于体育事业公共财政投入总量的增加和投入结构的调整，同时也受制于社会投资主体参与提供体育公共服务的积极性及承受能力。

8.1.2 树立公共财政的理念

改革开放以来，我国体育行政机关工作人员数如同全国行政机关人员数一样，陷入了“精简—膨胀—再精简—再膨胀”的怪圈。2008年北京奥运会的举办，我国体育行政机关人员膨胀加剧，环比增长速度达到了17.57%。究其原因在于政府机关公共财政理念的缺失，从而从根本上致使政府机构精简困难，政府职能难以转变。

公共财政是为市场提供公共服务的财政，为市场提供公共服务是财政公共性的集中表现；市场经济条件下财政之所以是“公共”财政，还因为它是“社会公众”的财政，而“社会公众”是财政公共性的具体表现。我国要完成从传统的行政管理到新的公共管理的改革，促进政府职能的根本性转变，就必须加大公共财政的宣传力度，使公共财政理念深入人心，政府职员和领导能从传统的财政理念中解脱出来，深刻理解公共财政的内涵和基本特点，并将公共财政理念贯彻到日常的行政工作，这样政府的职能才能得以根本扭转，公共服务型政府目标才能得以最终建立。

公共财政的理念主要包括政府预算和纳税人理念、基本准则理念。从某种意义上来说，这些公共财政理念的转变属于非正式制度的变迁，相对正式制度改革而言，非正式制度的转变在某种程度上更为困难，需要经历一个较长时间的逐步变革才可能最终完成，因此，公共财政理念问题的探讨是一个远期改革思路的探讨。

1. 政府预算理念和“纳税人”理念

政府预算制度是公共财政制度赖以存在和运转的基本制度，是公共财政制度的核心，对公共财政制度的建立起着关键性的影响作用。我国体育事业公共财政制度在政府的财政工作中要得以贯彻实施，就必须对政府的体育预算进行约束，只有在体育工作中深化部门预算制度改革、“收支两条线”改革、政府采购制度改革等，才能从源头上反腐倡廉，体育行政职能部门的财政行为才能公共化，才能有效提高体育事业财政资金使用的规范性、安全性和有效性。为此，各级体育行政部门的官员尤其是主要负责人，应贯彻政府预算理念，严格制定并执行政府预算制度，并对工作中出现的违反政府预算的行为坚决制止。

“纳税人”范畴是公共财政制度的基础。这里的“纳税人”是经济学意义上的范畴，指的是独立享有相应权利的，同时具有缴纳税款义务的单位和私人，区别于税法条文所规定的“纳税人”。“纳税人”范畴的形成与否从根本上影响着公共财政制度的建立，因为纳税人范畴未能真正形成，就直接否定了社会公众决定、规范、约束和监督政府收支活动的权利，直接否定了政府收支的公共性。目前我国尚未形成真正的“纳税人”范畴，广大缴纳税款的企业和个人并不是真正意义上的“纳税人”，他们只是“税款缴纳者”，因为他们还不真正享有“赞同纳税权”、“选举代表权”、“政府服务权”和“税款节俭权”，因此难以成为真正的“主人”，政府作为“管家”可随心所欲征集、支配“主人”的钱，这样的财政，不是与市场经济相适应的“公共”财政。由此可见，体育事业公共财政真正建立的基础是“纳税人”范畴的形成，这就要求整个社会尤其是政府官员必须形成纳税人理念。

“纳税人”范畴的形成在公共体育服务供给方式上表现为其由政府供给为导向转变为以居民体育需求为导向，建立规范的公共体育服务需求表达、信息反馈和民主决策机制。这就要求政府了解居民体育诉求，重视对居民体育需求的调查，根据不同区域、城乡居民的体育需求，确定公共体育服务财政保障的优先顺序，使各地的有效需求与有效供给保持一致。居民体育需求的表达需要相应的表达渠道，因此政府应尽快建立公共体育服务网络，决策者和居民在此平台可互通供需信息。政府公共体育服务供给方式能否转变，还取决于科学的制度安排，即政府让居民参与公共体育服务的决策，使居民的公共体育服务表达权成为一项基本的政治权利，只有这种“自下而上”的公共政策决策机制建立起来，我国公共体育服务供给方式才能真正转变。

2. 基本准则理念

公共财政必须遵循的基本准则是弥补市场失效、只从事非市场营利性活动、对市场活动主体一视同仁、法治化等。在政府的体育事业收支活动中违反了这些基本原则，就不是体育事业公共财政的收支活动。迄今为止，政府官员并没有真正认识公共财政的基本准则，经常干预体育市场活动，干预竞技体育的职业化发展，这些都是公共财政制度在体育领域尚未真正建成的具体表现。对于我国的财政改革来说，公共财政的制度框架容易建立，但如何使其内容尽快公共化是改革的难点和关键，成功在于政府官员普遍转变传统财政的思想观念及公共财政的基本准则深入人心。

法治化是公共财政基本准则中最为重要的准则。公共财政是法治化的财政，政府在财政上不能依法行事，也就不能依法行政，社会也就不可能成为法治社会，社会主义市场经济体制就不能建成。长期以来，我国人治大于法治，政府官员习惯于高高在上行使权力，对体育事业财政收入随意安排，体育事业财政支出随意支配，财政资金截留、挪用现象严重，法治意思淡薄。因此，在我国极为沉重的人治氛围中，体育事业公共财政的法治化变革要取得成功，政府官员观念的转变极为重要，只有当他们在思想上认可法治化，并落实到行政上，体育事业公共财政的法治化改革才能顺利地实施。

8.2 拓宽体育事业发展的经费来源

体育强国目标的实现离不开坚实的经济后盾，为解决体育事业发展经费的瓶颈问题，除政府不断加大对体育事业的财政投入外，还需要企业、社会以及个人共同努力，投资到体育事业的发展中，夯实体育事业发展的经济基础。

8.2.1 大力发展体育产业

政府对体育事业的财政投入具有有限性，但体育事业非财政收入的增长却有较大的拓展空间，因此大力增加体育事业非财政收入是解决体育事业经费瓶颈的有效途径。体育事业经费非财政性收入的主体是事业收入，事业收入主要包括竞技体育比赛收入、门票收入、出售广播电视转播权收入和广告赞助收入等，而这些收入来源的产业正是我国体育产业的核心产业，因此大力发展体育产业，积极引导居民参与体育消费是拓宽我国体育事业经费的重要渠道之一，欧洲许多国家居民进行的大量体育消费成为本国体育财政最大的来源就是很好的例证。目前我国的体育产业化水平还不高，体育产业结构不合理，体育经营水平低下，体育服务业发展滞后，导致我国体育事业非财政性收入增长缓慢。

为使体育事业非财政收入成为我国体育事业收入的主要来源，根据国办发［2010］22号《国务院办公厅关于加快发展体育产业的指导意见》，我们应调整体育产业结构，大力发展体育健身市场及努力开发体育竞赛和体育表演市场。从体育产业各保障内容的权重系数结果表明，体育产业方面的公共财政首先要保障体育产业结构优化（权重系数为0.3209），其次是服务平台的建设（权重系数为0.3164）、体育产业品牌建设（权重系数为0.2335）、最后是体育产业基地（权重系数为0.1292）。专家咨询的结果进一步证明现阶段我国体育产业发展的重点是努力促进体育产业结构的优化，只有大力发展健身市场和努力开发体育竞赛表演市场，才能促进体育产业结构的调整升级，从而提升整个体育服务业的规模，体育产业才有长足的发展后劲，体育事业非财政收入才能持续增长并成为我国体育事业发展的稳定财源。

体育健身业是体育产业的核心产业之一，现阶段我国体育健身业在需求与供给方面都具备了大力发展的条件。我国居民对体育健身的需求日益增长，体育消费日益多样化，家庭体育消费方面的支出日益增多，体育健身市场在需求方面有比较稳定的消费群体；供给方面因行业壁垒较低，企业比较容易进入或退出，私人进入体育健身市场又有利可图，因此近年来特别是奥运会后，各种规模规格的健身俱乐部在全国各地如雨后春笋般迅速涌现，而体育健身业又与其他体育产业具有很大的关联性，因此当前以体育健身业作为主导产业已时机成熟。体育健身市场的繁荣可为体育竞赛和表演市场奠定良好的观众基础，促进竞赛表演业的发展。竞赛表演业是体育产业中最具辐射力和影响力的产业，产业关联极大，其发展能使各类职业体育组织所拥有的电视转播权、广告冠名权等无形资产市场价值快速提升，能带动体育中介业、体育健身业、体育传媒业、体育用品业和体育博彩业等的发展，因此将其作为体育产业发展的重点具有重要的战略意义。我国应进一步改革和完善运动竞赛体系，加大政策的引导，促进体育竞赛社会化，调动社会力量承办体育竞赛的积极性，鼓励并支持中西部地区举办赛事；加强竞赛表演市场的规范化、法制化建设，建立竞赛表演中介市场，运用多种手段促销，培育和开拓竞赛表演市场，不断提高竞赛表演质量，通过打造体育赛事品牌、俱乐部品牌、体育企业品牌等拉动人们的体育消费需求，使体育消费成为我国体育事业非财政收入的重要来源。

8.2.2 鼓励和吸引民间资金投入体育事业

体育事业的财政投入受我国整体经济发展水平、政府的财政政策选择及人们消费水平等多方面的因素影响，短期内增长有限，政府应利用电视、广播、杂志、网络等各种媒体加大对体育事业综合效益的宣传力度，使人们充分了解体育事业的公益性。通过适当修改现行的税收政策，鼓励企业和个人赞助或捐赠体育事业。如对于赞助体育事业的企业，可税前列支或实行税收优惠降低纳税税基，也可对赞助者采取广告、冠名庆典演出等多种回报性的方式给予赞助者回报。对于捐赠体育事业的企业，可以在《中华人民共和国企业所得税法》第九条“企业发生的公益性捐赠支出，在年度利润总额12%以内的部分，准予在计算应纳税所得额时扣除”所规定的基础上适当提高年度利润总额比例，以激励企业对体育事业的捐赠。除了对捐赠者进行物质鼓励外，国家也可采取荣誉激励、成就激励等精神鼓励的方式激励捐赠者的捐赠行为。政府还应鼓励社会力量捐资设立体育类基金会，努力争取境外组织和个人向基金会提供捐赠和资助。

8.2.3 不断完善体育彩票的发行

体育彩票公益金收入现已成为我国体育事业预算外收入的一项重要经费来源，对促进我国体育事业发展尤其是群众体育的发展作出了重大贡献。我们应进一步完善体育彩票管理体制，丰富体育彩票的品种、玩法，加强体育彩票公益金使用的监督管理，实行对中西部地区体育彩票发行的优惠政策，提高人们对体育彩票的认识，以吸引更多的人购买体育彩票，充分挖掘我国体育彩票的销售潜力。

(1) 完善体育彩票管理体制

我国目前的彩票管理体制实行的是政府行政控制，但又采取企业化经营的销售形式，民政和体育部门兼有管理和经营双重职能，是机关、事业、企业“三位一体”的体制，制约了彩票的发展。我国可借鉴国外成熟的彩票运作模式，组建国家彩票公司或彩票组织，统一管理体育彩票和福利彩票，制定彩票管理制度和财务制度，指导彩票的管理和发行。政府对彩票实行特许经营，通过公开招标的形式授予有资质的企业，竞标成功的企业垄断发行和销售彩票，政府行使监督权。这种管理体制既可充分挖掘我国体育彩票市场的潜力，又可以有效防止体育彩票和福利彩票之间的恶性竞争，从而降低体育彩票的发行成本，提高融资效率。

(2) 丰富体育彩票的品种、玩法

只有多样化地满足不同人群需求的品种与玩法，体育彩票才能更大限度地吸引彩民。体育的特色是竞技，因此体育彩票应充分发挥体育运动的优势，以体育赛事为载体，不断开发与体育运动项目相结合的竞猜型体育彩票，进而解决与福利彩票同质化竞争的问题。我国应借鉴国外体育彩票业的先进经验，努力挖掘体育博彩的体育内涵，将老百姓喜闻乐见且市场价值大的体育运动如篮球、乒乓球等项目逐步引入到我国体育彩票业的经营范围，以不断增加体育彩票新品种，保持体育彩票品种和玩法的多元化，从而吸引更多的购买者。

(3) 加强体育彩票公益金使用的监督管理

各级体育行政部门应转变观念，调整体育彩票公益金的支出结构，加大全民健身体育彩票公益金的支出比重。体育行政部门应定期在媒体上公布体育彩票公益金的支出情况，接受社会对体育彩票公益金使用的监督，提高体育彩票公益金使用的公信度；加强对体育彩票公益金使用的动态监测，对体育彩票公益金的援建项目实施长效管理和动态管理，这样体育彩票公益金的使用才能规范化、制度化，人们购买体育彩票的积极性才能持久地保持下去。

(4) 国家应对中西部地区体育彩票发行实行政策倾斜

我国中西部地区的人均体育彩票销售远远落后于东部地区，为筹集中西部地区体育事业发展所需要的资金，国家应对中西部地区体育彩票的发行给予政策优惠。在提留政策上，国家应根据中西部省区的具体情况有针对性地给予政策倾斜；国家体育总局在统筹安排体育彩票公益金时，对中西部经济欠发达地区应加大倾斜力度。建立体育彩票发行扶持资金，资助中西部落后地区的体育彩票市场开发、系统建设、设备购置，营销推广，解决一些县体育彩票机构的资金困难问题，提高全国体育彩票整体运行的效益。

（5）重视宣传，提高人们对体育彩票的认识

体育彩票管理机构应充分利用电视、报刊、广播等大众传播媒介加大对体育彩票的正确宣传，利用各种机会向民众说明体育彩票的性质、作用和意义，宣传体育彩票的公益性，培养人们健康的体育彩票消费观念，摒弃“一夜暴富”式的宣传；积极引导体育彩民的消费动机，使体育彩民能以成熟心态和平常心态处理好投机与娱乐，中奖与奉献的关系，尽量避免体育彩票所带来的负面效应，让更多的人积极参与到体育彩票活动中，使体育彩票在促进我国体育事业的发展中发挥更大的作用。

8.3 不断调整和优化体育事业公共财政支出的结构

政府公共财政活动中一个积极而重要的组成部分是公共财政支出。由于体育事业公共财政支出直接影响着体育公共服务的提供水平和体育需求的满足，因此体育事业公共财政支出结构的确定和调整，对体育事业的可持续发展、政府体育职能的履行、体育产业结构的形成和优化都有着至关重要的作用和影响。

8.3.1 体育事业经费支出的原则

（1）经济效益原则

经济效益原则是指通过体育事业经费支出引导体育资源得到最优化配置，从而使社会得到最大的“效益”。经济效益原则的含义体现在两个方面：一是公共部门和私人部门之间的体育资源的最优

配置，即花在公共部门的体育资源的机会成本等于这一资源没有花在私人部门的损失。二是体育公共部门在使用体育事业经费配置的资源时也应以获得最大社会效益为原则，判断社会效益是否最大化所采用的方法通常是成本-收益分析方法。

（2）公平原则

公平原则是指各个阶层的居民能公平享受到体育事业经费支出所产生的利益。这一原则包含两方面的内容：横向公平和纵向公平。横向公平是指同等对待同一级别的居民，纵向公平是指差别对待不同级别的居民。

体育事业经费支出的公平原则涉及受益能力，公民的受益能力取决于其收入水平。收入水平越低的公民，从体育事业经费补助中获得的效用就越大，得到的受益能力也越大，整个社会所获得的效用也越大。为体现公平原则，应对未超过一定收入水平的地区给予体育事业财政转移支付，收入越少，给予的转移支付应越多。

（3）公开、透明的原则

体育事业经费支出所涉及的资金，都来源于公共收入，即纳税人的钱，因此纳税人十分关心体育事业经费的使用。这就要求政府在使用体育事业经费时，必须公开、透明，及时向社会公众公布经费支出用于何处，用于什么目的。

（4）统筹兼顾、保证重点的原则

此原则要求正确处理体育事业各经费支出之间的关系，优化支出结构。统筹兼顾，指的是合理确定体育事业经费支出的项目以及各项体育事业经费支出的规模；保证重点，则要求正确安排体育事业经费支出中的各种比例，分清主次先后与轻重缓急。

8.3.2 调整和优化体育事业公共财政支出的措施

在体育事业经费支出原则指导下，需不断调整和优化我国体育事业公共财政支出的结构，加大对群众体育的投入力度，优化竞技体育项目布局，促进群众体育和竞技体育、城乡体育、区域体育及竞技体育内部各项目之间的协调发展，提高体育事业公共财政资金的使用效率。

1. 提高群众体育的财政支出比例，保障民生体育

民生的“民”是指普通百姓，“生”指的是普通百姓的生存事宜。民生就是人民的生活、生计问题。体育之“民生”在于民众的生命健康，因此民生体育指的是政府提供的以增进公民的身心健康为目的，为满足公民健康权和幸福感而举行的体育活动。从民生体育的概念我们可以发现民生体育的本质就是群众体育，要大力发展民生体育就必须调整我国体育事业的投资结构，加大对群众体育的投入力度。

20 世纪 70 年代末 80 年代初，我国为迅速提高在国际上的威望及影响力，体育事业的发展选择了以竞技体育为先导，带动群众体育和学校体育全面发展的战略，政府的体育事业经费大部分投向了竞技体育，竞技体育超前发展，2008 年北京奥运会上我国获得了 51 枚金牌，以超出金牌榜排名第二的美国 15 枚金牌的绝对优势位居第一，竞技体育的发展取得了前所未有的辉煌。但当我国竞技体育得到长足发展，国家的经济实力又大幅提升之时，我国应借鉴日本和韩国体育发展的经验，及时调整体育发展战略，将更多的财政投入向民生体育倾斜。

第二次世界大战后日本为了提升国际形象，摆脱国内低迷的状态，政府不惜代价举办了 1964 年奥运会，取得了 16 枚金牌的历史最好成绩。东京奥运会后，日本的竞技体育实力开始下降，在 1992 年巴塞罗那奥运会和 1996 年亚特兰大奥运会上日本分别只得了 3 枚金牌，直到 2004 年雅典奥运会上日本才追平了在东京奥运会上所取得的金牌纪录。纵观日本竞技体育的发展轨迹，可以发现日本的竞技体育在 1964 年东京奥运会上达到顶峰后，并没有乘势而上，这时日本经济也处于调整发展时期，于是日本政府调整了体育发展战略，将体育发展的重心转到振兴国民体育上，通过制定一系列新政策法规、调整资金投入、完善管理机构、加大社会体育指导员的培养等举措，使日本的大众体育在东京奥运会后蓬勃发展起来。

20 世纪 70 年代至汉城奥运会前，韩国的经济逐步复苏，体育发展选择以竞技体育为重心，1988年韩国成功举办了第24届奥运会，获得12枚金牌，取得了历史好成绩。奥运会后的韩国和日本一样，也没有在竞技体育的发展上乘势而上，而是调整了体育发展战略，将大众体育作为本国体育事业发展的重心，通过出台有关大众体育的法律法规、加大公共体育设施的投入力度、加强体育指导员队伍的建设、注重提高场馆设施的利用率等使大众体育在汉城奥运会后得以快速发展。

日本和韩国后奥运时期的大众体育发展给了我们很好的启示，两国后奥运时期的国内形势发展也使大众体育唱起了发展的主旋律。我国已进入全面建设小康社会时期，国家的经济结构正进行相应的调整优化，民生服务业的发展日益成为政府工作的重心，我们要抓住这一有利时期，顺应国际体育“大众化”趋势的浪潮，将群众体育作为体育事业发展的重心，调整和优化体育事业公共财政支出的结构。具体的调整方式有两种：一是存量调整，即改变政府现有体育事业公共财政支出规模，对体育事业各项支出进行有增有减的调整，如增加群众体育的财政支出，减少竞技体育投入和体育财政供给人员经费等；二是增量调整，即在不改变体育事业公共财政存量支出结构的基础上用未来体育事业财政收入的增量部分加大对群众体育财政支出的投资力度，提高群众体育在体育事业公共财政支出中的比重。由于体育事业公共财政支出的存量调整会触及一些体育单位或部门的既得利益，从而遇到较大的阻力，为保证改革的顺利进行，政府部门在对体育事业公共支出的存量部分做出适当调整的基础上，主要对体育事业公共财政支出的增量部分进行调整，加大对群众体育场地设施、群众体育组织、公益性社会体育指导员及国民体质监测等民生体育公共产品的投入力度，以促进群众体育和竞技体育协调发展，逐步缩小我国与国外发达国家提供公共体育服务的差距。在安排体育事业财政支出时，要优先保障民生体育发展所需的资金，逐步提高群众体育事业经费占体育事业经费的比重，有计划地保持长期、稳定、合理的群众体育支出比例。

体育事业公共财政保障的投资优先顺序结果显示，在保障的4个一级内容中，对群众体育的财政保障最优先（0.5780），其次是竞技体育（0.2439），其他（0.1047），体育产业（0.0734）。体育事业财政专项资金也把全民健身路径工程、群众体育公共信息网络工程作为优先保障的对象，专家的意见也表明我国体育事业公共财政支出应重点保障群众体育的发展。

群众体育和竞技体育要协调发展，可以采取的措施主要有：

（1）建立新的体育工作绩效评估机制。重新制定体育行政部门工作绩效考评体系，提高群众体育指标体系考评的权重，让各级体育行政部门跳出金牌至上、竞技运动成绩为重的思维框架，工作重心由“政绩体育”转向“民生体育”，促使群众体育优先发展的战略能贯彻落实到各级政府及体育行政部门的实际工作中去。

（2）树立以人为本的体育发展理念。体育行政部门应利用各种媒体普及群众体育科学健身知识，积极营造崇尚体育健身的社会氛围，增强居民的体育健身意识，帮助他们建立健康文明的生活方式，使群众能自觉地参与到全民健身运动中来；定期开展丰富多彩的全民健身活动，积极推行《普通人群体育锻炼标准》，不断创新全民健身活动的新内容、新形式及体育健身的新方法、新手段，动员吸引更多的居民关注和参与进来，使全民健身运动能惠及更多的人。

（3）完善城乡基层公共体育场地设施的建设。在群众体育公共财政保障的优先顺序中，群众体育场地设施（0.6464）的重要性明显高于群众体育组织（0.2061）和群众体育活动和竞赛（0.1475），由此可见，群众体育场地设施是当前居民最迫切需求的体育公共产品，我国应加大对城乡基层公共体育场地设施的投入力度，采取各种措施引导非体育系统资本及社会资本投资群众体育场地设施的建设，积极推进城乡新建居住区建设公共体育场地设施，加大城乡结合地、进城务工人员聚居地、公共场所体育健身设施建设，不断缩小我国群众体育场地设施与国外经济发达国家体育场地设施的差距。

（4）健全全民健身组织网络和体育健身指导服务网络。我国现阶段大部分地方的群众体育活动还处于自发状态，具有较大的随意性和松散性，不易形成稳定的体育人口。政府应建立健全县级全民健身指导机构，积极发展城乡基层体育组织，对城乡基层的体育协会、体育健身团队、体育健身站点、社区体育俱乐部等不同类型的体育健身组织给予支持和扶持。建立健全各级社会体育指导员培训体系，积极壮大社会体育指导员和志愿者队伍，初步建立起遍布城乡的以教练员、运动员、体育教师、体育专业学生、体育科研人员为主体的体育健身指导服务网络，以满足人们不断增长的体育健身指导需求。

2. 加大对农村体育的财政扶持力度

城乡体育的发展不平衡是我国和谐体育构建中的不和谐音符，是制约我国体育现代化进程的主要障碍之一。为逐步缩小城乡体育的差距，让全民健身运动这项伟大的公益事业惠及广大农村，我们应打破城乡界限，将城乡群众体育作为一个整体，城乡协作，实现群众体育城乡统筹发展：

（1）构建一体化的城乡群众体育管理体制。各级体育行政部门要调整本区域内的群众体育管理体制，坚持“城乡群众体育两手抓、两手都要硬”，既要管理好城市体育，也要管理好农村体育，而不是将群众体育和农村体育分割进行管理。

（2）制订以农村体育为重点的群众体育发展战略。群众体育事业是我国体育事业发展的短板，而农村体育事业则是群众体育事业的短板，因此农村体育的发展水平影响着我国体育事业的整体发展，影响着体育强国目标的实现。长期以来，我们实行以小城镇为重点的农村体育发展方针，这符合我国的国情，但当我国小城镇体育发展到一定规模时，应该发挥其以点带面的效应，将群众体育深入发展到广大农村，让全民健身工程的阳光真正普照到广袤的农村大地上。

（3）转变农民的健身观念。长期的城乡二元结构使农村的经济、文化、交通、信息等方面都远远落后于城市，形成于封建社会的传统体育文化虽经新中国成立60多年来的洗礼，但仍保持较大的惯性与现代文化产生冲突，制约着农村体育活动的开展，因此，在新农村体育的建设中，不仅要注重人财物的投入，还要加强农村的文化建设，提高农民的文化素质，改变农民一些不良的生活习俗，引导农民形成正确的体育价值观念。

（4）充分发挥城乡体育的各自优势。统筹城乡体育发展，并不是将城市和农村完全等同发展，以城代乡，而是保持各自的群众体育特色，形成优势互补、风格各异的群众体育发展格局。农村拥有自己的传统文化和特色体育项目、优美的自然环境和广阔的空间，农村体育要充分利用这些优势，探索适合自身特点的体育发展的路径和模式，形成城乡百花齐放的群众体育发展新局面。

3. 促进区域体育的协调发展

区域体育发展不平衡是区域差距的一个重要表现，也是政府调控的直接结果。20世纪90年代后，在政府的功能和战略下，外资及其他横向资本都大量流向东部，加速了东部经济的增长，扩大了地区差距。在西部大开发战略下，中央对西部地区投资的优惠政策及中央财政对西部地区的大幅投入，使引入西部地区的民营资本和外资也将或正在发生积极作用。在体育系统内，全国体育系统支援新疆、西藏及四川、云南、甘肃和青海藏区也成就斐然。2001—2010年，体育总局投入到西藏体育的专项资金近6000万元；2002—2009年，总局资助西藏建设全民健身路径、乡镇农民健身工程、雪炭工程等项目的资金达到6450万元①。1997年以来，体育总局资助新疆建设体育设施方面的项目达1821个，累计投入资金9730万元，提供了1000多万元的专款用于培养高水平后备人才②；体育总局还在社会体育指导员培训、教练员培训和干部交流等人才培养方面给予新疆相应支持。在国家体育总局及对口省市的体育援建工作支持下，新疆、西藏的体育公共服务水平进一步提高，体育场地设施建设取得较快发展，基层体育组织建设不断加

① 国家体育总局网站［EB/OL］. http：//www.sport.gov.cn/n16/n1077/n297454/1645962.html.

② 国家体育总局网站［EB/OL］. http：//www.sport.gov.cn/n16/n1077/n297454/1646401.html.

强，各族群众的体育意识有所增强，体育援建工作进一步缩小了与全国体育发展平均水平的差距。

政府对东部和西部的优惠政策，显然对中部地区的发展不利，事实是近年来中部地区的相对地位已出现下降趋势。中部地区相对地位的下降对体育事业的直接影响是中部地区的人均体育事业经费不仅远远少于东部，而且在大多数年份还少于西部。

区域体育的均衡发展是我国由体育大国向体育强国迈进的重要内容之一，为实现体育强国的战略目标，政府在政策的实施上应加强宏观控制，在体育事业的财政投入上东中西地区应有针对性，中部和西部体育事业财政投入的增长速度应快于东部。国家体育总局及东部发达省份不仅要对西部的体育发展进行援助，对中部地区体育的发展也应进行一定的援助，以防止新的区域发展不平衡的情况发生。加大对中部和西部体育产业优惠政策的扶持力度，注重中西部地区体育产业税种结构和优惠形式的多样化，更多考虑采取加速折旧、延期纳税、投资抵免、再投资退税、提取风险准备金等间接税支出方式，逐步达到缩小东中西部体育事业发展的差距。

4. 调整竞技体育的财政支出结构

竞技体育公共财政保障的优先顺序结果显示，对运动员社会保障体系要给予优先保障（0.4514），其次是运动场馆设施（0.2325），运动训练（0.1805），最后是运动竞赛（0.1356）。

竞技体育的发展要体现以人为本。北京奥运会后，中国竞技体育要实现可持续发展，首先要优化投资优先顺序，重点保障运动员社会保障体系的建设，注重对“人”的投资。我国能拿到世界冠军、奥运冠军的运动员凤毛麟角，一半以上的退役运动员都面临着失业、伤病及贫困的困扰，退役运动员的现状已给社会造成负面影响，竞技体育的“塔基”正呈萎缩的态势。我国竞技体育要持续发展，运动训练体制应着眼于运动员的终身发展，竞技体育的公共财政资金优先投入到有关运动员职业辅导、技能培训、就业指导、创业扶持、医疗和工伤保险等运动员社会保障体系的建设，切实解决运动员的后顾之忧。

为提高竞技体育在国际上的影响力，我国应调整竞技体育项目的财政支出方向，加大对竞技体育中潜优势项目和基础类大项、集体球类大项的财政支出。我国优势项目多是冷门，不是社会普及的运动项目，乒乓球、羽毛球虽是普及项目，但影响力不强，而且这些项目的金牌增长空间已接近饱和。要使中国的竞技体育水平保持国际第一集团军的行列，我们应挖掘潜优势项目及基础类大项的潜力，从个别项目上突破，努力增加新的金牌增长点。集体球类大项是国际上极具影响力的体育运动，也是我国观众喜爱的项目，群众基础好，因此我国应着力提高集体球类大项的竞技水平，进一步扩大我国体育在国际上的影响力。

5. 优化调整体育行政管理支出

我国目前的体育行政管理支出偏高，挤占了有限的体育事业财政资金，为了提高我国公共体育服务的供给水平及体育行政事业单位资源配置效率，需要调整体育行政事业单位的结构布局。

（1）合理确定体育行政部门机构及其人员编制，严格控制行政经费开支

体育行政部门推行机构改革应本着资源共享的原则整合体育行政资源，精简机构，裁减冗员。对机构改革中已转为体育行业协会的，行政经费不再对其进行开支；对已转为公司的政府机构，不得再按政府机构一样安排人员经费；对不行使国家体育职能的各类体育社会团体，财政不能给予补助。同时，要积极推行体育行政后勤社会化改革，以减少体育行政经费支出。

继续推行地方行政部门机构改革，将隶属于各级体育行政部门的事业单位和一些中介、服务和评估的机构推向市场，这样既减少了对经济的直接干预，提高了政府工作效率及体育经济的正常运行，又减少了体育行政供养人员，压缩了体育行政经费的开支。要建立健全体育行政部门公务员的竞争机制和进入退出机制，改变行政机关人员只进不出的现象。加强体育行政经费管理的科学化和规范化，对单位的消费性支出、“车、会、话”等项支出实行严格的控制。

(2) 推进电子政务建设，压缩行政管理支出

政府的管理和服务要借助信息集成，通过建立体育信息服务平台，可打破体育行政机关的组织界限，使公民快捷地获取政府的体育信息及服务。体育行政部门间、体育行政部门与社会各界通过电子化渠道，可相互沟通，便于社会各界及国外了解中国的体育政策及投资环境，共同助力于中国体育事业的发展。推进电子政务建设可大大地精简体育行政部门，减少体育行政编制，进而消减体育行政管理支出，提高体育行政效率，最终为真正建立公开、透明、电子化的高效廉价服务型政府奠定坚实的基础。

8.4 完善中央财政转移支付制度

分税制是市场经济国家普遍实行的一种财政体制，因此 1994 年我国开始实行的分税制财政管理体制是适应市场经济发展要求的，对于理解中央和地方的分配关系，保证财政收入和增强宏观调控能力发挥了重要作用。但我国分税制是作为克服财政包干制的手段而推出的，与国外科学规范的分税制财政体制有很大差距，因此我国的财政转移支付制度还存在很多问题。

转移支付制度是现代财政管理制度的重要组成部分，是促进社会经济协调发展，保证不同地区能享受到大体均等的公共服务，实现社会政治稳定的重要的宏观调控手段。体育事业具有很强的正向外溢性，这种溢出效应会影响到整个国家，成为国家公共产品，因此政府应对体育事业的发展进行财政转移支付，发挥财政转移支付的纵向和横向均衡作用，促进各地区享受大致均等的基本公共体育服务。

8.4.1 调整转移支付模式

目前国际上的转移支付基本模式有两种，第一种是纵向转移支付，国际上大多数国家采用这种模式，第二种是以纵向为主、纵横交错转移支付。这两种模式各有优缺点，根据我国地区间经济发展不平衡的国情，我国可采用以纵向为主、纵横交错的转移支付模

式。中央政府逐步规范地方间纵向转移支付，有步骤地直至完全取消维护地方既得利益的税收返还方式和取消不规范的专项补助，通过因素法取代基数法。具体做法是：① 中央根据各地的人口数量、人均 GDP、城市化程度、人口密度、管理范围及难度等客观因素来确定各地的转移支付额度，避免讨价还价现象；② 中央政府应加大财力集中度，加强其宏观调控力度，将财政资金重点用于对贫困落后地区的均等化转移支付，以解决贫困地区由于客观因素所造成的纵向及横向财政能力的不均衡，缩小地区间基本公共体育服务水平的差距，形成区域、城乡均衡发展的基本公共体育服务新格局。

8.4.2 完善转移支付形式

我国应大幅度调整现行的转移支付形式，形成以一般性体育转移支付为主，体育专项转移支付为辅的复合型转移支付形式。

(1) 扩大一般性体育转移支付规模

我国应逐年加大一般性转移支付量，可将财政收入增量部分都用于一般性转移支付，提高其在转移支付中比重，并成为我国主要的转移支付形式，从而使地方能有足够的财力实现其事权，这样，可使不同省区的居民均可享受大体相当的公共体育服务。逐年降低税收返还，中央每年从对地方税收返还额中提出一定的资金用于一般性转移支付，直到最终取消税收返还，这样既减少了新制度出台的阻力，又削弱了返还基数中的不合理因素，对缓解并缩小目前地区间公共体育服务的差距具有积极的作用。

(2) 控制体育专项转移支付规模

专项转移支付只能是次要的、辅助的形式，但目前我国专项转移支付的比重较大，体育专项转移支付的名目也较多，因此应当严格控制体育专项转移支付规模，规范专项转移支付管理。要科学界定体育专项转移支付的标准，凡属地方体育事权范围内的应由地方自行解决，列入体育专项转移支付应是具有外溢性、特殊性等特征的项目。要加强对体育专项转移支付项目的监督检查，并对其进行绩效评估，以防止体育专项资金被截留、挪用，从而提高其使用效果。

（3）增强乡级财政财力

建立长期、稳定的中央和省级政府对乡镇政府的纵向体育财政转移支付制度，减少财政层次，使体育财政转移支付资金直接安排落实到广大的农村，以增强乡镇民生体育的财政能力。纵向转移支付采取一般性转移支付为重点，专项转移支付为补充的形式，坚持财权和事权相匹配的原则，加大对乡镇民生体育的财政投入力度，确保乡镇有充足的财力办好民生体育。此外，还应创新公共财政政策，充分发挥民生体育财政支持乡镇资金的导向作用，积极采取财政贴息、补助、奖励、配套等形式，形成以民生体育财政投资为引导、社会投资为主体、外资为补充的多元化乡镇民生体育投资机制，逐步实现群众体育城乡统筹发展。

8.4.3 进行体育财政资金的横向转移支付的试点

我国各地区财力差距大，富裕地区具备体育财政资金横向转移支付的条件，具有实行体育财政资金横向转移支付的基础，有可能、也有能力向贫困地区转移体育财政资金。尽管目前我国还没有规范化的、公式化的、直接的横向转移支付方式，但是多年前我国发达地区已开始对口支援欠发达地区，这实质上就具有横向转移支付的性质。我国发达地区的体育局也已开始支持欠发达地区体育事业，为促进西藏体育事业的发展，国家体育总局于2010年制定颁发了《国家体育总局关于支持促进西藏体育事业发展的指导意见》、《国家体育总局体育援藏工作实施方案及责任分工》、《国家体育总局关于支持促进新疆体育事业发展的指导意见》、《国家体育总局体育援疆工作实施方案及责任分工》，以推动全国体育系统开展支援西藏及新疆体育工作，促进西藏及新疆体育事业的更快发展。

近年来，福建省在援疆工作方面，每年安排一定资金进行项目帮扶；在援藏工作方面，安排专项资金对西藏林芝地区援藏干部健身中心和林芝地区体育局运动员公寓楼改造工程两个项目进行重点帮扶，对援建的林芝地区体育局运动员公寓改造工程进行验收，并拨付了工程改造尾款50万元。为解决昌吉州体育场馆设施部分维修资金不足问题，福建省体育局将昌吉州体育场馆的小型维修列入2011年度帮扶经费预算，10月已拨付了体育场馆修缮款30万元①。2010年天津市体育局援助昌都地区30万元体育基金，2011年江苏省体育局拨出50万元资金援助拉萨市体育事业发展；广东省体育局援助林芝地区20万元，用于支持业余体校建设②；山西省体育局为山西援疆单位阜康市和五家渠市各配备100万元的体育健身器材③；浙江体育局向浙江援藏的对口单位那曲地区教体局捐资价值80万元人民币的健身器材50套和现金70万元④；重庆市体育局向对口援助工作的昌都地区体育部门捐赠了价值35万元的健身器材和30万元资金⑤，这些援建工作对促进西藏、新疆体育事业的发展、满足当地的公共体育服务需求发挥了重要作用，这表明，地区之间完全有可能进行体育资金横向转移支付，是应当积极尝试的一种制度创新，从而实现区域间基本公共体育服务均衡发展。

8.5 创新体育公共产品的有效供给机制

计划经济时期政府是体育公共产品的唯一提供主体，政府垄断性地直接生产体育公共产品。社会主义市场经济体制下，随着政府

---

① 福建省体育局．福建省体育局“举全局之力”做好援藏援疆工作［EB/OL］．http：//www.sport.gov.cn/n16/n33193/n33238/n35199/n36471/2136012.html.

② 西藏自治区体育局．西藏自治区体育援藏受援情况汇总［EB/OL］．http：//www.sport.gov.cn/n16/n1077/n1467/n2019184/2587484.html.

③ 王宏德．山西省体育局为受援单位资助200万元体育健身器材［EB/OL］．http：//www.sport.gov.cn/n16/n1077/n1467/n2019184/2036234.html.

④ 傅玮．浙江百万体育物资送上“世界屋脊”［EB/OL］．http：//www.sport.gov.cn/n16/n1077/n1467/n2019184/2035804.html.

⑤ 苗枝文．重庆市体育局开展昌都地区体育对口援助工作［EB/OL］．http：//www.sport.gov.cn/n16/n1077/n1467/n2019184/2032702.html.

体育公共服务的规模和范围的不断扩大，这种政府权威性体育公共产品供给模式带给其极大的财政压力。政府大包大揽的体育公共产品供给模式，从供给效率和效果来看，并非市场经济条件下体育公共产品的最佳供给模式。政府应创新体育公共产品的供给机制，在部分体育公共产品领域，逐步引入社会力量，形成政府与社会相结合的体育公共产品复合供给新模式。

8.5.1 合理确定体育公共产品的提供主体

体育公共产品选择什么样的提供主体，主要取决于体育公共产品的性质及供给的效率。体育公共产品社会化程度不同，供给的模式也不相同，提供主体也不一样。

(1) 政府承担监督管理类等纯体育公共产品的提供

这类公共产品主要涉及政府机关的基本职能及全体公民的共同利益。例如体育行政部门提供的体育法律制度、法规条例等制度形态产品；制定执行体育经济政策、资格质量认证、体育基础科学研究、国民体质监测、兴奋剂检测、不能市场化的奥运争光类项目等，这些体育纯公共产品一般不具备有偿经营、自负盈亏和自我发展的能力，应当由各级政府部门保障提供。

(2) 公益性和准公共产品性质的体育公共产品由非营利性组织提供

这类体育公共产品是个人受益大于社会受益，主要针对的是特殊群体所提供的。如基层体育社团、体育俱乐部、体育协会、体育活动点等，这些体育公共产品经常是政府提供不足，而私人企业又不愿意介入，因此非营利组织的延展服务的补充不可或缺。非营利组织的特点就是促进公益，分担社会部分体育管理职能，对体育公共产品的提供起到减震器和桥梁的作用。

(3) 企业营利主体提供的体育公共产品

营利组织提供体育公共产品主要是从市场中获利。政府通过引入市场机制生产体育公共产品，再由政府提供给公众，如我国采用BOT、TOT等方式建设体育场馆，既可以满足营利组织经济可欲性的需求，又可以缓解政府财政资金的不足，同时还可提高政府体育公共服务供给的效率和质量。

8.5.2 采用以效率为导向的多种体育公共产品供给模式

随着我国市场准入技术水平的不断提高，体育公共产品的提供引入市场机制已成为现实。政府可视不同的体育公共产品采用不同的模式将体育公共产品的生产市场化。

（1）政府参股

为鼓励私人提供体育公共产品，政府以不同的比例参股到体育公共产品的提供中。政府参股可以采取政府入股和政府控股两种形式。政府入股主要是分散私人投资风险和向私人企业提供资本，政府控股主要是针对那些具有举足轻重地位的体育项目，如中体产业集团股份有限公司就是由国家体育总局控股的股份制企业。在体育公共产品的提供中，政府参股的比例可以灵活变动。政府参与体育公共产品提供的一般做法是初期其参股的比重会较多，但当体育公共产品建成并正常运营，获得稳定收益时，政府可以将股份出售，转而扶持到其他体育公共产品的提供中。在我国体育产业化初期阶段，体育企业品牌、体育产业基地的建设都可采取这种方式。

（2）政府购买

政府购买体育公共产品是政府引入市场机制提供体育公共产品的一种重要形式。在体育公共产品的提供中，政府承担提供责任，但将体育公共产品的生产通过合约的形式委托给私人企业，然后再向受委托的私人企业购买这些公共产品。政府购买体育公共产品的做法有两种，一种是政府与私人企业签订生产合同并购买其生产的体育公共产品，另一种做法是直接到市场上购买，也就是我们通常所说的政府采购。政府采购是目前我国体育公共产品提供的一种常用方法，我国大部分体育公共产品都可通过这种方式提供。政府购买通过竞争性招标的办法引入竞争机制提供体育公共产品，降低了体育公共产品的提供成本，提高了财政支出的使用效率。

（3）政府经济资助

当私人提供体育公共产品外部效益不能内在化时，政府可选择性地对这些提供体育公共产品的企业给予经济资助，以确保这些企业有足够的经济驱动力去提供体育公共产品。体育公共产品的提供中政府采用经济资助的对象主要是那些盈利性不高的体育项目，但这些体育项目却是人们的体育共同需求。政府也可对一些风险较大但将来可以盈利的体育公共产品采用经济资助的提供方式。政府进行经济资助可采用的方式多种多样，补贴、无偿赠款、优惠贷款和减免税收政策都是当前较常用的经济资助方式，我国群众体育方面的公共产品的提供可以采用这种方式。

(4) 合约出租

合约出租是政府将一部分体育公共产品的生产推向市场，通过公开招标，竞标企业之间相互竞争，然后政府与在竞争中获胜的私营企业签订合约。签约的私营企业按照双方签订的合约标准完成所规定的任务，政府根据合约所规定的报酬支付费用。这种方式可有效引入竞争机制，通过投标企业之间的相互竞争，将体育公共产品的生产成本尽可能降低到边际成本加正常利润，最终以较低的成本供给，主要适用于具有规模经济效应的自然垄断类体育公共产品。西方国家广泛使用这种方式来供给公共产品，甚至纯公共产品如国防，政府也通过合约由私人企业来生产。我国各种大型体育赛事的承办就可以采取这种方式进行运作。

(5) 特许经营

特许经营是政府将某种公共产品长期租赁给私人团体，私人团体在租赁期间有责任提供资金给此公共产品，合同期满后将这些公共产品返还给政府。特许经营的操作方法也是政府通过招标方式，将公共产品的经营权授予竞争中出价最高的企业，被特许企业按合同规定从事经营活动。基础设施、自来水等管网类公共产品以及电视台、报纸杂志等都可以使用。这种方式在实际运用中有很多创新，如采取 BOT（build-operate-transfer）模式（建设—经营—转让）、B00（build-own-operate）模式（建设—拥有—经营）、BOOT（build-own-operate-transfer）模式（建设—拥有—经营—转让）。TOT（transfer-operate-transfer）模式（移交—经营—移交）等。我国体育场馆的建设可采取这种方式进行项目的融资。

8.5.3 从资金、法律等多方面促进非营利组织提供体育公共产品

非营利组织是公共产品提供中为克服“市场失灵”和“政府失灵”而产生的供给方式。从国外有关非营利组织的资料来看，其经费收入主要来源于会费收入、公共财政拨款和社会捐助三种。我国的非营利组织发展还不成熟，经费自给能力较弱，因此对提供体育公共产品的非营利组织特别是民间成长起来的非营利组织给予一定的财政经费补助及改革监管方式就显得尤为重要。

（1）以财政资金的投入为导向，鼓励非营利组织发展

政府对提供体育公共产品的非营利性组织给予一定的财政拨款，不仅起到矫正体育公共产品外部性的作用，而且还可使财政投入发挥“四两拨千斤”的引导作用，吸引企业、国内外慈善组织的捐赠来解决非营利组织发展的资金瓶颈问题。政府财政拨款可采取多种适应市场经济需要的形式如政府采购、合约出租、政府委托等来提供。这部分财政拨款在某种程度上也相当于政府的捐赠，是非营利组织持续发展的重要条件之一。

（2）制定有利于非营利组织发展的税收优惠体系

我国非营利组织的资金来源中，国内企业和公众的捐赠比例很低。据中华慈善总会的统计报告显示，他们在10年中所募集到的15亿元人民币，内地富豪的捐款比例不超过15%，捐款中的70%来自国外和港台地区。国内企业在工商部门注册登记的超过1000万家，但99%的企业从来没有参与过捐赠①。国内企业捐赠过低并不是因为他们没有社会责任感，而是政府没有制订出鼓励企业捐赠的税收政策体系。由于非营利组织承担了政府职能转变后分化出来的许多体育公共产品的提供，因此，市场主体向非营利组织的捐赠在某种意义上可视为向国家缴纳的税款，在这个层面上国家应扩大企业捐赠优惠的范围，提高用于慈善事业捐赠的税收扣除标准，鼓

① 李燕等．政府公共服务提供机制构建研究——基于公共财政的研究视角［M］．北京：中国财政经济出版社，2008：175.

励企业或个人捐赠慈善事业。对亏损企业的捐赠行为实行捐赠抵扣政策，以鼓励亏损企业的捐赠积极性，但政府应严格规范捐赠行为，防止企业利用捐赠进行欺诈。

政府应构建促进非营利组织发展的多层次税收优惠政策。在企业所得税方面，为增强非营利组织的资金积累能力，对于其接受的财政拨款资助、捐赠及会员会费等全部纯收入免除其企业所得税，但对于其他来源的与非营利活动无关的纯收入要征收企业所得费。在增值税和营业税方面，如果非营利组织每年缴纳的增值税和营业税数额很大，增值税税收予以返还，并免收营业税。如果收入不属于社会公益性的，将不返还已交纳的增值税和不免除营业税。对于非营利组织接受的与公益活动有关的进口货物的捐赠免除关税和进口增值税。

(3) 加快建立健全有关非营利组织的法律、法规和规章

目前规范非营利组织的法律法规主要有国务院 1998 年颁布的《民办非企业单位登记管理暂行条例》和《社会团体登记管理条例》，2004 年颁布的《基金会管理条例》，这些法规的制定为非营利组织的发展提供了必要的支撑。但这些法规的立法层次都不高，约束力不强。非营利组织的发展还存在行政自由裁量权过大、税收优惠不到位及非营利组织的多头管理，严重制约着非营利组织的发展。目前，社会团体登记法、结社法、民办事业单位管理法等基本法还没有制定，先前制定的《民办非企业单位登记管理暂行条例》和《社会团体登记管理条例》等法律也急须修订，因此，我们需要借鉴国际经验，对现行有关非营利组织的法律、法规进行修订和完善。

8.6 完善体育事业公共财政监督机制

加强和完善体育事业财政监督是加快体育事业公共财政建设的重要方面。体育事业财政监督主要包括建立健全相应的法律法规、财政对预算单位使用体育事业财政资金的监督，人大、审计对体育事业公共财政的监督。

8.6.1 建立健全相应的法律法规

我国其他类的体育事业公共财政保障优先顺序调查结果显示，对体育法制建设（0.2977）的财政保障优先，其次是体育人才培养（0.1445），体育科技与教育（0.1201），体育文化建设（0.1119），反兴奋剂工作（0.1094），体育标准与认证事务（0.0844），体育信息平台建设（0.0701），对外交往与宣传（0.0619）列最后，体育法制建设的权重系数明显高于其他保障内容的权重系数，由此可见体育法制建设在整个体育工作中发挥着重大作用。

完备的有关体育事业发展的法律法规体系是提供体育公共产品的制度保障。体育立法必须对政府的体育职能、执行机构、资金获得和使用等方面作出详细的规定。完备、详细的法律法规体系可及时发现和解决体育行政部门在履行政府体育职能时出现的情况和偏差，避免出现违规挪用财政资金，私自改变资金用途的情况出现。目前我国应做好《中华人民共和国体育法》的修订及配套立法工作，抓紧制定加强体育社会组织建设、规制体育市场、促进职业体育发展、治理赛风赛纪等急需领域的体育法规、规章及规范性文件，加强《全民健身条例》的配套立法，为广大人民群众享受体育公共服务提供坚实、具体的法律保障。

8.6.2 加强对预算单位的监督

在公共财政框架下，财政部门对预算单位的监督主要侧重于对预算单位使用体育事业财政资金的效益监督，这样既可与审计监督合理分工，又可以相互协作，发挥财政监督的独特作用。对预算单位的监督重点包括4个方面：体育事业公共财政支出的监督、体育行政部门行政管理成本的监督、体育事业财政转移支付资金及各级体育行政部门体育专项资金的监督、对体育公共投资建设项目的监督。

（1）体育事业公共财政支出的监督

财政部门要对体育行政事业单位在预算编制中的体育事业财政

支出结构安排是否符合公共财政的要求进行监督，有效地解决体育事业财政支出的“越位”和“缺位”问题；体育事业公共财政资金分配是否注重体育事业公共支出的结构调整与优化，是否体现了“成本-效益原则”，既包括社会效益，又包括经济效益。通过监督促进体育事业财政改革，建立起一个符合现代市场经济发展要求，能够有效规范体育事业公共财政支出的运行机制，使体育事业公共财政支出体现公平、合理、有效。

（2）体育行政部门行政管理成本的监督

开展体育行政部门行政成本监督就要抓住与行政成本有关的人财物进行监督，对其经济性和效益性进行综合评价，监督工作要对延伸到部门工作目标的完成情况，最终经过审签部门决算，可将监督成本转化为体育事业公共财政管理成果，从而遏制体育行政成本的过度膨胀。

（3）体育事业财政转移支付资金及各级体育行政部门体育专项资金的监督

对体育事业财政转移支付资金的监督内容包括三个方面：第一，体育事业财政转移支付形式是否科学，是否与市场经济体制下公共财政支出的要求相符合，是否符合体育公共服务均衡化原则；第二，体育事业一般性转移支付数额确定的依据是否科学；第三，体育事业专项转移支付（专项拨款）是否有明确严格的体育事权依据，体育专项拨款是否有规范的分配方法，在分配过程中是否存在着随意性。

对各级体育行政部门安排用于本级支出的监督，主要对其是否按批准的预算安排资金进行审查，是否用在了其他方面或者没有完成体育预算；体育事业经费是否用在了批准的体育项目上，有没有擅自改变经费用途；体育项目支出是否按照体育预算完成并发挥了应有的作用。通过监督，可以促进体育行政部门规范和细化管理制度，发挥体育事业有限经费的社会经济效果。

（4）体育公共投资建设项目

体育事业公共财政的职能是向社会提供体育公共产品，这也是体育事业财政支出效益的根本体现。而这种体现一部分又是通过体育公共投资建设项目来实现的。从效益角度出发，应对体育公共投资项目的前期决策、设计工作、设计概算、投资估算以及预算编制和实施全过程开展监督。

8.6.3 开展人大、审计对体育事业财政的监督

人大对体育事业财政的监督是指各级人民代表大会依据宪法、预算法和地方组织法等，对体育行政部门的计划预算行为、财经执法行为实施监督。这是一种具有强制力和权威性、高层次的监督。加强人大对体育行政部门的监督，一是要对体育事业经费预算调整加强监督，只有经过本级人民代表大会常务委员会审查批准的体育预算调整方案，体育行政部门才能调整体育预算，严格防止先实施后审查。二是加强体育事业经费决算的监督。体育事业经费决算是体育事业经费预算执行情况的最终表现形式，体育行政部门在办理完体育事业经费决算事项后，应及时提请人大常委会审查。体育事业经费决算报告的内容、项目要与年初体育事业经费预算和调整后的预算内容、项目对应，报告要对变动较大的体育项目分析说明，以便人大了解情况并对其进行审查。人大审查的重点是看体育事业经费决算是否体现了总的指导思想和原则，是否依据人代会批准的体育预算和人大常委会批准的体育预算调整方案严格执行，体育事业经费决算是否真实、体育事业经费收支是否合法、执行是否严肃认真。人大常委会在审查中发现了重大问题，应组织委员会进行专题调查，如发现的问题违背了《预算法》规定，责令纠正。

审计监督是指审计部门依法对体育行政部门在行政管理中发生的财政、财务收支活动等有关的体育经济活动进行查证、鉴证、评价等一系列行为。审计监督是国家监督体系的重要组成部分，在国家行政执法和行政监督中占据重要地位，它不仅是体育行政部门内部的自我监督，而且也是保证体育事业财政预算健康运行的重要手段。

8.7 构建体育事业公共财政支出的绩效评价机制

“民生财政”与“公共财政”是两个不同的词，公共财政是与市场经济体制相适应的一种财政管理体制，存在于市场经济形成和存在全过程，与市场经济相伴随已有数百年。它是一种国际现象，其职能除了对社会公平关注外，还注重经济效益和稳定。民生财政是我国的产物，是体制转轨时期我国对公共财政承担民生职责的高度概括，其目的是解决我国现阶段出现的特殊问题，主要着眼于社会不公平问题，进而缓解社会矛盾。民生财政是我国在现阶段改革和经济发展背景下对公共财政的继承与发展，是公共财政的具体化和深化。

民生财政承载的历史使命与基本宗旨是改善民生、增进福利。民生财政下，政府部门应重新制定体育行政部门工作绩效考评体系，提高群众体育指标体系考评的权重，让各级体育行政部门跳出金牌至上、竞技运动成绩为重的思维框架，工作重心由“政绩体育”转向“民生体育”。民生体育的发展需要民生财政的保障，民生体育财政的有效运行须构建相应的绩效评价机制，包括 4 个方面：

(1) 民生体育财政绩效评价的多元化主体体系。多元化主体应包括立法机构、审计部门、社会公众、社会中介机构及相关领域专家。立法机构、审计部门是法定的预算、决算监督主体，应当是体育民生财政的绩效评价主体；社会公众是体育民生财政的最重要的利益相关者，具有对体育行政部门的服务绩效水平进行评价的直接话语权；社会中介机构及专家作为具备相关专业知识的第三方，能客观、公正及理性地对绩效进行分析。

(2) 民生体育财政的绩效评价指标体系。指标体系的确定应突出其个性化特征，注重定性指标与定量指标相结合，评价指标体系应确保开放性与动态性。

(3) 民生体育财政绩效评价的特殊方法体系。公众评价法是最契合民生财政基本宗旨的方法，但使用该方法要注意完善政府信息公开制度，同时应建立来源广泛的信息采集机制，以防止信息失真、绩效评价失效。

(4) 民生体育财政绩效评价的结果运用体系。绩效评价结果应作为制定或调整年度预算及落实财政问责制的依据，以达到强化民生体育财政绩效评价的激励约束作用，从而使群众体育优先发展的战略能贯彻落实到各级政府及体育行政部门的实际工作中去。

8.8 本 章 小 结

为促进我国体育事业全面协调可持续发展，政府首先要坚持理念创新，树立提供体育公共服务及公共财政的新理念，以全局眼光来完善体育公共服务的供给机制。拓宽体育事业经费来源，大力发展体育产业，鼓励和吸引民间资金投入体育事业，不断完善体育彩票的发行，提高体育事业非财政收入在体育事业经费中的比重。不断调整和优化体育事业公共财政支出的结构，提高群众体育的财政支出比例，加大对农村体育的财政扶持力度，促进区域体育的协调发展，调整竞技体育的财政支出结构，优化体育行政管理支出，以提高体育事业公共财政支出的效率。完善中央财政转移支付制度，加大对中西部省份及农村的一般性转移支付力度，完善对中西部省份及农村的专项转移支付制度，进行体育财政资金的横向转移支付的试点，以促进区域间体育公共服务的均等化。创新体育公共产品的有效供给制度，合理确定体育公共产品的提供主体，采用以效率为导向引入市场机制生产体育公共产品，从资金、法律等多方面促进非营利组织提供体育公共产品，形成政府与社会相结合的体育公共产品复合供给新模式。建立健全体育事业公共财政保障方面的法律法规，加强对预算单位的监督，开展人大、审计对体育事业财政的监督，构建体育事业公共财政支出的绩效评价机制，以完善我国的公共财政保障体系。

9 结论与研究展望

9.1 研究的主要结论

（1）国外经济发达国家日趋重视并不断加大对体育事业的公共财政保障，保障的内容主要包括竞技体育、大众健身、体育场地设施、反兴奋剂、体育科学研究等方面。国外经济发达国家体育事业财政投入的方向主要是大众体育，保障的重点是体育场地设施；这些国家体育经费来源多元化，重视对体育事业财政资金的审计监督。

（2）我国体育事业经费收入以年均 18.8%的速度保持增长，与 GDP 的增长存在高度正线性相关。体育事业的收入结构包括财政收入和非财政收入。国家对体育事业的财政投入逐年增加，体育事业的财政投入与政府财政支出之间具有很强的相关性。体育事业非财政收入曲折上升，体育事业收入是体育事业非财政收入的主要来源，其总体趋势保持不断增长。体育彩票公益金持续增长，是我国体育事业经费的重要来源。然而我国体育事业经费收入总量偏少，体育事业经费收入主要依赖于财政拨款，体育彩票销售尚有较大的拓宽空间，体育彩票公益金的民生性仍显不足。

（3）体育事业经费支出以年均 20.1%的速度保持增长。体育事业经费支出的重点是事业支出，其支出规模和水平反映着体育事业发展的速度和规模。体育事业费是体育事业经费支出的主体，是政府体育事业公共财政保障的重点。体育事业费主要用于竞技体育，群众体育活动经费支出较少。体育事业经费支出的科目不合理、越位和缺位并存、支出的结构不均衡，中央和地方政府的体育事权和财权不相匹配。

（4）针对我国现阶段体育事业公共财政保障现状构建出体育事业公共财政保障的内容体系。体育事业公共财政保障内容体系涉及4个方面，依次是群众体育、竞技体育，体育产业和其他。群众体育方面的保障内容包括群众体育场地设施、群众体育组织、群众体育活动和竞赛；竞技体育方面的保障内容包括运动训练、运动竞赛、运动场馆设施和运动员社会保障体系；体育产业方面的保障内容包括体育产业结构优化、体育产业基地、体育产业品牌建设和服务平台的建设；其他类的保障内容包括体育法制建设、体育标准与认证、体育文化建设、体育人才培养、体育公共信息平台建设、体育科技与教育、反兴奋剂和体育对外交往与宣传。

（5）根据体育事业公共财政保障的内容范围，确定了体育事业公共财政保障的优先顺序，依次为群众体育、竞技体育、其他和体育产业。体育事业公共财政保障内容体系中4个一级指标的权重系数相差较大，其中群众体育的权重系数最高（0.5780），其次是竞技体育（0.2439），其他（0.1047），排在最后的是体育产业（0.0734），群众体育的权重系数远远高于竞技体育、其他及体育产业，说明我国体育事业公共财政要重点保障群众体育的发展。

9.2 研究的创新之处

（1）本研究对我国体育事业经费的收入和支出进行了全面、深入的研究，弥补了国内学者对这方面研究的不足。

（2）从政府职能的角度构造出体育事业公共财政保障的内容体系，确定了我国体育事业公共财政保障内容的优先顺序，填补了国内空白。

9.3 研究的局限性

（1）本研究由于国外数据获取困难，相关研究文献较少，因此对国外体育事业财政保障的剖析尚不充分。虽然对我国体育事业发展的公共财政保障进行了较为全面的分析，但由于国内外相关文献较少，可供借鉴的资料极为有限，给研究带来一定的困难。由于数据获取的困难，本研究的数据均来自于《体育事业统计年鉴》。可《体育事业统计年鉴》从1995年到2008年间作了三次调整，许多指标都不具有连续性，故本研究只能选取近年来具有连续性的指标进行分析，但由于样本数量有限，在一定程度上会影响到统计分析的可靠性与准确性。由于现阶段我国的财政体制还不完善，财政透明度也不高，因此《体育事业统计年鉴》中的经费支出科目也不够明晰，突出表现在2007年以前的《体育事业统计年鉴》中的“体育事业经费收支情况”没有设置“群众体育”的科目，有关群众体育的经费数据无法获取，故本研究对群众体育的经费只能采取定性的描述，对于需要定量数据的研究如对体育事业公共财政保障的绩效分析，因缺乏群众体育方面的经费数据而搁浅。数据的不透明及缺乏使本研究的现状及存在问题的分析难以准确反映我国体育事业公共财政保障的实际情况。

（2）本研究虽通过层次分析法确定了体育事业公共财政保障内容的权重系数，但仅限于一、二级的评价，受时间等各方面的条件限制，没有对三级指标所包括的保障内容进行评价，今后在这一方面还需进一步的完善。

（3）本研究只是对体育公共产品多元化供给模式提供了一个理论的框架，对具体的体育公共产品的供给方式并没有逐一作出回答，对实践中政府如何提供体育公共产品的指导性不强。

9.4 进一步的研究展望

（1）书中已经提到，要对我国体育事业公共财政保障的现状进行分析，当前最大的问题是缺乏体育事业尤其是群众体育经费的相关数据。因此，在今后的研究中，笔者将针对这一问题通过各种渠道广泛收集数据，并对我国体育事业公共财政保障的绩效进行分析，以期对我国体育事业公共保障的情况得出比较可靠的结论。

（2）本研究只是对体育事业公共财政保障的一、二级内容进行了投资优先顺序的评价。在今后的研究中，笔者将对体育事业公共财政保障的三级内容进一步进行评价，得出体育事业各评价内容的保障优先顺序，为体育行政部门的公共财政支出提供相应的实践参考。

（3）为指导实践中的体育公共产品的供给，在后续的研究中，笔者将对体育公共产品的供给模式进行深入分析，探索哪些体育公共产品必须由政府供给，哪些可以实行多元化供给，多元化供给中政府应承担的责任、社会出资的比重大小等。

参 考 文 献

[1] 刘青．新时期政府在体育事业发展中的角色［J］．成都体育学院学报，2003（1）：12-15.
[2] 刘青．论我国政府职能转变与体育行政管理体制改革［J］．经济体制改革，2003（6），129-132.
[3] 刘青，蒋志学，等．新时期政府发展体育事业的职能及职责的界定［J］．成都体育学院学报，2004（6）：7-11.
[4] 马志和，戴健．论政府体育管理职能的转变与制度创新［J］．上海体育学院学报，2003（3）：14-17.
[5] 卿平．经济全球化与中国政府体育管理职能转变的基本思路研究［J］．成都体育学院学报，2005（6）：31-33.
[6] 闵健，李万来，等．社会公共体育产品的界定与转变政府职能的研究［J］．体育科学，2005（11）：3-10.
[7] 白晋湘．从全能政府到有限政府——市场经济条件下政府体育职能转变的思考［J］．体育科学，2006（5）：7-11.
[8] 沈定珠．论新时期体育发展中的政府职能转变问题［J］．体育与科学，2006（5）：55-57.
[9] 沈定珠．论我国社会转型期中政府体育职能的分阶段转换［J］．体育与科学，2007（6）：45-48.
[10] 苗治文，秦椿林，等．新时期我国体育政府管理职能的界定及其转变［J］．北京体育大学学报，2007（10）：1303-1305.
[11] 梁进．中国体育产业化过程中的政府职能转变［J］．北京体育大学学报，2004（1）：11-13.
[12] 田庆华，杨远波，等．政府职能定位与体育产业发展［J］．中国体育科技，2006（3）：7-10.

[13] 马志和，徐本力．中外政府竞技体育管理职能的比较研究［J］．山东体育学院学报，2005（4）：1-3.
[14] 陈慧敏，谭华，等．竞技体育事业发展中政府职能的转变［J］．体育学刊，2005（8）：5-9.
[15] 肖林鹏，李宗浩，等．公共体育服务概念及其理论分析［J］．天津体育学院学报，2007（2）：97-101.
[16] 肖林鹏，李宗浩，等．我国公共体育服务体系概念开发及其结构探讨［J］．天津体育学院学报，2007（6）：472-475.
[17] 郭惠平，唐宏贵．对我国公共体育服务社会化改革的再思考［J］．武汉体育学院学报，2007（11）：1-6.
[18] 陈玉忠．社会转型与体育公共服务管理体制改革［J］．体育文化导刊，2008（3）：9-12.
[19] 李萍美，许玲．我国公共体育服务市场化分析及路径选择［J］．西安体育学院学报，2008（6）：17-22.
[20] 王伯超．构建我国体育公共服务体系的理论思考［J］．广州体育学院学报，2009（1）：1-4.
[21] 刘艳丽，姚从容．从经济学视角试论我国体育公共服务产业生产主体的多元化［J］．西安体育学院学报，2004（5）：16-18.
[22] 肖林鹏，李宗浩，等．论我国公共体育服务的供给困境［J］．山东体育学院学报，2008（8）：1-4.
[23] 肖林鹏．论我国公共体育服务供给的基本问题［J］．体育文化导刊，2008（1）：10-12.
[24] 尹维增，张德利．对构建和谐社会环境下公共体育服务的基本责任研究［J］．体育与科学，2009（1）：45-47.
[25] 冯国有．体育公共服务均等化及其财政政策选择［J］．上海体育学院学报，2007（6）：26-31.
[26] 赵聂．基于 DEA 模型的公共体育服务绩效评价研究［J］．成都体育学院学报，2008（6）：8-11.
[27] 黄晓．和谐社会语境下公共体育服务均等化发展研究［J］．成都体育学院学报，2008，34（5）：5-8.

[28] 郇昌店，肖林鹏．公共体育服务均等化初探［J］．体育文化导刊，2008（2）：29-31.
[29] 李萍美．新农村体育服务模式建构［J］．体育文化导刊，2008（10）：17-20.
[30] 李艳．农村公共体育服务存在的问题与思考［J］．成都体育学院学报，2008（10）：30-32.
[31] 王海宏，杨建国，等．农村公共体育服务的现状调查与对策研究［J］．武汉体育学院学报，2008（11）：73-77.
[32] 胡立君，史红军．体育产品特征的经济学分析［J］．体育科学，1999（6）：1-4.
[33] 苏义民．论体育产品的消费主体及其特征［J］．武汉体育学院学报，2004（2）：4-6.
[34] 陈林祥．试论体育产品的公益性与产业性［J］．武汉体育学院学报，2005（2）：22-24.
[35] 王晓东．体育产品属性及体育产业若干理论问题的思考［J］．体育科学，2005（5）：69-72.
[36] 黄琳，周超．体育产品资源配置的公平研究［J］．广州体育学院学报，2005（5）：70-72.
[37] 闵健，李万来，等．社会公共体育产品的界定与转变政府职能的研究［J］．体育科学，2005（11）：3-10.
[38] 张保华．基于第三产业经济学理论的体育产品分析［J］．体育科学，2006（2）：10-17.
[39] 赵丽光，杨吉春．农村公共体育产品投入的行为缺失与对策［J］．东北师范大学学报（哲学社会科学版），2009（1）：149-152.
[40] 肖前．公共体育产品非政府供给的可行性与途径［J］．体育学刊，2005（4）：128-130.
[41] 张永军，李丰祥，等．经济转型期体育产品供给与需求特征研究［J］．体育文化导刊，2005（10）：3-5.
[42] 张洪武，陈元欣，等．建设社会主义新农村与我国农村公共体育产品供给研究［J］．北京体育大学学报，2007（5）：

602-604.
[43] 朱汉义．农村体育公共产品供给探讨［J］．体育文化导刊，2007（7）：14-16.
[44] 许月云，戴维红．农村体育公共产品供给与发展对策研究——以侨乡泉州农村体育场地建设为例［J］．山东体育学院学报，2008（8）：22-25.
[45] 陈林祥．2010年我国竞技体育效益投资体系的研究［J］．体育科学，1999（4）：45-48.
[46] 张林．社会转型期我国竞技体育投资体系的研究［J］．上海体育学院学报，2002（2）：4-7.
[47] 张春合，翟奕轩．对我国竞技体育投入现状的反思［J］．武汉体育学院学报，2009（3）：34-39.
[48] 陈慧敏，陈喜珍，于历莉．对我国体育事业投入产出效益的现状分析与对策研究［J］．中国体育科技，2002（11）：10-12.
[49] 王爱莉，姜勇，等．论社会转型期我国体育投资的相关问题［J］．体育与科学，2003（2）：26-28.
[50] 刘玉兰，张明．公共投入对社区体育服务体系建设的影响［J］．上海体育学院学报，2008（6）：36-38.
[51] 樊道明，王子朴．中外体育财政问题比较研究［J］．北京体育大学学报，2008（12）：1616-1618.
[52] 潘志深，郭荣，于洪臣，等．对英、法、德、澳四国竞技体育管理体制的考察与调研［J］．中国体育科技，2004，40（6）：1-4.
[53] 李向东．中国与德国体育管理体制的比较研究［J］．体育文化导刊，2005（6）：53-55.
[54] 杨文轩，冯霞．体育文化在社会主义精神文明建设中的地位和作用［J］．体育学刊，2006（1）：4-7.
[55] 李丽，张林．体育事业公共财政支出研究［J］．体育科学，2010，30（12）：22-28.
[56] 鲍明晓．对我国体育产业热点问题的思考［J］．体育科学，

1999，19（4）：49-52.
［57］张岩．体育产业概念的三种涵义及其适用范围［J］．体育文化导刊，2001（5）：23-24.
［58］丛湖平．体育产业若干界说的辨析及相关问题的讨论［J］．中国体育科技，2001，37（12）：2-4.
［59］赵炳璞，蔡俊五，李力研，等．体育产业政策体系研究［J］．体育科学，1997，17（4）：1-7.
［60］杨年松．体育产业与体育事业、体育产业化、体育市场化及其相互关系［J］．成都体育学院学报，2005（1）：19-21.
［61］隋路．国家意愿与体育经济政策的形成［J］．体育学刊，2005，12（7）：4-7.
［62］左健，潘乐，张少卿．金融危机下中国体育产业的挑战与未来［J］．体育与科学，2009，30（4）：43-45.
［63］杨耀华．我国体育彩票发展策略研究［J］．体育文化导刊，2009（2）：43-47.
［64］马进，田雨普．和谐社会构建中城乡群众体育统筹发展的思考［J］．西安体育学院学报，2009，26（6）：665-667.
［65］田雨普，杨小明，刘开运．我国城乡群众体育统筹发展的战略［J］．体育学刊，2008，15（1）：9-13.
［66］王家君．中国体育非营利组织辨析［J］．广州体育学院学报，2008，28（5）：11-15.
［67］邢禾，何广学，刘剑君．德尔菲法筛选结核病防治知识调查指标的研究与预试验评价［J］．中国健康教育，2006，22（2）：93.
［68］李丽，张林．体育公共服务：体育事业发展对公共财政保障的需求［J］．体育科学，2010，30（6）：53-58.
［69］王飞雄，龚军．陕西省体育彩票市场现状调查与对策研究［J］．西安体育学院学报，2003，20（6）：6-8.
［70］杨耀华．我国体育彩票发展策略研究［J］．体育文化导刊，2009（2）：43-47.
［71］冯国有．公共体育政策的利益分析与选择［J］．体育学刊，

2007，14（7）：15-19.

［72］赵长杰，赵子如，王雅佳．北美职业体育发展的成功启示——以职业冰球联盟为例［J］．体育与科学，2010，31（5）：80-85.

［73］胡利军，杨远波．中国职业体育发展研究［J］．体育科学，2010，30（2）：28-40.

［74］张玉超，刘家裕，王明立．我国体育彩票发行回顾与发展对策研究［J］．天津体育学院学报，2004，19（1）：36-38.

［75］李燕．提高政府公共服务能力的财政思考［J］．中央财经大学学报，2006，（12）：1-6.

［76］何萌．建国以来党的体育事业的发展及其在现代化进程中的作用［D］．长春：东北师范大学，2008：15.

［77］陈晓辉．体育产品有效提供的机制研究［D］．北京：北京体育大学，2005.

［78］谢力蓉．基于社区居民需求的体育公共产品供给模式研究［D］．上海：复旦大学，2008.

［79］李丽朋．湖北省竞技体育财政投资效益综合评价研究［D］．武汉：武汉体育学院，2008：32-34.

［80］吴昊．中日社会体育指导员制度的比较研究［D］．上海：华东师范大学，2008：6.

［81］金涛．建国以来中国体育事业的发展与现代化进程研究［D］．芜湖：安徽师范大学，2006：4.

［82］刘文萃．基于新公共服务理论的我国服务型政府建设问题探析［D］．济南：山东大学，2006.

［83］林妮．重庆市体育彩票发展状况调查与分析［D］．重庆：重庆大学，2009.

［84］孔文莹．我国体育彩票不同管理模式比较及发展构想［D］．武汉：武汉体育学院，2009.

［85］鲁建仁．我国体育彩票业的管理体制及运作模式的研究［D］．芜湖：安徽师范大学，2006.

［86］武珏．我国体育彩票业发展中的法律问题及对策研究［D］.

北京：中国政法大学，2010.
[87] 富玉叶．浙江省体育彩票公益金收缴和使用现状调查与对策研究［D］．上海：华东师范大学，2008.
[88] 李雪萍．城市社区公共产品供给研究［D］．武汉：华中师范大学，2007.
[89] 杨风华．公共体育场馆服务的有效供给——民营化及政府职能研究［D］．北京：北京体育大学，2007.
[90] 刘明生．公共服务背景下城市社会体育组织发展模式研究——以上海市为例［D］．上海：上海体育学院，2010.
[91] 孟文娣．中国群众体育公共服务市场机制引入方式的研究［D］．北京：北京体育大学，2008.
[92] 魏来．中国公共体育服务产品供给研究［D］．北京：北京体育大学，2007.
[93] 黄海燕．体育赛事综合影响的事前评估研究［D］．上海：上海体育学院，2009：86.
[94] 韩宏华．农村医疗卫生保障的公共财政支持研究［D］．泰安：山东农业大学，2006：99-101.
[95] 王会寨．公共服务视野下的中国体育行政管理体制改革［D］．北京：北京体育大学，2009.
[96] 卢文云．我国竞技体育服务产品的有效供给研究［D］．北京：北京体育大学，2006.
[97] 张小林．我国农村体育公共产品供给制度分析与创新［D］．长沙：湖南农业大学，2010.
[98] 黄亚玲．论中国体育社团——国家与社会关系转变下的体育社团改革［D］．北京：北京体育大学，2003.
[99] 王凯珍．社会转型与中国城市社区体育发展［D］．北京：北京体育大学，2004.
[100] 刘晓光．公共财政体制下的林业投入保障研究［D］．哈尔滨：东北林业大学，2003.
[101] 叶文辉．中国公共产品供给研究［D］．成都：四川大学，2003.

[102] 张美芳．经济转轨时期中国公共财政体系的构建研究［D］．南京：南京农业大学，2004.

[103] 国务院研究室科教文卫司，国家体委政策法规司．体育经济政策研究［M］．北京：人民体育出版社，1997：141.

[104] 国家体育总局政策法规司．他山之石——国外、境外体育考察报告选编［M］．2000.

[105] 国家体育总局政策法规司．他山之石——国外、境外体育考察报告选编（II）［M］．2005.

[106] 国家体育总局．改革开放30年的中国体育［M］．北京：人民体育出版社，2008：235.

[107] 谭华．体育史［M］．北京：高等教育出版社，2005：377-378.

[108] ［英］亚当·斯密．国富论［M］．唐日松，译．北京：华夏出版社，2005.

[109] ［英］约翰·梅纳德·凯恩斯．就业利息和货币通论［M］．魏埙，译．西安：陕西人民出版社，2004.

[110] ［美］罗伯特·B. 丹哈特，珍妮特·V. 丹哈特．新公共服务：服务，而不是掌舵［M］．丁煌，译．北京：中国人民大学出版社，2010.

[111] 中国社会科学研究院语言研究所．现代汉语词典［M］．5版．北京：商务印书馆，2005：1246.

[112] 隋路．中国体育经济政策研究［M］．北京：人民出版社，2007：62-63.

[113] 张岩．中国体育市场理论与实践［M］．西安：陕西人民出版社，2008.

[114] 朱仁显．公共事业管理概论［M］．2版．北京：中国人民大学出版社，2003.

[115] 舒尔茨．制度与人的经济价值的不断提高//财产权利与制度变迁［M］．上海：上海三联书店，1991：253.

[116] 诺思．经济史中的结构与变迁［M］．上海：上海三联书店，1994：226.

[117] 柯武刚，史漫飞．制度经济学［M］．北京：商务印书馆，2000：116.
[118] 崔联会．中国财政制度研究［M］．北京：中国人民大学出版社，2004：18.
[119] 罗必良．新制度经济学［M］．太原：山西经济出版社，2005.
[120] 莱斯特·M. 莎拉蒙，等．全球公民社会——非营利部门视界［M］．贾西津，等，译．北京：社会科学文献出版社，2002：18.
[121] 李燕等．政府公共服务提供机制构建研究——基于公共财政的研究视角［M］．北京：中国财政经济出版社，2008：175.
[122] 郭小聪．政府经济学［M］．2版．北京：中国人民大学出版社，2008.
[123] 匡小平．财政学［M］．北京：清华大学出版社，北京交通大学出版社，2008.
[124] 高培勇．财政与民生：中国财政政策报告：2007/2008［M］．北京：中国财政经济出版社，2008.
[125] 王雍君．公共财政学［M］．北京：北京师范大学出版社，2008.
[126] 吴伟．公共物品有效提供的经济学分析［M］．北京：经济科学出版社，2008.
[127] 安秀梅．政府公共支出管理［M］．北京：对外经济贸易大学出版社，2005.
[128] 黄恒学．公共经济学［M］．北京：北京大学出版社，2002.
[129] 侯荣华．中国财政支出效益研究［M］．北京：中国计划出版社，2001.
[130] 卢中原．财政转移支付和政府间事权财权关系研究［M］．北京：中国财政经济出版社，2007.
[131] 张启春．中国区域差距与政府调控：财政平衡机制和支持系统［M］．北京：商务印书馆，2005.

[132] 郝海亭．澳政府新增 290 万澳元资助 2008 奥运项目［EB/OL］．http：//www. sportinfo. net. cn/show/title. asp？TID = 18431.

[133] 郝海亭．澳大利亚大幅增加体育预算应对未来挑战［EB/OL］．http：//www. sportinfo. net. cn/show/title. asp？TID = 18420.

[134] 陈琳．日本体育财政和体育补贴制度的现状和展望［J］．体育科研，2004，25（3）：47.

[135] 郝海亭．芬兰的体育政策（下）［EB/OL］．http：//www. sportinfo. net. cn/show/title. asp？TID = 18377.

[136] 郝海亭．新加坡将向全国体育协会拨款 3190 万美元［EB/OL］．http：//www. sportinfo. net. cn/show/title. asp？TID = 18479.

[137] 侯海波．德 2008 年体育预算草案：政府增加拨款［EB/OL］．http：//www. sportinfo. net. cn/show/title. asp？TID = 18435.

[138] 侯海波．德国增加明年体育预算［EB/OL］．http：//www. sportinfo. net. cn/show/title. asp？TID = 21448.

[139] 陈琳．2008 年度日本大众体育补贴情况［EB/OL］．http：//www. sportinfo. net. cn/show/title. asp？TID = 20724.

[140] 郝海亭．爱尔兰的全国体育发展计划［EB/OL］．http：//www. sportinfo. net. cn/show/title. asp？TID = 18477.

[141] 侯海波．德国体育场馆最新数据［EB/OL］．http：//www. sportinfo. net. cn/show/title. asp？TID = 21103.

[142] 中华人民共和国国家统计局．统计数据［EB/OL］．http：//www. stats. gov. cn/tjsj/qtsj/gjsj/2004/t20060728_ 402340761. htm.

[143] 金岩．2007 年度国家体育总局彩票公益金使用情况公告［EB/OL］．http：//china-lottery. net/News/yw/200808/162726. html.

[144] Brademas D J. Public leisure service delivery systems in Greece. *World Leisure & Recreation Summer*, 1988, 30 (2): 11-15.

[145] Clemow Brian. Privatization and the Public Good. *Labor Law Journal*, 1992, 43 (6): 344-350.

[146] Berrett T, Slack T, et al. Economics and the pricing of sport and leisure. *Journal of Sport Management*, 1993, 7 (3): 199-215.

[147] Nakao K, Yatsushiro T, et al. A study on the source of political influence of the sport policy in the local government. *Bulletin of Institute of Health & Sport Sciences*, University of Tsukuba, 1994, 17: 97-106.

[148] Glover T D. Propositions addressing the privatization of public leisure services: implications for efficiency, effectiveness, and equity. *Journal of Park & Recreation Administration*, 1999, 17 (2): 1-27.

[149] Kyle Gerard T, Mowen Andrew J, et al. Commitment to Public Leisure Service Providers: A Conceptual and Psychometric Analysis. *Journal of Leisure Research*, 2006, 38 (1): 78-104.

[150] Williams Christine, et al. Public parks: A service perspective from the northwest of England. *Managing Leisure*, 2007, 12 (1): 58-74.

[151] Sells Jane. Levels of Information and Contributions to Public Goods. *Social Forces*, 1991, 70 (1): 107-125.

[152] Johnson B K, Groothuis P A, et al. The value of public goods generated by a major league sports team: the CVM approach. *Journal of Sports Economics*, 2001, 2 (1): 6-21.

[153] O'Roark J B. Capital structure and team performance in professional baseball. *Journal of Sports Economics*, 2001, 2 (2): 168-180.

[154] Kovac M, Kolar E, et al. The model of publicly financing sport

in the Republic of Slovenia. *Acta Universitatis Carolinae*, 2003, 39 (1): 85-97.

[155] Preuss Holger, et al. Attracting Major Sporting Events: The Role of Local Residents. *European Sport Management Quarterly*, 2006, 6 (4): 391-412.

[156] Johnson Bruce K, et al. The Value of *Public Goods* Generated by a National Football League Team. *Journal of Sport Management*, 2007, 21 (2): 123-137.

[157] Solberg Harry Arne, et al. Major Sport Events and Long-Term Tourism Impacts. *Journal of Sport Management*, 2007, 21 (2): 213-235.

[158] Pate D W, Moffitt E, et al. Current trends in use, design/construction, and funding of sport facilities. *Sport Marketing Quarterly*, 1993, 2 (4): 9-14.

[159] Nichols G, Taylor P. A justification of public subsidy of the British Sports Council's National Mountain Centre using the contingent valuation approach. *Journal of Applied Recreation Research*, 1995, 20 (4): 235-247.

[160] Zimmerman D. Subsidizing stadiums: who benefits, who pays? . In, Noll, R. G and Zimbalist, A., (eds.), *Sports, jobs and taxes: the economic impact of sports teams and stadiums*, Washington, D. C., Brookings Institution Press, 1997: 119-145.

[161] Noll R G, Zimbalist A. Sports, jobs, and taxes: the real connection. In, Noll, R. G and Zimbalist, A., (eds.), *Sports, jobs and taxes: the economic impact of sports teams and stadiums*, Washington, D. C., Brookings Institution Press, 1997: 494-508.

[162] Barros C P, Lucas J. Sports managers and subsidies. *European Sport Management Quarterly*, 2001, 1 (2): 112-123.

[163] Siegfried J, Zimbalist A. A note on the local economic impact of sportsexpenditures. *Journal of Sports Economics*, 2002, 3 (4): 361-366.

[164] Daniels Elan. The cincinnati bengals' legal obligation to win: a case study for the public funding of stadiums and a roadmap for municipal investment. *Texas Review of Entertainment & Sports Law*, 2003, 5 (1): 99-157.

[165] Crompton John. Beyond Economic Impact: An Alternative Rationale for the Public Subsidy of Major League Sports Facilities. *Journal of Sport Management*, 2004, 18 (1): 40-59.

[166] Garrett Richard. The response of voluntary sports clubs to Sport England's Lottery funding: cases of compliance, change and resistance. *Managing Leisure*, 2004, 9 (1): 13-30.

[167] Major League Sports Facilities. *Journal of Sports Economics*, Vol. 6 Issue 2: 119-143.

[168] Mayer III Frank A. Stadium financing: where we are, how we got here, and where we are going. *Villanova Sports & Entertainment Law Journal*, 2005, 12 (2): 195-226.

[169] Whitted Caleb. Public Financing of Sport Facilities. *Indiana Association for Health, Physical Education, Recreation & Dance Journal*, 2008, 37 (2): 17-23.

[170] Murray Dale. Reflections on Public Funding for Professional Sports Facilities. *Journal of the Philosophy of Sport*, 2009, 36 (1): 22-40.

[171] Brown B. DelPhi Process: A Methodology used for the elicitation of opinions of experts. *The Rand Corporation*, 1968.

[172] Murry J W, Hammous J O. Delphi: A versatile methodology for conducting qualitative research. *The Review of Higher Education*, 1995, 18 (4): 423-436.

[173] Buss A R. A delphi study of educational telecollabortive projects: Identifying critical elements and obstacles. *Journal of Educational Computing Research*, 2001, 24 (3): 235-248.

附　件

附件 1

体育事业公共财政保障的内容体系专家调查表

（第一轮）

尊敬的专家：

您好！鉴于您的学识和成就，我们诚挚邀请您参加我们的专家调查！

首先，我们非常感谢您能参加我们这项研究的德尔菲法（Delphi）专家调查，感谢您在百忙中抽出时间来完成问卷填写工作，我们对您所付出的辛勤劳动表示最诚挚的谢意！

体育事业公共财政保障的内容是我国政府弥补市场失灵的活动领域，是政府应当履行的体育公共服务职能。体育事业公共财政保障内容体系的确定是否科学关系到我国政府体育职能的准确定位，体育事业公共财政支出的结构是否合理，体育财政资金的使用是否高效等。为了客观、可靠、有效地制定出体育事业公共财政保障的内容体系，我们在借鉴国内外体育事业财政保障对象的理论研究和实践工作经验的基础上，根据国办发［2009］23 号《国务院办公厅关于印发国家体育总局主要职责内设机构和人员编制规定的通知》对国家体育总局主要职责规定的前提下讨论我国体育事业公共财政保障的内容体系。

《国务院办公厅关于印发国家体育总局主要职责内设机构和人员编制规定的通知》中主要从体育政策法规、群众体育、竞技体育、体育产业、体育对外交流与合作、体育科学研究及反兴奋剂方面对国家体育总局的主要职责作了明确规定。为确实履行好国务院赋予总局的重要职责，国家体育总局的工作主要围绕群众体育、竞技体育和体育产业三方面展开。本研究也试图从这三方面工作出发，根据公共产品及外部性等市场失灵的特征，借鉴国外经验，结合我国的国情，初步拟出体育事业公共财政保障的内容体系，采用德尔菲法进行二至三轮的专家咨询，本次是第一轮。希望通过本次专家调查，为科学制定体育事业公共财政保障的内容体系提供科学依据。

本调查的答案无所谓对错，只要是您的真实意见即可。若您认为同意的内容指标请打√，不同意的打×，如您有新的意见或建议请一并提出。

咨询专家基本信息表

专家姓名：__________ 出生年份：__________

从事专业：__________ 从事专业年限：________年

最后学历：__________ 技术职称：__________

通讯地址：__________ 邮政编码：__________

联系电话：__________ 电子信箱：__________

一、体育事业发展的财政保障内容范围一级指标（以下必填）

保障内容	同意	不清楚	不同意
群众体育	□	□	□
竞技体育	□	□	□
体育产业	□	□	□
其他	□	□	□

※ 新增（建议）项目____________________

二、群众体育财政保障内容系列指标

保障内容	同意	不清楚	不同意
群众体育场地设施	□	□	□
群众体育组织	□	□	□
群众体育活动和竞赛	□	□	□

※ 新增（建议）项目＿＿＿＿＿＿＿＿＿＿＿＿＿＿＿＿＿＿

三、竞技体育财政保障内容系列指标

保障内容	同意	不清楚	不同意
运动训练	□	□	□
运动竞赛	□	□	□
运动场馆设施	□	□	□
运动员社会保障体系	□	□	□
职业体育	□	□	□

※ 新增（建议）项目＿＿＿＿＿＿＿＿＿＿＿＿＿＿＿＿＿＿

四、体育产业财政保障内容系列指标

保障内容	同意	不清楚	不同意
体育产业结构的优化	□	□	□
体育产业基地	□	□	□
体育产业品牌建设	□	□	□
服务平台的建设	□	□	□

※ 新增（建议）项目＿＿＿＿＿＿＿＿＿＿＿＿＿＿＿＿＿＿

五、其他类财政保障内容系列指标

保障内容	同意	不清楚	不同意
体育法制建设	□	□	□
体育标准与认证事务	□	□	□
体育文化建设	□	□	□
体育人才培养	□	□	□
体育公共信息平台建设	□	□	□
体育科技与教育	□	□	□
反兴奋剂	□	□	□
对外交往与宣传	□	□	□

※ 新增（建议）项目________________________________

相关指标解释：

1. 体育产业：体育产业是国民经济的新增长点。体育产业的发展对扩大内需、调整产业结构、拓宽就业渠道等具有推动作用。目前我国体育产业的发展仍处于起步阶段，体育市场发育不成熟，产业结构不合理，仍需要政府的资金及优惠政策扶持。

2. 其他类指标：是指服务于群众体育、竞技体育和体育产业发展的公共财政保障类指标，主要包括体育法制建设、体育科技与教育、体育人才培养及体育信息平台的建设等。

3. 职业体育：职业化是一国体育发展的核心竞争力之所在，是体育强国的重要标志，具有很强的正外部性。我国职业体育起步较晚，市场体系还不健全，同时职业体育还承担着奥运争光的任务，因此本研究认为现阶段我国应把职业体育的发展作为公共财政的保障内容。

4. 体育产业结构的优化：体育产业结构的合理与否直接影响着体育产业发展的速度和规模。我国目前体育产业结构仍不合理，体育服务业的发展滞后于体育用品业等外围产业的发展，而以健身娱乐业和竞赛表演业为核心的体育服务业具有很强的关联效应，其发展能带动体育用品、体育服装、体育旅游等外围产业的发展，具有很强的正外部性，因此本研究认为国家应在体育产业发展的起步阶段采取政府补贴或优惠政策等措施扶持体育服务业的发展。

5. 体育产业基地：体育产业已成为国外发达国家国民经济的支柱产业之一，但在我国还处于起步阶段，企业数量多、规模小，生产的产品主要是低端产品或为外商贴牌生产，产业链条形态不明显，研发能力差，产生的经济效益不高。而体育产业基地的建设，可弥补以上种种不足。体育产业基地在政府的规划和引导下，通过吸引各类企业进驻，形成集研发、生产、服务于一体的开放型、多功能、综合型的体育产业聚集区，可产生辐射效应、示范效应和引导效应，能促进我国体育产业的快速发展。

6. 体育产业品牌建设：体育品牌是体育强国的核心表现之一，是我国占领中国市场，进军国际市场的重要工具。但体育品牌的建设不是一蹴而就的，会受到资金、技术、文化等各方面条件的限制，故体育产业在全新打造体育品牌的过程中，国家应给予相应的财政保障。

7. 服务平台的建设：发展经济应尊重市场规律，但在现实生活中，由于存在着不完全竞争、外部效应、垄断、信息不充分等，存在着市场失灵，还需要政府的适度干预，对新兴产业的培育更是如此。体育产业是幼稚产业，这就需要政府在体育产业中介组织的培育、对外体育服务贸易平台的搭建，体育市场的监管等方面扶持和引导体育产业的发展。

8. 体育法制建设：体育法制建设是促进体育事业规范、有序发展的制度保障。体育法制建设的保障内容主要包括：体育立法、体育行政执法与检查监督、体育法制宣传教育和理论研究、体育行业作风建设、专门化的体育法律服务机构和体育仲裁制度的建立。

9. 体育标准与认证事务：标准是工业文明的产物，产品和服务的质量是由标准体系的作用来保证的。通过开展体育标准和认证事务，可规范体育产品和服务的质量、体育设施和设备的质量、从业人员职业资质及体育市场竞争条件等。体育标准与认证事务方面的公共财政保障内容主要包括体育产品和服务的标准化建设、体育服务质量认证制度、体育行业特有职业技能鉴定。

10. 体育文化建设：体育文化是指人们在体育活动中所创造的思想观念、思维模式、制度、行为模式、物质产品等。体育文化是体育软实力的重要组成部分，而体育软实力在提高民族素质，展现中华民族传统文化，加强与世界各国的友好交往方面起着重要作用。体育文化建设方面的公共财政保障内容主要包括运动员文化教育，教练员培训，中国教练员学院和网站的建立，国家体育总局体育文化发展中心建设，中华民族传统体育文化的挖掘、整理、保护和推广。

11. 体育人才培养：体育作为世界各国综合国力的具体体现，其竞争在一定程度上也就是体育人才的竞争。我国现阶段通过各种形式培养的体育人才数量不少，但拥有多学科知识的复合型的高质量人才并不多，大多数体育人才并不符合社会及体育事业发展的需要，体育人才供需矛盾仍很突出，影响到我国体育事业的各项建设，政府应将其作为体育事业公共财政保障的重要内容。

12. 体育信息平台建设：体育信息化建设可以提高体育管理、决策、训练等各项活动的效率和水平，解决体育产品的生产者和消费者信息不对称的问题，促进体育市场的健身发展，可以推动政府信息公开，服务民众，增强政府与民众的互动，同时还可起到民众监督政府的作用。体育信息平台建设方面的保障内容主要包括：体育事业统计、体育产业统计、体育信息化建设、对外体育服务贸易统计和信息研究。

13. 体育科技与教育：科学技术是第一生产力，是经济发展的决定性因素。在体育领域，科技决定体育事业发展的质量和效益，因此国家应大力扶持体育科技与教育的发展。目前体育科技与教育方面的公共财政保障内容主要包括体育科学研究、群众体育和竞技体育重点领域和关键技术的研究、体育院校的建设、体育研究领域中的科技成果推广与应用。

14. 反兴奋剂：兴奋剂是竞技体育的毒瘤。使用兴奋剂不仅危害运动员的身心健康，而且损害奥林匹克精神，破坏体育竞赛公平竞争的原则，影响了我国的精神文明建设，具有很强的负外部性。

世界各国都很重视反兴奋剂工作，制定了反兴奋剂方面的法律法规，并给予相应的财政支持，我国也应把反兴奋剂工作纳入体育事业公共财政的保障范围。

一级指标专家权威程度量化表

填写说明：

1. "指标熟悉程度"表。根据您对该评价指标的熟悉程度，在相应的空格中打"✓"。

2. "判断依据及影响程度量化表"。对指标进行判断时，通常不同程度上受到4个方面因素的影响："理论分析、实践经验、国内外同行的了解、直觉"。请您根据这4个方面因素影响您作出判断的程度大小，分别在相应空格中打"✓"。

指标熟悉程度

一级指标	指标的熟悉程度					
	很熟悉	熟悉	较熟悉	一般	较不熟悉	很不熟悉
群众体育						
竞技体育						
体育产业						
其　他						

判断依据与影响程度量化表

一级指标	理论分析			实践经验			国内外同行的了解			直觉		
	大	中	小	大	中	小	大	中	小	大	中	小
群众体育												
竞技体育												
体育产业												
其　他												

我国体育事业专项资金财政保障的内容体系评价表

填表说明：

请您对每一项指标的重要性进行评价，并在相应的空格中打“√”。

一级指标	二级指标	重要性				
		非常重要	重要	一般	不重要	非常不重要
群众体育专项资金	全民健身路径工程					
	雪炭工程					
	农民体育健身工程					
	青少年体育俱乐部					
	民族传统体育保护工程					
	中小学校体育设施对外开放专项补贴					
竞技体育专项资金	全国体育后备人才培养工程					
	119项目工程					
	国家队老运动员、老教练员关怀基金					
体育产业专项资金	体育产业引导资金					
其他专项资金	高层次体育人才培养工程					
	国家体育总局重点实验室建设					
	群众体育公共信息网络工程					
	体育社会科学重点研究基地					

您认为上述专项基金保障的内容是否恰当？有什么增删或修改意见？

背景说明：

专项资金是财政部门或上级部门下拨的具有特殊用途或专门指定用途的资金。专项资金要求进行单独核算，专款专用，不能挪作他用。在我国目前体育事业发展结构不平衡的情况下，体育专项资金的使用更有利于提高财政资金的使用效率，实现我国体育公共服务的均等化，促进我国体育事业的全面发展。体育专项资金也从群众体育、竞技体育、体育产业和其他4个方面内容进行保障。

指标解释：

1. 全民健身路径工程：是指在公园或社区内安装的由一套几件或十几、二十件不等的体育器材组成的供居民健身的户外体育综合练习设施。

2. 雪炭工程：是指国家体育总局利用体育彩票公益金，分期、分批在“老、少、边、穷”等经济欠发达地区援建经济实用的小型公共体育设施的行动。

3. 农民体育健身工程：是以行政村为主要实施对象，以村级公共体育场地建设为重点，把场地建到农民身边，把体育服务体系覆盖到农村的一项重要工作。建设的基本标准是：一块混凝土标准篮球场，配备一副标准篮球架和2张室外乒乓球台。

附件2

第二轮德尔菲法专家问卷

各位专家：

您好！此为本研究“我国体育事业发展的公共财政保障研究”的问卷。由衷感谢您的热心参与及您所提出的真知灼见，现在将上一轮所有专家的意见归纳整理于问卷题目后供您作参考，恳请您仔细阅读以下说明并耐心回答第二轮所列的问题，再次感谢您的支持与协助。

1. 第一轮专家意见说明

有的专家提出二级指标“竞技体育财政保障内容”中增加

“竞技体育科技攻关与服务”，由于群众体育甚至体育产业中都包括科技攻关与服务的内容，因此本研究在“其他类”的二级指标设置了“体育科技与教育”，此项指标包含体育各方面工作中有关科技类的内容，故“竞技体育财政保障”中不再增设“科技攻关与服务”的项目。还有专家提出“职业体育中包括运动训练、运动竞赛和运动场馆设施”，提出这类指标存在分类层次不一致的问题，这里确实存在分类层次不一致的问题，但本研究设计职业体育的出发点在于职业体育也属于竞技体育的范畴，而没有从职业体育开展过程中所需要的各要素来考虑。

有的专家提出在“体育产业财政保障内容”中增加“体育产业信息服务与政策服务”，由于体育产业财政保障内容体系中“服务平台的建设”包括体育政策服务的内容，故不再增设。“其他类”的二级指标“体育公共信息平台建设”包括体育事业发展中各类信息服务平台的建设，故也不在此另外增设。

2. 填表说明：

请专家对各项指标进行判断，同意的内容指标请打✓，不同意的打✕，并请写出不同意的理由。

一、体育事业公共财政保障内容的一级指标

指标项	第一轮专家咨询结果统计				第二轮专家意见	
	同意	不清楚	不同意	同意比例	同意	不同意
群众体育	10			100		
竞技体育	10			100		
体育产业	9	1		90		
其他	5			50%		

注：咨询的10位专家中，有5位专家没有对“其他”类指标进行判断。

※ 相关指标不同意的理由：________________

二、群众体育财政保障内容的系列指标

指标项	第一轮专家咨询结果统计				第二轮专家意见	
	同意	不清楚	不同意	同意比例	同意	不同意
群众体育场地设施	10			100		
群众体育组织	8	1	1	80		
群众体育活动和竞赛	10			100		

※ 相关指标不同意的理由：________________

三、竞技体育财政保障内容的系列指标

指标项	第一轮专家咨询结果统计				第二轮专家意见	
	同意	不清楚	不同意	同意比例	同意	不同意
运动训练	10			100		
运动竞赛	10			100		
运动场馆设施	10			100		
运动员社会保障体系	10			100		
职业体育	4		6	40		

※ 相关指标不同意的理由：________________

四、体育产业财政保障内容的系列指标

指标项	第一轮专家咨询结果统计				第二轮专家意见	
	同意	不清楚	不同意	同意比例	同意	不同意
体育产业结构的优化	7	2	1	70		

续表

指标项	第一轮专家咨询结果统计				第二轮专家意见	
	同意	不清楚	不同意	同意比例	同意	不同意
体育产业基地	7	2	1	70		
体育产业品牌建设	5	1	4	50		
服务平台的建设	8	2		80		

※ 相关指标不同意的理由：____________________

五、其他类财政保障内容的系列指标

指标项	第一轮专家咨询结果统计				第二轮专家意见	
	同意	不清楚	不同意	同意比例	同意	不同意
体育法制建设	10			100		
体育标准与认证事务	9		1	90		
体育文化建设	9	1		90		
体育人才培养	9	1		90		
体育公共信息平台建设	10			100		
体育科技与教育	10			100		
反兴奋剂	9	1		90		
对外交往与宣传	10			100		

※ 相关指标不同意的理由·____________________

相关指标解释：

1. 体育产业：体育产业是国民经济的新增长点。体育产业的发展对扩大内需、调整产业结构、拓宽就业渠道等具有推动作用。目前我国体育产业的发展仍处于起步阶段，体育市场发育不成熟，产业结构不合理，仍需要政府的资金及优惠政策扶持。

2. 其他类指标：是指服务于群众体育、竞技体育和体育产业发展的公共财政保障类指标，主要包括体育法制建设、体育科技与教育、体育人才培养及体育信息平台的建设等。

我国体育事业专项资金财政保障的内容体系评价表

1. 定义

均数：表示专家意见的集中程度，算术均数越大，说明对应的指标的重要性越高。本研究咨询中专家对各级指标的重要性进行判断，分为重要、较重要、一般、不太重要、不重要，分别赋值 5、4、3、2、1，因此均数取值在 1~5 分。

标准差：表示专家意见的协调程度，说明专家对该指标相对重要性的波动程度，或者说是协调程度。标准差越小，专家们对该指标的协调程度越高。

变异系数：是指各个指标的标准差与其加权平均值之比，变异系数值越小，表明专家评价结果的分散程度越小。

2. 新增指标解释

民康工程*：即民族地区健康工程，是指在全国 5 个少数民族自治区、30 个自治州建设的适用的体育设施。

3. 填表说明：

（1）保障内容的重要性：在体育事业专项资金保障内容体系中，该保障内容的重要程度。

（2）请您根据您的判断对保障内容的重要性进行评分，分值范围为 1~10 分，分值越高，说明该保障内容越重要。

（3）带*的保障内容为新增内容。

一级指标	二级指标	第一轮专家咨询结果统计			第二轮意见
		均数	标准差	变异系数	重要性（1~10分）
群众体育专项资金	全民健身路径工程	4.6667	0.4714	0.101	
	雪炭工程	4.3333	0.8165	0.1884	
	农民体育健身工程	4.2222	0.7857	0.1861	
	青少年体育俱乐部	4.3333	0.6667	0.1539	
	民族传统体育保护工程	4.2222	0.6285	0.1489	
	中小学校体育设施对外开放专项补贴	4.8889	0.3143	0.0643	
	民康工程				
竞技体育专项资金	全国体育后备人才培养工程	4.7778	0.4157	0.087	
	119项目工程	4.2222	0.6285	0.1489	
	国家对老运动员、老教练员关怀基金	4.3333	0.6667	0.1539	
体育产业专项资金	体育产业引导资金	3.8889	1.0999	0.2828	
其他专项资金	高层次体育人才培养工程	4	0.9428	0.2357	
	国家体育总局重点实验室建设	4	0.6667	0.1667	
	群众体育公共信息网络工程	4.5556	0.4969	0.1091	
	体育社会科学重点研究基地	3.7778	1.0304	0.2728	

指标解释：

1. 全民健身路径工程：是指在公园或社区内安装的由一套几

件或十几、二十件不等的体育器材组成的供居民健身的户外体育综合练习设施。

2. 雪炭工程：是指国家体育总局利用体育彩票公益金，分期、分批在“老、少、边、穷”等经济欠发达地区援建经济实用的小型公共体育设施的行动。

3. 119项目工程：是指奥运会赛场上的田径、游泳和水上项目（赛艇、皮划艇、帆船）的金牌数分别为46、32、41枚，三个项目金牌总和为119枚。此三项为奥运赛场的金牌大户（几乎占据奥运会301枚金牌的三分之一），且作为竞技体育中的基础大项有着广泛的影响。

附件3

层次分析法（AHP）专家问卷

您好！本研究为“我国体育事业发展的公共财政保障研究”。本问卷的目的在于评价各项评价因子彼此之间的相对重要程度，以确定财政投入优先顺序。

感谢您在百忙之中抽空填答本问卷，您所提供的宝贵意见将对本研究具有重大的帮助。本问卷纯属学术研究，所有答案仅供资料分析，不做个别披露，亦不会另作他用，请您放心填答。

本问卷共分三个部分：

【填写说明】

1. 问卷说明

本问卷是针对每层级间作两因素之间优先性的比较，亦即在两不同因素之间作优先顺序的比较，请您在最合适的方格（□）中打✓。

2. 请您完全依照个人过去宝贵的经验及看法作答。

3. 范例

问题：研究一般消费者对于笔记本电脑选购的考虑因素，假设其中考虑因素众多，但其中三项因素为价格、屏幕尺寸、品牌。

王××认为：

（1）价格相对于屏幕尺寸，优先考虑价格且其重要性在于“强烈优先”程度上，请在靠近价格这一方的“强烈优先”尺度上打✓。

（2）品牌相对于价格，优先考虑品牌且介于“明显优先”及“稍优先”之间，请在靠近品牌这一方的两者之间打✓。

（3）认为屏幕尺寸与品牌两者的优先顺序不相上下，请勾选“同等优先级”。

	极端优先		强烈优先		明显优先		稍优先		同等优先级		稍优先		明显优先		强烈优先		极端优先	
尺度	9	8	7	6	5	4	3	2	1	2	3	4	5	6	7	8	9	
价格	☐	☐	☑	☐	☐	☐	☐	☐	☐	☐	☐	☐	☐	☐	☐	☐	☐	屏幕大小
价格	☐	☐	☐	☐	☐	☐	☐	☐	☐	☐	☐	☑	☐	☐	☐	☐	☐	品牌
屏幕大小	☐	☐	☐	☐	☐	☐	☐	☐	☑	☐	☐	☐	☐	☐	☐	☐	☐	品牌

答题时，请依此类推，请您根据您过去宝贵的经验及看法填选。

【层级图】

本研究关于“体育事业公共财政保障优先顺序”的框架图如下：

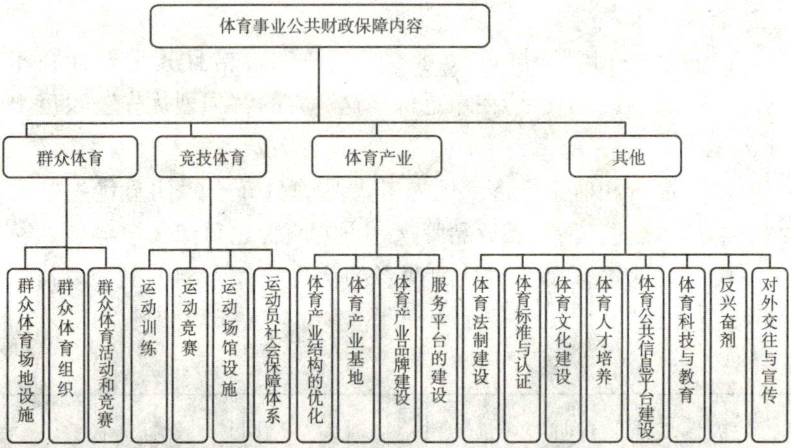

【问卷填写部分】

PARTⅠ　一级指标

您认为下列因素，对“体育事业公共财政保障”而言，其相对财政投入优先顺序如何？

	极端优先		强烈优先		明显优先		稍优先		同等优先级		稍优先		明显优先		强烈优先		极端优先	
尺度	9	8	7	6	5	4	3	2	1	2	3	4	5	6	7	8	9	
群众体育	□	□	□	□	□	□	□	□	□	□	□	□	□	□	□	□	□	竞技体育
群众体育	□	□	□	□	□	□	□	□	□	□	□	□	□	□	□	□	□	体育产业
群众体育	□	□	□	□	□	□	□	□	□	□	□	□	□	□	□	□	□	其他

续表

	极端优先		强烈优先		明显优先		稍优先		同等优先级		稍优先		明显优先		强烈优先		极端优先	
尺度	9	8	7	6	5	4	3	2	1	2	3	4	5	6	7	8	9	
竞技体育	□	□	□	□	□	□	□	□	□	□	□	□	□	□	□	□	□	体育产业
竞技体育	□	□	□	□	□	□	□	□	□	□	□	□	□	□	□	□	□	其他
体育产业	□	□	□	□	□	□	□	□	□	□	□	□	□	□	□	□	□	其他

PART Ⅱ　二级指标

1. 您认为在“群众体育”层下的二级指标中，各因素相对财政投入优先顺序如何？

	极端优先		强烈优先		明显优先		稍优先		同等优先级		稍优先		明显优先		强烈优先		极端优先	
尺度	9	8	7	6	5	4	3	2	1	2	3	4	5	6	7	8	9	
群众体育场地设施	□	□	□	□	□	□	□	□	□	□	□	□	□	□	□	□	□	群众体育组织
群众体育场地设施	□	□	□	□	□	□	□	□	□	□	□	□	□	□	□	□	□	群众体育活动和竞赛

续表

	极端优先		强烈优先		明显优先		稍优先		同等优先级		稍优先		明显优先		强烈优先		极端优先	
尺度	9	8	7	6	5	4	3	2	1	2	3	4	5	6	7	8	9	
群众体育组织	□	□	□	□	□	□	□	□	□	□	□	□	□	□	□	□	□	群众体育活动和竞赛

2. 您认为在“竞技体育”层下的二级指标中，各因素相对财政投入优先顺序如何？

	极端优先		强烈优先		明显优先		稍优先		同等优先级		稍优先		明显优先		强烈优先		极端优先	
尺度	9	8	7	6	5	4	3	2	1	2	3	4	5	6	7	8	9	
运动训练	□	□	□	□	□	□	□	□	□	□	□	□	□	□	□	□	□	运动竞赛
运动训练	□	□	□	□	□	□	□	□	□	□	□	□	□	□	□	□	□	运动场馆设施
运动训练	□	□	□	□	□	□	□	□	□	□	□	□	□	□	□	□	□	运动员社会保障体系
运动竞赛	□	□	□	□	□	□	□	□	□	□	□	□	□	□	□	□	□	运动场馆设施
运动竞赛	□	□	□	□	□	□	□	□	□	□	□	□	□	□	□	□	□	运动员社会保障体系

续表

	极端优先		强烈优先		明显优先		稍优先		同等优先级		稍优先		明显优先		强烈优先		极端优先	
尺度	9	8	7	6	5	4	3	2	1	2	3	4	5	6	7	8	9	
运动场馆设施	□	□	□	□	□	□	□	□	□	□	□	□	□	□	□	□	□	运动员社会保障体系

3. 您认为在“体育产业”层下的二级指标中，各因素相对投资优先顺序如何？

	极端优先		强烈优先		明显优先		稍优先		同等优先级		稍优先		明显优先		强烈优先		极端优先	
尺度	9	8	7	6	5	4	3	2	1	2	3	4	5	6	7	8	9	
体育产业结构的优化	□	□	□	□	□	□	□	□	□	□	□	□	□	□	□	□	□	体育产业基地
体育产业结构的优化	□	□	□	□	□	□	□	□	□	□	□	□	□	□	□	□	□	体育产业品牌建设
体育产业结构的优化	□	□	□	□	□	□	□	□	□	□	□	□	□	□	□	□	□	服务平台的建设
体育产业基地	□	□	□	□	□	□	□	□	□	□	□	□	□	□	□	□	□	体育产业品牌建设

续表

	极端优先		强烈优先		明显优先		稍优先		同等优先级		稍优先		明显优先		强烈优先		极端优先	
尺度	9	8	7	6	5	4	3	2	1	2	3	4	5	6	7	8	9	
体育产业基地	□	□	□	□	□	□	□	□	□	□	□	□	□	□	□	□	□	服务平台的建设
体育产业品牌建设	□	□	□	□	□	□	□	□	□	□	□	□	□	□	□	□	□	服务平台的建设

4. 您认为在“其他”层下的二级指标中，各因素相对投资优先顺序如何？

	极端优先		强烈优先		明显优先		稍优先		同等优先级		稍优先		明显优先		强烈优先		极端优先	
尺度	9	8	7	6	5	4	3	2	1	2	3	4	5	6	7	8	9	
体育法制建设	□	□	□	□	□	□	□	□	□	□	□	□	□	□	□	□	□	体育标准与认证事务
体育法制建设	□	□	□	□	□	□	□	□	□	□	□	□	□	□	□	□	□	体育文化建设
体育法制建设	□	□	□	□	□	□	□	□	□	□	□	□	□	□	□	□	□	体育人才培养

续表

	极端优先		强烈优先		明显优先		稍优先		同等优先级		稍优先		明显优先		强烈优先		极端优先	
尺度	9	8	7	6	5	4	3	2	1	2	3	4	5	6	7	8	9	
体育法制建设	□	□	□	□	□	□	□	□	□	□	□	□	□	□	□	□	□	体育信息平台建设
体育法制建设	□	□	□	□	□	□	□	□	□	□	□	□	□	□	□	□	□	体育科技、教育
体育法制建设	□	□	□	□	□	□	□	□	□	□	□	□	□	□	□	□	□	反兴奋剂工作
体育法制建设	□	□	□	□	□	□	□	□	□	□	□	□	□	□	□	□	□	对外交往与宣传
体育标准与认证事务	□	□	□	□	□	□	□	□	□	□	□	□	□	□	□	□	□	体育文化建设
体育标准与认证事务	□	□	□	□	□	□	□	□	□	□	□	□	□	□	□	□	□	体育人才培养
体育标准与认证事务	□	□	□	□	□	□	□	□	□	□	□	□	□	□	□	□	□	体育信息平台建设
体育标准与认证事务	□	□	□	□	□	□	□	□	□	□	□	□	□	□	□	□	□	体育科技、教育
体育标准与认证事务	□	□	□	□	□	□	□	□	□	□	□	□	□	□	□	□	□	反兴奋剂工作

续表

	极端优先		强烈优先		明显优先		稍优先		同等优先级		稍优先		明显优先		强烈优先		极端优先	
尺度	9	8	7	6	5	4	3	2	1	2	3	4	5	6	7	8	9	
体育标准与认证事务	□	□	□	□	□	□	□	□	□	□	□	□	□	□	□	□	□	对外交往与宣传
体育文化建设	□	□	□	□	□	□	□	□	□	□	□	□	□	□	□	□	□	体育人才培养
体育文化建设	□	□	□	□	□	□	□	□	□	□	□	□	□	□	□	□	□	体育信息平台建设
体育文化建设	□	□	□	□	□	□	□	□	□	□	□	□	□	□	□	□	□	体育科技、教育
体育文化建设	□	□	□	□	□	□	□	□	□	□	□	□	□	□	□	□	□	反兴奋剂工作
体育文化建设																		对外交往与宣传
体育人才培养																		体育信息平台建设
体育人才培养																		体育科技、教育
体育人才培养																		反兴奋剂工作

续表

	极端优先		强烈优先		明显优先		稍优先		同等优先级		稍优先		明显优先		强烈优先		极端优先	
尺度	9	8	7	6	5	4	3	2	1	2	3	4	5	6	7	8	9	
体育人才培养																		对外交往与宣传
体育信息平台建设																		体育科技、教育
体育信息平台建设																		反兴奋剂工作
体育信息平台建设																		对外交往与宣传
体育科技、教育																		反兴奋剂工作
体育科技、教育																		对外交往与宣传
反兴奋剂工作																		对外交往与宣传